生命是一場尋求慰藉的旅程

身處黑暗逆境的哲人們，與挫敗、失去和死亡的奮戰。

ON CONSOLATION

FINDING SOLACE IN DARK TIMES

MICHAEL IGNATIEFF

葉禮廷—著　譯—謝佩妏

導讀

不再讓你孤單——慰藉的力量

耿一偉

「安慰是有形的（physical），慰藉是抽象的（propositional）。」作者葉禮廷在前言如此寫道。我對這段話感到非常好奇，不論是出版後接受媒體訪談，或是在本書的結論，葉禮廷都強調：「最後能安慰我們的不是信條，而是人。」表面上看起來，抽象與人似乎是互相矛盾的。要如何解釋這個衝突呢？

安慰可以是一個擁抱，但慰藉要面對的，往往是無法排除的空洞感，任何隻字片語都無法產生效果。本書主角們所面對的傷痛，不論是無法被世人理解的苦悶、失敗挫折、痛失至親、政治壓迫，甚至是時代的災難（瘟疫與大屠殺），在這些黑暗的時刻，這些人的生命完全被虛無所籠罩，備感孤單。而這種孤單，即使到了今日，也不見得能被藥物治療。葉禮廷在前言的最後強調：「從中我可以學到什麼能在這個黑暗的年代中派上用場？很簡單，答案是：我們從不孤單，從來就不。」

我發現「孤單」這個詞散見本書各處，經常用來形容主角們的存在狀態。不論他們是作家、藝術家、哲人、學者、宗教家或政治家，當他們遭受痛苦折磨，失去存在意義時，往往也是身陷孤單的悲傷時刻。這不就是處在黑暗當中的狀態嗎？什麼都看不見，伸手不見五指，只能感受到自己的痛苦，不知道何時才能見到光明。只有慰藉能解消這種綿綿無期的無力感，而不是一時安慰。慰藉就像是在暗夜中點燃的一根心靈蠟燭，可以讓人們對希望的來臨繼續抱持信心。這就說明了，慰藉還不是希望本身——畢竟，擁有希望的人就不需要慰藉了。

慰藉為何能抵抗孤單呢？第一種可能性，是我們意識到有人與我們處在同樣狀態。這種狀態可以是我們藉由閱讀或觀賞這些人的作品，理解到「我們從不孤單，永遠有人經歷過同樣的事，能與我們分享他的經驗。但願那些經驗對你來說，如同對我一般帶來慰藉」。但也有可能像桑德斯的安寧療護運動，我們主動去接觸那些同樣需要慰藉的人，讓彼此產生共鳴。至此我們才能瞭解，為何本書的書寫動機，是來自作者在荷蘭參加合唱音樂節，聆聽詩篇歌曲的經驗，他說：「我卻從文字、音樂，還有觀眾感動的眼淚中得到了慰藉。」

第二種可能性，是感受到在黑暗的那一端，依舊有能傾聽我們的對象存在。按照本書描述，那個對象可以是上帝、聽眾或是讀者（甚至是未來的讀者）。即便當下我是孤單一人，但我知道終究我不是孤單的。我感受到有人能理解與見證我存在價值的可能性，即使當下我沒有收到任何回應，但是慰藉還是發生了，相信彌賽亞有一天終究會現身。

不論如何，慰藉主要還是透過語言，是一種命題（propositional），一種聲音。語言可以描繪人的一生，透過閱讀，我們可以進入他人內在的心靈。書寫是本書大部分主角在尋找慰藉時，經常採取的手段，比如保羅、西塞羅、奧里略、波愛修斯、但丁、蒙田、休謨、孔多塞、林肯、馬克思、卡繆、阿赫瑪托娃、李維與哈維爾等等，都是藉由撰寫書信、詩歌、散文、小說、論文或是對話錄等方式，來面對與命運的和解。這也解釋了，為何作者對歐洲慰藉傳統的深度探索，最終還是以結合哲學與敘事的寫作模式來進行，而非利用圖像或音樂。

「安慰是有形的，慰藉是抽象的，」葉禮廷接著解釋：「慰藉是對生命為何如此，而我們又為什麼必須繼續的一套論述。」只是這套論述，不是抽象的思辨，而是展示追求慰藉人物的一生（這也意味著，虛構的故事角色一樣可以慰藉我們，就像某些小說、電影、劇場，甚至漫畫）。於是，結論這段話就能接得起來了，「最後能安慰我們的不是信條，而是人。是他們的榜樣、獨特、勇氣與堅毅，以及在我們最需要時，陪伴在我們身邊。」

需要慰藉的朋友們，你們不能沒有這本書的陪伴。

本文作者為台北藝術大學戲劇系兼任助理教授

作者序

這本書源自一個特別的邀約。二〇一七年，在荷蘭烏特勒支（Utrecht）舉辦的合唱音樂節邀請我去演講，屆時會有四組合唱團把聖經詩篇一百五十篇全部唱過一輪，而我的演講則排在演唱中間的空檔，講題是詩篇裡的正義和政治。除了大家耳熟能詳的「上主是我的牧者」和「行過死蔭的幽谷」等等句子，我對詩篇所知不多，但我還是答應了邀約，告訴自己反正還有時間學。我花了一個夏天的時間研究英王詹姆士欽定版聖經，讀了羅伯特．奧爾特（Robert Alter）譯自希伯來文的聖經譯本，然後完成了演講。之後我跟內人蘇珊娜與其他觀眾一起坐下來聆聽，整個週末都傾神欣賞合唱團的演出。舞台上打出詩篇的荷蘭文和英文字幕，音樂優美動人，文字引人共鳴，那次經驗為我帶來的淨化效果讓我沉吟至今。原本是去發表有關正義和政治的演講，我卻從文字、音樂，還有觀眾感動的眼淚中得到了慰藉。

於是寫作計畫就此展開。我想理解詩篇的內容在烏特勒支的音樂廳裡對我和其他人產生的影響。古老的宗教語言怎麼會對我們有如此大的魔力，尤其是像我這樣的非信徒？此外，得到慰藉究竟意味著什麼？

之後四年我投入書寫，這個計畫越來越引人入勝卻也越來越艱難。我覺得自己彷彿逆流而上，探索一個我朋友和同僚也不甚理解的主題，他們常問我：為什麼是慰藉？為什麼你現在要研究這個？

二〇二〇年三月，新冠疫情爆發，封城一再上演，前後長達一年，甚至更久。在已經成為全球公共資源的網路論壇裡，眼看染疫死亡人數快速飆升，眾人從最初的難以置信到無言接受，各種提供慰藉的方法蜂擁而出，目的是為了賦予這段期間無人得以倖免的恐懼、孤單、悲痛和不知所措等等感受一些意義。藝術家、作家、歌手、音樂家、思想家都努力為這一刻留下見證，並給周圍的人帶來安慰。我和蘇珊娜還有幾千人一起收聽了鹿特丹管弦樂團的線上演出；因為無法真實相聚，音樂家們在各自家中透過耳機拿捏時間，以視訊方式合奏貝多芬的《歡樂頌》。鋼琴家伊戈爾．列維特（Igor Levit）每晚都在柏林自宅彈奏貝多芬的奏鳴曲。聲樂家曼格德蓮娜．科齊娜（Magdalena Kožená）由指揮家賽門．拉圖（Simon Rattle）替她伴奏，唱出布拉姆斯的歌曲。詩人在房間裡朗誦撫慰人心的詩。許許多多人朗讀卡繆的《瘟疫》或笛福的《大疫年記事》（*A Journal of the Plague Year*）。饒舌樂手唸歌，歌手吟唱，知識份子慷慨陳詞。

種種真情流露證明我的寫作衝動其來有自。於是我向經歷過比我們更黑暗的時代，並從藝術、哲學和宗教作品中尋得慰藉的先人們取經。而這些作品至今仍在我們需要時為我們效力，一次又一次肩負起它們的任務。

這本書不是要化解個人悲傷，但它仍然是很個人的寫作方式。書中描寫了歷史上特定男女尋求慰藉的過程——尤其強調人類經驗的熔爐如何冶煉出各種想法和意義，而這些個人又普世的經驗皆有其重要價值。

這本書也延續了我以思想史學者的身分於一九八四年所寫的《陌生人的需求》（*The Needs of Strangers*）一書。書中對於休謨、孔多塞和馬克思的探討與理解，是一九七八到八四年間我在劍橋大學國王學院擔任古典政治經濟學史計畫的共同負責人時所形構的。當時的院長是哲學家伯納德．威廉斯（Bernard Williams）。而引導我們找到研究方向的是蓋瑞斯．史泰德曼．瓊斯（Gareth Stedman Jones）和約翰．鄧恩（John Dunn）。計畫的另一名負責人是傑出學者伊斯特萬・霍特（István Hont），他在二〇一三年逝世，得年六十五歲，對所有認識他的人來說都是一大損失。

從認識以撒・柏林（Isaiah Berlin）到完成他的傳記這十二年間，我從未跟他討論過慰藉這個主題，畢竟他看起來是那種自信滿滿、似乎完全不需要慰藉的人。然而，我對安娜・阿赫瑪托娃（Anna Akhmatova）的理解，來自以撒・柏林在一九四五年與她在列寧格勒相遇的回憶；藉由詩作將史達林大整肅記錄下來並永世流傳，就是她用來安慰自己的一線希望。

寫作期間參考文獻汗牛充棟，借鏡前人本書才得以完成。《約伯記》、《詩篇》、《保羅書信》、馬可・奧里略的《沉思錄》、西塞羅的信等等文本能留存至今，是幾世紀以來的無名學者、謄寫者和翻譯者盡心盡力將它們從大火、瘟疫、老鼠和人類漠視下拯救而出的明證。我們這一代人都是這些傳統思想的傳人。在這裡我想對幫助這個計畫成形的人表達謝意。感謝尤里・阿布雷克特（Yoeri Albrect）發函邀請我到烏特勒支的音樂節演講。羅伯特・奧爾特把希伯來文聖經譯成優美的英文，並將《約伯記》和《詩篇》視為文學作品閱讀。尼可拉斯・萊特（Nicholas Wright）對保羅的詮釋和對拙作的中肯評論；克里斯提安・布魯威（Christian Brouwer）對波愛修斯（Boethius）的研究；亞瑟・阿普鮑姆（Arthur Applbaum）跟我分享他的希伯來文知識和有關蒙田的文章；莫許・哈爾貝爾塔（Moshe Halbertal）與我分享他對約伯的理解和他的論文〈哀悼者約伯〉（Job, the Mourner）；里昂・韋斯蒂爾（Leon Wieseltier）始終提供精準的編輯建議；莎拉・施洛特（Sarah Schroth）四十多年前出版的葛雷柯（El Greco）研究；艾瑪・羅希爾德（Emma Rothschild）研究孔多塞的學術論文；蓋瑞斯・史泰德曼・瓊斯的馬克思傳記；亞當・高普尼克（Adam Gopnik）有關林肯的文章；音樂學家和指揮家里昂・波特斯坦（Leon Botstein）對馬勒的認識；卡羅・貝格（Karol Berger）分享他對華格納和尼采的理解；麗莎・艾比娜妮西（Lisa Appignanesi）多年來與我一起討論佛洛伊德和其他重大或瑣碎的事；提姆・克萊恩（Tim Crane）與我共同思索沒有宗教信仰是否能夠得到宗教慰藉這件事；賈洛・基斯（János Kis）對得到慰藉和接受命運兩者關係的想法；瑪麗亞・克隆菲爾德勒（Maria Kronfeldner）對我探討普利摩・李維（Primo Levi）作品中的希望的建議指教；卡洛・金茲堡（Carlo Ginzburg）仔細閱讀我對普利摩・李維的詮釋並提出批評；馬克・里拉（Mark Lilla）對卡繆的看法；

麥克．贊托夫斯基（Michael Zantovsky）、雅克．魯普尼克（Jacques Rupnik）和傑出譯者保羅．威爾森（Paul Wilson）分享他們跟哈維爾（Vaclav Havel）的友誼以及對他的瞭解；裘索．法蘭茲（Győző Ferenze）閱讀並修改了我寫匈牙利詩人米克諾斯．勞德諾提（Miklos Radnoti）的章節；聖彼得堡的安娜．阿赫瑪托娃文學紀念館的管理者分享他們對詩人的愛，以及詩人長居舍列梅捷夫宮的相關見聞；大衛．克拉克（David Clark）充實了我對西西里．桑德斯（Cicely Saunders）的看法；湯姆．拉科爾（Tom Laqueur）卓越的學術著作《死者的工作》（*The Work of the Dead*）。感謝以上這些學者和朋友慷慨與我分享他們的知識，但本書文責歸我。

我也要感謝舍弟安德魯（Andrew）。他喜歡研究家譜，而本書也從家族根源中得到力量。

特別感謝中歐大學圖書館館長戴安．格拉齊（Diane Geraci），以及其團隊長期的協助。

感謝編輯團隊對書稿的用心，包括珍．海克斯比（Jane Haxby）的修潤、布萊恩．雷克斯（Brian Lax）掌控進度，以及莎拉．博許特爾（Sara Bershtel）和安妮・柯林斯（Anne Collins）有助釐清論點和減少重複的編輯建議。莎拉和安妮，拉維・米查達尼（Ravi Mirchandani）和我的經紀人暨一輩子摯友邁克・賴文（Michael Levine），他們在書未成形前就全力支持，他們對我的信心鞏固了我的自信。

說到信心，最後不能不提內人蘇珊娜・索涵（Zsuzsanna Zsohar）。她跟我一起出席了烏特勒支的音樂會，一切的起點就從那裡開始。此外，她一如往常傾聽我寫下的一字一句，讓整本書變得更好。本書獻給她。

目錄

前言　一場橫跨千年的慰藉之旅

我去拜訪六個月前喪妻的一位朋友。他身體雖然虛弱，腦袋卻很清醒。愛妻生前坐的椅子仍擺在他的椅子對面，出自愛妻巧手的房間擺設也未曾更動。我去了他們以前交往時常去的咖啡店外帶蛋糕給他，他狼吞虎嚥吃完一片。我問他一切可好，他望著窗外，幽幽地說：「要是我能相信會再見到她就好了。」

我一時無語，兩人陷入沉默。本來是想要慰問他，至少給他一些安慰，最後卻無功而返。若欲瞭解何謂慰藉，看來有必要從無從慰藉的時刻下手。

慰藉的英文 Console 來自拉丁文 *consolor*，意思是一同探求安慰。當我們分享彼此的傷痛，或想辦法承受自身的痛苦時，就是在尋找慰藉。我們尋找的是繼續往前走、堅持下去、重新相信人生的力量。

然而，陪伴老友的短暫片刻，讓我意識到這件事有多麼不容易。我安慰不了他。他無法想像沒有妻子的日子怎麼過。我試著說些什麼，反而什麼都說不好，最後我們只能沉默以終。他的悲傷無以復加，誰都難以體會，內心深處甚至連一絲希望都無容身之處。

這個經驗恰恰呈現出後天堂（after paradise）時代的人類處境。幾千年來，人類相信死後能夠與心愛的人在天國相聚。人們對此有鮮明的想像，偉大的藝術家也以畫筆描繪出生動形象：雲彩、天使、天國的豎琴、豐饒富庶圍繞、勞苦與病痛不再，最重要的是，終於能跟所愛的人相守永不分離。

在數千數百個世代下，希望皆以天堂的形式出現。不過莎士比亞對死亡的看法，放在天堂同樣適用：那是旅人一去不復返的國度。十六世紀，歐洲人開始懷疑這樣的國度是否真的存在。到了二十一世紀初，我認識的許多人（雖然並非全部）開始把宗教信仰拋在腦後。這股無神浪潮其來有自，一個原因是人們把對信仰的追尋轉向對真理的追尋。我這位老友覺得如果他屈服於天堂的信仰，彷彿就背叛了自己。

這就是今日人類面臨的困境，一方面繼承了傳統的慰藉來源，一方面也肩負起好幾個世紀以來反抗這些傳統的命運。既然如此，我們還能相信什麼？

如今那些慰藉的語言文字失去了過去根著於宗教傳統的意義。現代人不會想要什麼「安慰獎」；追逐功成名就的文化也不會在失敗、失去或死亡上面費太多心思。輸家才會需要尋求慰藉。

慰藉曾經是哲學的主題，古人把哲學當作一門教人如何面對生死的學科。「弔慰文」（*Consolatio*）在斯多噶傳統下甚至自成一個文類，西塞羅即是箇中翹楚。塞內卡曾經寫過三封流傳至今的信安慰悲慟的寡婦。羅馬皇帝馬可．奧里略寫下名聞後世的《沉思錄》，主要目的是為了安慰自己。西元五二四年，羅馬元老院成員波愛修斯在等待蠻族國王將他處死之際，寫了《哲學的慰藉》（*The Consolation of Philosophy*）這本書。這些論著至今仍在大學的人文課程中出現，可惜哲學已經將它們束之高閣。

此外，慰藉也失去了團體的色彩。過去我們會在教堂、猶太會堂、清真寺裡透過哀悼儀式給予彼此慰藉，如今這些地方多半空空蕩蕩。痛苦時若想尋求幫助，我們會靠己力解決，或向他人求援，或求助於專業治療師。而治療師則把我們的痛苦當作一種需要治療才能康復的疾病。

可是當痛苦被理解成一種可以治癒的疾病時，有些東西便從此喪失了。宗教傳統下的慰藉，把個人的痛苦放進一個更大的框架裡，讓傷痛者理解到個人的渺小生命如何與神聖或宇宙的計畫合一。

慰藉的語言就在這個龐大的框架下帶給人們希望。這樣的敘事至今依然垂手可得：猶太上帝要人服從，但也跟子民立下誓約會保護他們。基督教上帝因為深愛這個世界，甚至犧牲自己的兒子，給了人類永生的希望。古羅馬時代的斯多噶哲人向我們保證，只要學會放棄人類的虛榮心，生命的痛苦就會減少。對現代人更具影響力的則是從蒙田和休謨的作品中發展而來的傳統，他們探究人是否能夠從痛苦中尋求更崇高的意義。

此外，這些思想家也傳達出一個強烈的信念：宗教信仰忽略了最重要的一種慰藉來源，生命的意義不是從天堂的應許或戰勝各種欲望中尋得，而是日復一日活出充實的生命。簡單地說，人要得到慰藉，就是無論此時此刻是喜是憂，不改其對生命的熱愛。

當然，不論古今都有一定的悲劇意識。我們都明白有些失去再也無可挽回，有些經驗永遠無法重來，有些傷痕只會癒合不會消失。在我們的時代裡，尋求慰藉的一大挑戰在於，如何在承受各種災難慘事的同時繼續抱持希望，即便從中根本找不到任何意義。

在今日，要抱持希望過生活，我們必須對媒體大肆放送的各種末日論調持懷疑態度。一七八三年，英國剛失去美國殖民地，公共事務一片混亂，作家約翰·鮑斯威爾（James Boswell）問文學評論家山繆·約翰遜（Samuel Johnson）：「社會動盪不會讓你感到些許不安嗎？」約翰遜的回答展現其大器又不以為然的一面。「不會。社會不會讓人不安。我從未因此少睡一個鐘頭或少吃一盎司肉。」

我們可以此為戒，面對入侵我們的意識、約制我們生活的各種論述時，保有事事懷疑的沉著自制。假如一七八三年當時英國失去美國殖民地不會令人輾轉難眠，那麼當前主張生態浩劫將導致世界末日、民主終將瓦解、新瘟疫勢必肆虐未來世代的主流論述也不該令人消沉不振。這些挑戰確實讓人卻步，但是把它們當作前所未有的難關也無助我們的戰鬥。在這本書裡，我們會看到經歷瘟疫、共和政體瓦解、屠殺行動、敵軍入侵、軍事慘敗的男男女女。他們的故事串起了歷史脈絡，也讓後世從他們的智慧中得到鼓舞。以古鑑今，就是重新找到與古老慰藉的連結，也從古人的經驗中找到彼此的共同點。

這樣的探尋會讓人驚嘆不已。我們以為若沒有跟古人一樣的信仰，那麼曾經激勵他們的宗教文本，包括《約伯記》、《詩篇》、《保羅書信》、但丁《神曲：天堂篇》，對我們就不會有所助益。但為什麼要先通過信仰的考驗，才能從宗教文本中得到慰藉呢？我們或許無法蒙恩與得到救贖，但絕望時仍然可以透過文字的力量而得到安慰。《詩篇》是描述失去、孤單和迷失最精彩的文本，裡頭對絕望和希望的刻畫深切動人。至今我們仍然能夠對《詩篇》裡的希望產生共鳴，因為它理解我們為何需要希望。這就是為什麼即使在這個當下，在某個地方，還是會有人翻閱著《詩篇》。正如同我在烏特勒支音樂節上的體驗（也是本書的起點），當音樂和文字結合時，所帶來的希望讓信或不信都顯得無關緊要了。

慰藉是跨越空間的相互扶持，例如陪伴他人度過失去至親的傷痛、幫助異地朋友度過難熬的時期。慰藉也是跨越時間的相互扶持，向前人取經，從他們留下的文字中找到意義。

與詩篇作者、約伯、使徒保羅、波愛修斯、但丁、蒙田、現代哲人卡繆心意相通，跟著馬勒的音樂情緒起伏，這樣的感受讓我們體會到此時此刻的自己並非孤單無援。他們的作品幫助我們說出難以言傳的話語，也說出把我們禁錮在沉默之中的孤立經驗。

幸好有千年傳承而下的**意義之鏈**，至今我們還能聽到這些聲音。波愛修斯曾經想像哲學女神到獄中看他，這帶給他很大的安慰。七百年後，佛羅倫斯人但丁在流亡途中讀到波愛修斯寫的《哲學的慰藉》，他深受啟發而想像了一段同樣由他心中的女神陪伴他從地獄穿過煉獄到天堂的旅程。再過一千年，一九四四年夏日，一名年輕的義大利化學家與牢友步履蹣跚穿過奧斯威辛集中營，途中義大利男子突然想起但丁的詩句：

> 我們生來不是為了當野蠻人，而是為了追求知識和品德。

慰藉的語言就是這樣撐起絕境下的人們，從波愛修斯到但丁再到普利摩·李維——橫跨千年，從彼此身上找到鼓舞。橫跨時空的扶持即為慰藉的真諦，本書想要將之再現。

除了慰藉，我們還有其他用來表達遭遇失去和苦難時尋求安慰的用詞。但我們可能被安慰（comfort）了卻沒有得到慰藉（console），也可能沒有安慰卻感到慰藉。安慰是一時的，慰藉是長久的。安慰是有形的，慰藉是抽象的。慰藉是對生命為何如此，而我們又為什麼必須繼續走下去的一套論述。

慰藉的對立面是屈服。我們可能屈服於死亡，卻未從中尋得慰藉與意義；我們或許坦然接受了悲慘的命運，卻不向它屈服。事實上，人跟命運的搏鬥，以及這場戰鬥對他人的鼓舞，可以為我們帶來慰藉。

屈服於生命就是放棄，放棄還能翻轉的希望。相反的，與生命和解則是對未來仍然保有希望。要與生命和解，我們必須先與失去、挫折和失敗講和。而尋得慰藉，就是接受這些失去，接受它們在我們身上留下的痕跡，相信無論如何，它們都不必然會破壞我們的未來或摧毀其他的機會。

慰藉的要件是「希望」：相信自己一定能從失去、挫敗和絕望中復原，不論還有多少時間，即便短暫，依然有可能重頭開始，或許會再失敗，但正如塞繆爾．貝克特（Samuel Beckett）所說，就算失敗也會比上次進步。這股希望使我們即使遭遇困厄也不會低頭。

尋求慰藉不只是想讓自己感覺好過一點。面對重大失去會讓我們懷疑存在的意義：時間無情向前，或許我們可以期望未來，卻無法抹滅過去。逆境也讓我們發現生命並不公平；政治的大網鋪天蓋地，個人的世界卻如此渺小，正義可能遙不可及。而尋得慰藉，就是找到跟世界秩序和平共處的方式，同時又不放棄對正義的期望。

最後也最困難的是，失去和失敗逼得我們不得不面對自己的侷限。這是慰藉最難突破的地方。面對失敗，我們很容易躲進自己的幻想裡，但幻想裡沒有真正的慰藉，我們必須像哈維爾說的：「活在真相中。」

本書是一本人物群像，按照歷史順序，每章書寫一個在絕境中利用自身承繼的傳統尋求慰藉的人。我們會看到不是每個人都能成功，但我們還是可以從他們的掙扎奮鬥中學習並尋得希望。以《約伯記》為始，最後幾章還有安娜·阿赫瑪托娃、普利摩·李維、卡繆、哈維爾、西西里·桑德斯。希望我的選擇不會顯得太隨興。歐洲人可以從亞洲人、非洲人或穆斯林哪兒探尋不同的慰藉來源，或許可以寫成另一本書。我試著證明慰藉的傳統在歐洲經過千錘百鍊，至今依然可以為我們所有人帶來啟示。從中我們學到什麼能在這個黑暗的年代中派上用場？很簡單。答案就是：我們並不孤單，從來就不。

旋風中的聲音

《約伯記》和《詩篇》

慰藉之可能，在於希望之可能；希望之可能，在於生命是有意義的。若我們真的認為生命毫無道理可言，只是一個又一個隨機事件，讓人難以放鬆或喘息，直到死亡才能結束，那麼聽天由命、自我放縱、逃避現實，甚至自殺等各種方式或許都說得通。而尋找慰藉顯然不包含其中，慰藉所需的希望源於我們相信自己的存在是有意義的，或者透過我們的努力可以賦予生命更多意義。這股信念讓我們抱持著生命可以好起來且變得更好的期待。慰藉就來自於這樣的信念，從而無可避免帶有宗教色彩，儘管我們終究會發現，生命的意義可以是無關宗教的，甚或是反宗教的形式。然而，我們的第一個慰藉之旅還是必須始於宗教對於苦難的詮釋。宗教信仰具有許多功能，其一就是給人們帶來慰藉，解釋人為什麼要承受痛苦和死亡，以及為什麼在種種磨難下我們必須保持希望而活。

打從人類用楔形文字把想法刻在泥板上，或用灰燼做成的墨塗寫在莎草紙上，就有人提出一個大哉問：人如何在面對痛苦、失去和死亡時仍然保有信念？猶太教和基督教的起點正是拒絕接受人生來只能受苦和等死。

希伯來先知由此展開對希望的追尋，西方世界對慰藉的概念即源自於這群人。他們想像有一個全知全能的神，這個神也是神聖的立法者，但接下來他們必須解釋這樣的神為什麼會讓好人受苦受難、讓惡人飛黃騰達。由於他們將正義之神當作創世者，於是留下了一個直到現在都待解的問題：面對生命的不公不義和困頓失意，如何保持希望和信念？這題若無解，慰藉難尋。

希伯來聖經（舊約聖經）裡的很多內容，正是對這個答案鍥而不捨、椎心刺骨的探尋。《約伯記》即為其一。《詩篇》也是。針對這兩部經典，我們要問兩個問題：一是它們如何解答這個問題；二是即使今日答案（相信上帝的公正和慈悲）已不再令人信服，為什麼這些經典仍然保有慰藉的力量。

我們對《約伯記》的作者或作者群幾乎一無所知。該書的英譯者羅伯．阿爾特（Robert Alter）推測，作者應該是個練達世事的詩人，在西元前五或六世紀的中東闖蕩，擅長用亞蘭語（Aramaic）寫詩。《約伯記》也有可能非出自一人之手，而是集結一群人長時間的作品，結合原古神話、民間故事，甚至更早的口述傳統而成。若是如此，我們可將之視為不同民族的集體想像，取材多元，有亞蘭語和迦南語（Canaanite）的元素，也有跟猶太人打仗後講和且交流習俗的部落所帶來的故事。這些內容能夠存留下來並被納入希伯來聖經，或許就是「美能自救」的例子——文字打動人心，讀過的人莫不覺得有責任拯救它們免於毀滅。

《約伯記》描寫一個曾經受命運眷顧的人。此人身強體健，家庭和樂，養了很多牲畜，坐擁大片田地，糧倉裡穀物滿盈。但為了試探他的信念，上帝讓他失去一切。這裡出現了一個全能的上帝，可是容易受到誘惑和聽信讒言這一點又很像人類。故事裡有個名為「撒但」（satan）的角色（阿爾特譯成「敵對者」），暗指約伯是因為享有榮華富貴才信神，他認為這樣的人要是不再蒙神眷顧，就會起而反抗。

於是上帝派了以掠奪為生的部落宰了約伯的牲畜，燒了他的屋舍，殺了他的兒女。僕人回報：「唯有我一人逃脫，來報信給你。」約伯哀痛地撕掉衣服，剃光頭髮，跪在地上膜拜上帝，信念卻沒有因此動搖。他沒有屈服於憤怒或悲傷，反而說：「賞賜的是耶和華，收取的也是耶和華。耶和華的名是應當稱頌的。」（欽定版聖經）

之後，撒但又去跟上帝嚼舌根：「人情願捨去一切所有的，保全性命。」痛打他的筋骨血肉，看他還信不信。於是上帝把約伯交給撒但，只叮囑他要保住對方性命。撒但使約伯染疫，但約伯活了下來，從此貧病交迫，縮在冰冷壁爐的灰燼旁撓著身上的瘡。他的妻子斥責他。「你棄掉神，死了罷！」她哭喊。儘管絕望漆黑如夜，約伯還是不願背棄上帝。

這時候三個朋友前來安慰約伯。他們坐在他旁邊，一開始只是默默與他同哀，「一個人也不向他說句話．因為他極其痛苦。」之後三人才輪流說服他接受自己的命運。他們告訴他，上帝在試探你的信念，而你必須忍受這場試煉。約伯咬著牙聽他們說，心中苦澀難平。朋友安慰不了他。他信任也深愛的上帝無緣無故懲罰他。為什麼上帝還讓他活著，他哭喊。他渴望一死，卻「求死不得」。

後來三個朋友開始數落他。他們告訴約伯，只要他承認自己有錯，絕望就會一掃而空。「必死的人豈能比神公義？」與其埋怨，約伯應該感激自己所受的痛苦，因為他做錯了事，理當受到懲罰。

約伯一概拒絕。折磨他的不只是上帝的任意妄為，還有他領悟到人在宇宙間如滄海一粟。「人為婦人所生，日子短少，多有患難。」秋天到來，再渺小的花草樹木都會凋謝，但春天又重生；唯獨人死後就不復生，骨灰消散不得再見。約伯要說的是，希望奠基於一個信念：相信人的生命在神的眼中是有意義的。但要是我們根本微不足道呢？

三位安慰者聽到約伯承認自己的微不足道，抓住機會要他更加卑微，約伯卻開始反擊。他認為自己在上帝的終極計畫中占有一席之地，這也是他展現絕望的一種方式。絕望中，約伯險些褻瀆了神，甚至問他崇敬的神是何方神聖？為什麼我們要聽從一個折磨我們的神？

三個朋友試著說服他，承認所有不幸都是他自己的錯，才是通往慰藉之路。約伯堅持不從。他沒有背棄上帝，上帝賜予的和帶走的，他都接受，還要他如何？難道相信自己清白卻硬要認罪？「我持定我的義，必不放鬆。」

約伯進一步反駁說，貶低自己不是通往慰藉之路，只會通往恥辱。他不會再聽三個「無用的醫生」的勸告。沒人聽我說話，你們或上帝都是，他說。一個人說的話沒被聽見，就無從得到慰藉。他再也不在乎人類要對他說什麼，因為他爭吵的對象是上帝。「我真要對全能者說話，我願與神理論。」

這個全身是瘡、窮困潦倒、衣衫襤褸的人是個了不起的虛構人物，所有蒙冤和自誤的偉大文學角色，從上古時代至李爾王，甚至之後，全都以他為原型。約伯對空揮拳。「我就說話，」他大吼，「我不懼怕祂，那不是我的作風。」

約伯覺得自己有權出口反駁、要求答案。在這裡，對神的崇敬既像對話又像辯論。在《約伯記》和希伯來的先知傳統中，人尋求慰藉變成要求神的認可，吶喊主張被聽見的權利。

約伯的上帝沒有保持沉默。祂從旋風中展開滔滔雄辯。祂想知道，是誰膽敢挑戰祂？約伯知道祂擁有何等的力量嗎？「我立大地根基的時候，你在哪裡？」區區一個人類，豈敢質疑能把晨星放上天空、創造海洋、用雲朵環繞地球的創世神？你憑什麼告訴我該怎麼做？你竟敢指控我陷你於痛苦？「豈可定我有罪，好顯自己為義？」

在上帝眼中，約伯狂妄得不可原諒，因為他竟敢把痛苦歸咎於祂。約伯必須接受他所不理解的。

旋風中發出的聲音堅持要約伯順從祂，但同時也給與承認。那聲音一停下來，約伯就知道上帝已經聽見他說的話，同時也接受自己必須跟他難能理解的神聖力量和解。他跟上帝的和解從承認自己無知（而非有罪）開始。「我所說的是我不明白的；這些事太奇妙，是我不知道的。」直抒己見的他得到了聆聽，即便屈服也仍保有尊嚴：「因此我收回自己的話，在塵土和爐灰中懺悔。」

有位博學的朋友告訴我，「我懺悔」的希伯來文是 *v'nikhamti*，字根為 N-Kh-M，跟慰藉的希伯來文一樣。欽定版聖經把《以賽亞書》的一句話譯為「安慰我的百姓」（Comfort ye my people），希伯來文為 nakhamu，字根同樣是 N-Kh-M，直譯是「你被安慰」。希伯來文把慰藉的概念跟悲傷的心境轉變相連。悲傷會讓人不可自拔，約伯的悲傷就是如此。若他想到的永遠只有自己和自己的命運，就無法得到慰藉。當他承認上帝的高深莫測，不再堅持自己無罪並接納不可知的秩序之後，過去的生活又失而復得。要得到慰藉或許不需要承認自己有罪，卻少不了懺悔和接受。

我們就是這樣理解上帝的要求和約伯的接受嗎？也就是除非約伯懺悔，否則上帝就不會給予慰藉？若是如此，在神的世界裡，哀者唯有吞下悲傷、毫不猶豫地屈服於上帝，才有可能得到慰藉。

但這個灰暗的故事要說的不僅於此。《約伯記》讓我們看到，上帝非但沒有感謝安慰約伯的三個朋友，甚至還責備他們。「你們議論我的話，不比我的僕人約伯說的正確。」

三個安慰者想藉由解釋約伯遭受的痛苦來減輕他的絕望。他們為上帝讓無罪者遭受磨難找理由。這或許就是上帝責怪他們的原因——擅自解釋祂的旨意。這種虛假的慰藉之所以安慰不了約伯，正因為它自做詮釋，它暗示約伯活該受罰。

在約伯的故事裡，上帝把絕對屈服當作得到慰藉的條件，但是還有另一個要求：忠於自己的真理。約伯拒絕認罪。他要求上帝和三個朋友承認他無罪。他堅持正義以保持信念。要求正義，就是相信這個世界有其道理，而正義是可得的，上帝也有力量伸張正義。假如這樣的詮釋正確，那麼講述約伯故事的人要我們明白：服從並接受能得到慰藉，無可奈何地放棄則否。把這一點應用到生活中，唯有當我們有勇氣要求自己和他人的認可，看清痛苦的本質，拒絕那些否認我們受的苦或說我們理當受苦的人提供的虛假安慰，慰藉才能解救我們脫離絕望的深淵。這個故事也要我們別再問那個在傷痛時反覆折磨自己的問題：為什麼是我？上帝告訴約伯，也告訴我們，這個問題不會有答案的。

在這則寓言的最後，上帝彷彿要獎勵約伯終於想通了，於是又將財富、家庭、健康還給了他。最後我們知道約伯「長壽善終」，與他的上帝和平共處。

《約伯記》描述了一種世界的秩序。在這個世界裡，慰藉是可能的，因為上天沒有沉默不語。人類是這個世界的一部分，而非與它隔絕，儘管其中的秩序神祕難測，約伯仍然有可能認為自己的痛苦無論再難忍受，在上帝眼中都是有意義的，因為那是在考驗他的信念。這個世界的不義或許難以忍受，但其中蘊含的智慧超越我們的理解，並非只是隨機且無意義的事件。

時至今日，那些跟約伯一樣還會跟上帝說話的人，抱持著禱告終會獲得回應的希望，卻又同時知道上帝可能不會回應。禱告的慰藉來自於訴說，還有隨之而來的自我對話。虔誠的禱告者不再期望旋風中會出現聲音。現代人已經習慣靜靜等待上帝。一九四三年逝世的宗教思想家及神祕主義者西蒙・韋伊（Simone Weil）對約伯的故事有深刻的體會。她一直認為自己跟上帝的關係是一種等待，在耐心和希望中等待。她說她不是在等待得到慰藉，只是在感受祂的存在。在貝克特的《等待果陀》（*Waiting for Godot*）中，人對自己跟神的關係的想像變得更灰暗、更滑稽。劇中的弗拉第米爾和艾斯特拉岡邊等邊聊、邊聊邊等，周圍卻都沒有人對他們說話。我們對這種靜默已經習以為常。

那麼對於永遠無法說服自己接納約伯的上帝，或等待祂開口說話的人，如何能夠認同約伯的故事？無論我們對約伯和他的上帝有何看法，慰藉的歷史都得從這裡開始，因為這個故事清楚描述了人類的處境。約伯的故事告訴我們，人注定要忍受看似沒有意義的痛苦和折磨，在那樣的時刻，存在就是一種苦刑，心裡有部分根本無法被安慰。但就跟約伯一樣，我們必須學會忍受痛苦，堅持自己的真理，拒絕虛假的慰藉，例如相信自己活該受苦。我們應該拒絕背負罪惡感，盡自己所能去瞭解生命的意義。我們不是活該要面對永遠的沉默和沒有意義的人生。在旋風之中，在人跟命運無止盡的對抗之中，我們會找到答案的。但是要找到真實的答案，我們必須像即便衣衫襤褸依然膽敢對天揮拳的約伯一樣勇敢。

耶和華是我的牧者，我必不致缺乏。
他使我躺臥在青草地上，領我在可安歇的水邊。
他使我的靈魂甦醒，為自己的名引導我走義路。
我雖然行過死蔭的幽谷，也不怕遭害，
因為你與我同在；

你的杖，你的竿，都安慰我。
在我敵人面前，你為我擺設筵席；
你用油膏了我的頭，使我的福杯滿溢。
我一生一世必有恩惠慈愛隨著我；
我且要住在耶和華的殿中，
直到永遠。

這是有史以來最撫慰人心的一段文字。假如你正悲傷不已，《詩篇》第二十三篇能幫助你度過漫漫長夜。如果你身陷囹圄，獄中牧師可能會唸這段詩給你聽。曾經，男女犯人站上斷頭台時，這可能是他們聽到的最後一段話語。

在《約伯記》裡，上帝在旋風中顯現，肯定約伯即使蒙受苦難仍保有尊嚴，從而給約伯帶來慰藉。但我們呢？假如我們沒有約伯的信念，甚至不信上帝，詩篇的文字為什麼能夠打動我們？烏特勒支音樂廳的觀眾眼中，為什麼滿溢著認同的淚光？

不難理解這段詩詞為什麼能帶給人安慰，畢竟文字優美、音韻鏗鏘，讓人朗朗上口。但慰藉不只於此。這段話為什麼帶有希望的訊息？我們為什麼相信它？

約伯得到了慰藉，因為他臣服於上帝的宇宙秩序之後，即使並不理解，餘生依然安穩無憂。今日我們可以欣賞這個美好的概念，甚至希望它是真的，但緬懷昔日的確信只能得到一時的安慰。慰藉應該具有某種歷久不衰的可信成分，不然它給予我們的希望就無法通過往後的考驗。

我們無法像信徒一樣，把《詩篇》當作信念的證明，相信上帝對世界的秩序自有安排。然而，打從人類開始記下自己的感受，一路延伸到遙遠的未來，這一連串把我們連結起來的**意義之鏈**，仍然能夠讓我們獲得慰藉，對未來世世代代亦然；當然前提是如果它沒有中斷的話。

這些文字被留存下來，作者卻已經灰飛煙滅。我們稱他們為詩篇作者，卻對他們一無所知。他們是某個神祕教派的信徒，還是早期猶太信仰的拉比？其中可能有女性嗎？在這個讀者對作者生平的瞭解不少於作品本身的時代，能被我們一無所知的作者打動是件好事。

《詩篇》可說是一部集體大創作，意義層層堆疊而上，來自好幾代人對巴力

（Baal）[1]的崇拜、迦南人的形而上學，還有新興的一神論（後來成為猶太教）。這些是從其他信仰借來、偷來或互相妥協後的文字，教條雖已散失，但流傳下來的斷簡殘篇卻保存了其中的恐懼和喜悅。

《詩篇》並未被妥善完整地保存下來，學者能夠找到漏字或抄寫錯誤之處。有些文句讓人看不懂、這一行為什麼接那一行，或者像是欽定版譯為「靈魂」的字眼在希伯來原文代表什麼意涵（根據阿爾特的看法，其意義可能近似於活力或生命力）。《詩篇》的文本也容有爭議，數千年來基督教跟猶太教各有不同解讀。現代譯本也差異頗大，你甚至會懷疑是否出自同一部作品。所以《詩篇》得以流傳至今，不太可能是虔敬的抄寫員將神聖文本世代相傳，比較可能是經歷過激烈論辯，文本從這群人手中被搶到另一群人手中，水裡來火裡去，這裡藏那裡躲，被視為珍寶卻也不免遭到篡改，有時出於一片真心，有時則出於惡意。

《詩篇》其實是詩歌，有讚美詩也有哀悼詩，存留下來的文本上有給樂師看的記號和該使用何種樂器的指示，可能是拜神儀式的一部分，只是儀式本身已不可考。當時使用何種樂器或旋律聽起來如何，如今不復可知。不過這阻擋不了每一代的音樂家將這些文字化為曲調，從早期修道院的素歌（plainchant）到當代

1.譯按：迦南人的神。

作曲家皆然。也因為如此，我們並非只是被動傳承古老的神祕禮物，一路下來有更多作曲家和音樂家把這些文字融入新的音樂形式，我在烏特勒支聽到的合唱團便吟唱著這些歌曲，而在我們之後的人也會繼續接棒。

閱讀《詩篇》就像漫步在斷垣殘壁間，經過傾圮的石柱，跨過印著凹凸腳印的爐石，走下地窖，聞到潮濕岩石的氣味，手指從灰泥牆上滑過，摸到石匠留下的印記，遇見一群技藝精湛的無名工匠。在相遇的時刻，我們才發現自己身在這一連串把信仰和美共同保存下來的**意義之鏈**中。

這條**意義之鏈**的起點是一群猶太耆老，他們整理流傳甚廣的一百五十首不同版本的詩歌，把它們依序放進希伯來聖經裡，之後希臘抄寫員將它們謄錄下來，早期的基督徒和中世紀抄寫員再將這些文字譯成拉丁文。接下來，第一代排版工人把詩篇文字變成歐洲各地的白話版本。之後，英國教會在「令人懼怕的君王」的權威下，重新按照希臘文、希伯來文、拉丁文版本的順序加以檢視，終於在一六一一年交出成果，英語人士從此有了韻律優美的欽定版聖經（詹姆士王譯本）。

除了歷史根基，它也讓飽受痛苦的男男女女跨越時代找到彼此經驗的共通性。《詩篇》第一百三十七篇，「我們曾在巴比倫的河邊坐下，一追想錫安就哭了。」這句話讓現代猶太人想到自己與巴比倫囚虜事件[2]的猶太祖先同病相憐，但也道出了被送到美國殖民地和加勒比海地區工作的非洲人所受的苦難。《詩篇》是黑人靈歌的來源，先是在黑奴之間傳唱，黑奴解放之後，這群人開創了美國黑人教會偉大的福音歌傳統。《詩篇》第一百三十七篇有句猶太人心中神聖不可侵犯的戒律：「耶路撒冷啊，要是我忘了你，願我的右手枯萎，願我的舌頭僵硬。」對所有嘗過流亡之苦的人有如一記警鐘。《詩篇》也瞭解那些被逐出家鄉的人心中難滅的怒火。裡頭的文字以悲痛為始，以的憤怒為終，箭頭指向巴比倫暴君。「用你待我們的惡行報復你的，那人有福了。」接著更毫不留情地詛咒：「抓起你的嬰孩摔在磐石上的，那人有福了。」《詩篇》的地位不可撼動，不只因為它表達了悲傷和失落，也因為它抒發了足以摧毀一切的憤怒。

《詩篇》告訴我們，這部經典的創作者正是如同你我的男男女女，他們知道流亡和失去的痛苦，他們也害怕死亡和死去的過程。他們再清楚不過，最深的絕望就是感覺自己孤立無援。他們提供的慰藉，就是讓你相信有人跟我們有相同的感受，一樣憤怒，一樣絕望，一樣渴望更好的未來。我們並不孤單。

慰藉便來自於這樣的體認。安慰一個人，就是不斷地說：我知道，我知道。

2.譯按：公元前五八六年左右，尼布甲尼撒王征服耶路撒冷城，大批猶太人被俘至巴比倫做人質或奴隸。

藉由分享自己的痛苦，讓別人知道他們並不孤單。這是一種最根本也最困難的相互扶持的練習，也是我們必須做的。而《詩篇》以古老但鮮明的意象，領著我們一起承擔。它鼓勵人要真誠才能互相安慰。它建議我們要坦誠，其一就是承認被恐懼給癱瘓的感覺：

> 我如水被倒出，我的骨頭都脫了節。（22:14）

這些作者們也知道孤寂的滋味：

> 我的心被傷，如草枯乾，甚至我忘記吃飯。（102:4）

他們也懂得我們的孤獨；

> 我清醒難以入眠，如同房頂上孤單的麻雀。（102:7）

這些詩歌的作者同樣知道徒勞地等待慰藉有多麼難熬。他們關心那些沒人聽到的痛苦呼喊、沒人回應的悲傷絕望：

耶和華啊，你忘記我要到何時呢？要到永遠嗎？你轉臉不顧我要到何時呢？(13:1)

他們不懷疑上帝的存在（從而他們的痛苦或許與我們相異），然而他們在等待上帝開恩施惠卻又懷疑上帝是否聽見的過程中尋得慰藉。他們的懷疑能使我們從心靈的鄉愁中解脫，不再追尋一個確信的世界。《詩篇》讓我們理解到，在人類歷史中，沒有哪個年代不為上帝的神祕難測而感到懷疑和痛苦，即使是堅定相信祂存在的時代也是。

他們一再指出，凡有信念，必會懷疑。以為信會帶來確信太不切實際。如同我一位睿智的朋友所說，懷疑之於確信，就如陰影之於光。這些詩篇說，懷疑考驗信念並加深信念。由信念撐起的生命，想必就像對人類耐力的考驗。如果我們發現信念在內心逐漸枯竭，它們告訴我們不要懼怕絕望，因為藉由認識絕望，我們才知道究竟何謂希望，對絕望的記憶能使我們努力活出希望。這些詩篇的作者們說，我們或許會哭上一夜，但「早晨必定歡呼」。

希望和絕望的二元性是《詩篇》固定的結構。其一再重複的形式是悲嘆之後會得到肯定，人不斷探尋自己為何需要慰藉，最終也透過相信上帝的力量和慈悲而得到慰藉。一篇始於幾近絕望的詩「我的年日如夕陽」，以肯定神聖秩序和人類生生不息作結，「惟有你永不改變，你的年數沒有窮盡」。

《詩篇》的作者跟約伯一樣，不斷與上帝對話，要祂解釋真實的世界和他們希望的世界之間教人難以忍受的差距。不過他們不只等待正義到來，也質疑為什麼正義似乎永遠不會到來：「你們審判不秉公義，抬舉惡人的臉面，要到幾時呢？」他們甚至大膽提出自己理想的正義，認為上帝應該仿效：「為貧寒的人和孤兒申冤，為困苦和窮乏的人施行公義。」如同約伯，作者們大膽聲稱人類知道什麼是公義。為什麼上帝似乎就是不懂？這些詩篇一再表達人類處境的矛盾：儘管罪惡深重，我們還是能清楚想像一個公義的世界該有的模樣。然而，我們的全能上帝卻一直讓這樣的完美世界遙不可及，而原因只有祂自己知道。作者們提供的慰藉是，有朝一日救世主會降臨人世，開創這個完美的世界。在那之前，我們只能等待、盼望、祈禱、渴求人世間的公義。一直要到西元前五世紀的希臘城邦，人類才開始想像一種他們稱為「政治」的新活動，不再把公義當作諸神之事，而應該是人類的工作。

我終於能夠理解當時在烏特勒支音樂廳流下的認同的淚水，也知道為什麼在信仰崩壞的現代世界裡，《約伯記》和《詩篇》這類古老經典仍舊具有慰藉的力量。因為這些文本道出了我們心中的懷疑、世道難測到令人發狂、公義難尋、命運殘酷，還有我們多麼渴望一個能肯定我們的生命經驗具有意義的世界。數千年來這些文字被保存、背誦、抄寫、從火堆裡搶救出來，就證明了我們不是唯一為這個世界和自身的存在尋求意義的人。我們不需要先相信上帝才能相信這一切，但我們確實需要對人類抱持信心，還有我們繼承的這個**意義之鏈**。

等待彌賽亞

《保羅書信》

此人從猶太教的先知傳統裡，創造出一套予人慰藉的基督教新語言。他來自一個工匠家庭，家住羅馬帝國某個社會和地理上的邊境城鎮。根據他本人的說法，他是個年輕的猶太狂熱者，家裡是做帆布和帳篷的，家鄉大數（Tarsus）是一個說希臘文的港口城，也是羅馬帝國西里西亞區的行政中心，位於今日土耳其的東南方。他以「狂熱者」這個稱號為傲，意思是終其一生相信《以賽亞書》、《耶利米書》和《詩篇》的預言，相信救主終將降臨人世。他是法利賽人，這個猶太教派在信仰異教的羅馬貿易城市裡嚴格奉行猶太律法。對他這種血氣方剛的二十幾歲年輕人來說，周圍永遠不乏誘惑。到處可見的妓院和酒館考驗著他對上帝和猶太律法的忠貞，還有不斷湧入市集和小巷的商販和工匠之間對政治和宗教的辯論。

本名掃羅，外表不起眼，性急易怒，口不擇言。他成年之際，另一個狂熱者（木匠之子）正好開始在猶太山區宣傳自己就是以色列先知預言即將到來的彌賽亞。

拿撒勒人耶穌對窮人佈道或放肆自稱是彌賽亞，原本或許不會引來耶路撒冷的猶太領袖側目，畢竟過去就出現過類似的麻煩人物。然而，當他大搖大擺走進聖殿，危及他們的權力寶座，甚至打翻用來兌換錢幣的桌子，指控教會放任這個聖地變成盜賊巢穴時，他們再也無法袖手旁觀。耶路撒冷的猶太領袖一氣之下將他交給羅馬當局。有些羅馬總督可能會放過這類煽動群眾的好事者，畢竟猶太人之間的紛爭干羅馬當局何事？但此人卻口口聲聲說自己來到耶路撒冷是為了推翻所有俗世政權，迎接上帝的王國。這擺明是在造反、煽動叛亂，木匠之子因此被釘上十字架。

這種殺雞儆猴的作法通常能讓當地人不敢再亂來，但這次的異端邪說跟過去不同，仍舊無法斬草除根。耶穌的門徒七零八散，之後又慢慢集結起來，到處宣揚被釘上十字架的領袖重新復活，證明他確實就是他自稱的彌賽亞，信徒也能抱持他將再度降臨人間的希望。於是早期的基督教社群逐漸在猶太世界中形成，尊崇同樣的美德，行善舉，建立儀式——聖餐禮典（模仿耶穌最後的晚餐）和基本的教會組織。他們相信自己時時刻刻都在為《撒母耳記》、《但以理書》、《以賽亞書》和《申命記》裡預言的末日做準備。

耶穌受難後約兩年，西元三十三年前後，耶路撒冷某個說希臘文的猶太教會把名叫司提反（Stephen）的成員抓去猶太公會（耶路撒冷的猶太法院），指控他到處宣揚耶穌信徒將摧毀猶太教會、改變摩西傳下來的律法。掃羅去看了這場審判，親耳聽到司提反為自己辯護。

司提反慷慨陳詞，說褻瀆摩西的人不是他，而是指控他的人。他們難道忘了，以色列人當年如何阻止摩西抵達應許之地？難道他們現在不是在做同樣的事，迫害一個比他們更忠於上帝指示的人？他們難道忘了，預言上帝將為他們派來先知的人正是摩西？而他們非但認不出耶穌就是先知，還把他交出去，讓他被釘死在十字架上。你們就跟你們的祖先一樣！司提反大喊。有哪一個先知沒被你們的祖先迫害？

司提反的一席話在法庭掀起騷動。眾人摀住耳朵，不想聽他的褻瀆言論；有些人抓住他，把他從法庭拖到城牆外。他們將他的手反綁，圍著他，開始拿石頭砸他。一群旁觀者跟著他們走出城牆目睹這一幕，掃羅便是其中之一。

這次經驗讓他永生難忘：看著一個人那樣死去，絕望地想要避開攻擊，搖搖欲墜，全身是血，漫天灰塵將他籠罩，群眾朝他大聲咒罵，接著他跪倒在地，雙眼失神，奄奄一息。這些掃羅應該都看到了，耳邊還不斷響起殘酷的叫囂和嘲弄聲。司提反的朋友也來了，想制止卻無能為力，只能記下司提反死前的吶喊：

「求主耶穌接收我的靈魂！」有人甚至說他的臨終之言是：「不要將這罪歸於他們！」說完便倒地斷氣。

掃羅對這起悲劇的第一個反應是徹底否認。他召集了法利賽執法官，追捕聽信這些反叛言論的人。他根據慣例將違反猶太律法的人施以三十九下鞭刑。他快馬前往大馬士革掃蕩那裡的教派。在耶路撒冷到大馬士革的途中，司提反的死仍然記憶猶新，曾遭他鞭打者的恐懼與怨恨的眼神重重壓著他的靈魂，這時他聽見一個類似在旋風中向約伯說話的聲音，天上射下一道眩目的光。

「掃羅，掃羅，你為什麼迫害我？」

他從馬背上摔下來，倒在地上目瞪口呆。耶穌發出聲音，要他去大馬士革某個耶穌信徒家中等候進一步指示。

這次路倒的經驗對掃羅的精神打擊太大，連身體也跟著垮了。他完全看不見，只能靠同伴攙扶步履蹣跚地走進大馬士革，摸黑找地方棲身。現在他只能獨自面對自己了。要是他至今相信的一切都錯了呢？要是他迫害的那些人才是對的呢？要是以色列的上帝派來了救世主，而他卻沒有為他歡呼，召集人為他效勞，反而迫害那些看見真理的人？借住大馬士革一位信徒家中，活在黑暗中的那幾天，他的精神世界徹底崩潰。

然而，視力和理智一回來，掃羅很快就復原並從此脫胎換骨。他相信自己能夠天衣無縫地從舊信仰皈依新信仰。新的信仰如同舊信仰一樣，只有一個上帝，以色列的上帝。無論過去或現在，他都能遵行猶太律法，從法利賽人、希臘羅馬諸神的信眾，以及斯多噶和伊比鳩魯思想的擁護者中找到新的信徒。現在他相信耶穌是上帝選派的救主，他也知道預言耶穌到來的人是猶太先知。新的關鍵要素是：彌賽亞承諾信者能得永生。離開大馬士革之後，他到沙漠住了幾年淨化心靈。回到耶路撒冷時，他已經變了個人，不再是掃羅，改名叫保羅。

保羅自身的皈依經驗使他深信，若上帝如此安排，人一夕間就能脫胎換骨。「我現在把一個奧祕告訴你們：我們不是都要睡覺，而是在一剎那，眨眼之間，都要改變。」人不會永遠被習慣、衝動、執迷和需求所束縛。人可以重生，得到救贖，過更好的生活。古希臘羅馬的斯多噶和伊比鳩魯學派並未給人這樣的希望，他們說你可以鍛鍊自己的天性，控制自己的衝動，卻無法成為一個嶄新的人。此後，保羅的人生志業就是說服他遇到的每個人，此時此刻上帝就能夠改變他們的生活，讓他們準備好迎接永生。

這時候是西元三十四或三十五年，還沒有聖經，沒有馬太、馬可、路加、約翰的見證，沒有《使徒行傳》，沒有牧師和主教，沒有教會組織。只有一小群耶穌的信徒、猶太漁夫、收稅員，還有多半說亞蘭語的鄉下人保存下來的口述傳統。跟他們比起來，保羅很世界化。他來自地中海的港口城市，會說流利的希臘文，是他們裡頭唯一熟悉連接整個羅馬帝國海陸貿易路線的人。本來由彼得領導的門徒一開始不信任他，但他義無反顧在耶路撒冷的猶太會所開始傳教，把自己的皈依經驗當作上帝全能的證明。他坦承自己不太會說話，也無領導魅力，但他的脆弱和特質能把人吸引過來。「我原是使徒中最小的，」他告訴哥林多的基督教社群，「不配稱為使徒，因為我從前逼迫神的教會。」但我就是我，他說。而且，我比其他使徒更努力。

他或許比他們更努力，但耶穌最初的門徒還是不信任他。他們認識耶穌本人，而他沒有。他們曾跟耶穌在客西馬尼園一起禱告，他沒有。但他把自己變得不可或缺，讓他們不再懷疑。

他知道只靠口述傳統維繫的教派無法長存。口述傳統缺少一個穩定的中央權威，而少了這樣的權威，團體就有四分五裂的危險，夾在猶太和羅馬當局兩個敵對勢力之間勢必會被壓垮。一門信仰若要存續，就必須建立教義，並寫成文字作為信徒的指引。

保羅為他拜訪的教會所寫的書信就提供了這樣的指引。他的書信都很實用，有鼓勵，有懲戒，有逆轉墮落，也有排解倫理和神學上的紛爭。有時他也以書信來壓制派別鬥爭和挑戰其權威的人。儘管如此，如果只有這些，保羅的書信或許不會在歷史上留下痕跡。事實上，這位帆布工之子把他的書信變成一個屹立至今的正統信仰的基石。

他將基督教從猶太教的支派，變成向全世界開放的普世信仰。其他使徒對非猶太人小心翼翼，尤其是彼得，保羅卻不這麼想。他來自一個海港，那裡的猶太人、非猶太人、異教徒、伊比鳩魯和斯多噶學派的人全都在市集裡跟鄰人推銷信念和商品。保羅相信彌賽亞是來拯救所有人的。後來他在寫給加拉太人的信中道出了真正具革命性的訊息：

不再分猶太人或希臘人，不再分為奴的自主的，不再分男的女的，因為你們在耶穌基督裡都成為一了。（加拉太書 3:28）

《約伯記》和《詩篇》提供的慰藉，是上帝選民寫的，也是寫給他們看的。斯多噶和伊比鳩魯哲學（西塞羅、塞內卡、伊比鳩魯、愛比克泰德，之後我們會再回來談）談的慰藉，是寫給希臘羅馬菁英看的。但保羅相信，救主即將降臨能為所有人帶來救贖。保羅創造了一套慰藉的語言，是展現人人平等最初也最有力的語言，儘管受到的肯定不多，卻是後來所有世俗的、革命的、社會主義、人文主義、自由主義的平等論述的基礎。

保羅知道，末世之際，一旦天國降臨，所有人類或許就會是平等的，但此時此地信徒必須接受現實。他鼓吹的信條肯定奴隸和自由人一樣平等，卻不鼓勵奴隸挺身反抗主人。他相信男人和女人在耶穌心中一樣平等，但女人還是應該服從丈夫。至於當權者，保羅從未質疑羅馬當局的權威，甚至堅持享有羅馬公民的權利。凱撒的歸凱撒，他的上主如是說，而他聽從祂的指示。

保羅教誨信徒，在彌賽亞開創前所未有的平等新世界之前，我們必須學習耐心和堅忍。他自己也一樣。他告訴羅馬的信徒，苦難生忍耐。「忍耐生老練，老練生盼望。」他告訴他們，承受大量苦難，人才能學會安慰自己。三十年，甚至更久的時間，他到處傳教，終身未婚，踏遍羅馬帝國的偏僻路徑，改寫他要傳的福音以撫平卑微男女的悲傷和憂慮，這些人雖想相信彌賽亞就要到來，但艱困的生活也需要獲得撫慰。

羅馬世界的伊比鳩魯哲學教人及時行樂、避免痛苦才是人生正途，保羅鼓吹的新信仰卻把痛苦變成人類經驗的核心，而最驚悚的痛苦畫面是被釘死在十字架上的耶穌，則成為其象徵符號。

保羅以耶穌受難的苦路為學習榜樣。受苦既能考驗信念，也能證明自己的堅毅不拔。曾經鞭打猶太人的保羅，特別強調自己也曾經受鞭打：

我被猶太人鞭打五次，每次四十減去一下。被棍打了三次，被石頭打了一次，遭海難三次，一晝一夜在深海裡掙扎。我又屢次行遠路，遭江河的危險，盜賊的危險，同族人的危險，外族人的危險，城裡的危險，曠野的危險，海中的危險，假兄弟的危險。我勞碌困苦，常常失眠，又飢又渴，忍飢耐寒，赤身露體。除了這些外表的事以外，我還有為眾教會操心的事天天壓在我身上。（哥林多後書 11:24-28）

藉由說出自己所受的羞辱，保羅教導信徒要把痛苦視為一件崇高的事，如同耶穌在十字架上受難之後才光榮歸來，所以他們也必須受苦，並抱著得到救贖的期望。

他從希伯來聖經裡尋求靈感和權威，搬出亞伯拉罕心甘情願服從上帝，甚至犧牲自己兒子以撒的故事，為他所主張的受苦是信仰的終極考驗背書。以撒逃過一劫之後，上帝賜福給亞伯拉罕，獎勵他通過考驗。

論福，我必賜大福給你；論子孫，我必叫你的子孫多起來，如同天上的星，海邊的沙。你的後裔必得仇敵的城門。並且地上的萬國都必因你的後裔得福，因為你聽從了我的話。（創世記 22:17-18）

「地上的萬國」——這就是保羅必須把彌賽亞將臨的福音傳給全人類的證明。

耶穌受難之後約十年，保羅在帖撒羅尼迦（Thessalonica）落腳，此地為埃格那田大道上的希臘羅馬都城，是帝國時代前往東方的要道，城裡很多異教徒，還有羅馬行政官和僕役。他在那裡待了兩年，靠製作帆布營生，一邊建立信眾，平常則在信徒家聚會。他承諾他們耶穌再臨之日（末世）即將到來。

兩年後他前往雅典時，幾位信徒已經死去，其他人不知死去的朋友是否得救，而他們自己又還要等多久才能得到救贖。保羅聽說帖撒羅尼迦的信徒逐漸墮落，便派得力助手提摩太（Timothy）帶了封信給他們，希望能把他們拉回正途。保羅告訴他們，耶穌再臨之日不遠，而且可能突然之間悄然而至，教人不知所措，如同女人分娩一樣。不過當陣痛一開始，他們就應該為末日和天堂開啟做好準備：

因為，召集令一發，天使長的呼聲一叫，上帝的號角一吹，主必親自從天降臨；那在基督裡死了的人必先復活。然後我們這些活著還存留的人必和他們一同被提到雲裡，在空中與主相會。這樣，我們就要和主永遠同在。（帖撒羅尼迦前

書4:16）

他告訴帖撒羅尼迦人，你們「當用這些話彼此安慰」。這是有史以來影響力最無遠弗屆的一種慰藉。老朽衰敗、恐懼失落都不再可怕，因為當至高的時刻來臨時，時間終止，信者將活在永恆的現在，超越痛苦和失去。這股渴望始於舊約的先知，卻是保羅將它變成日復一日的期盼，注入西元一世紀東地中海沿岸幾百幾千，甚至後來的幾萬、幾百萬信徒心中。

保羅一心相信有生之年會看見彌賽亞降臨，也對信眾宣揚這個神聖的日子指日可待。然而，眼看彌賽亞遲遲不來，辛苦的傳教工作從幾年延長為幾十年，他開始改寫這段福音以安慰那些等待很久、失去所愛的人、懷疑上帝的承諾是否依然為真的信徒們。他就像一位務實的政治領袖，努力不讓地中海地區的信眾失去信念，分崩離析，因而不得不打造一套喚起希望的辭令來安慰信徒，要他們繼續相信似乎永遠不會到來的救贖。

保羅也明白其中的矛盾：唯有當抱持希望的人明白放下懷疑和絕望有多難，希望才變得可信。保羅的書信裡常會引用《約伯記》和《詩篇》，彷彿他知道唯有當文字有如一面鏡子映照出人們的疑慮時，才能真的帶來慰藉。

保羅的話語之所以具有說服力，是因為他從不隱藏相信自己所傳的福音要付出多少代價。前往小亞細亞傳教途中他曾經入獄，還差點喪命，歷劫歸來之後他告訴哥林多的信徒，他「又軟弱，又懼怕，又戰戰兢兢」，意志消沉到需要他們的安慰才能去安慰他人。坦承自己的灰心沮喪有助於鞏固追隨者的信念。他們在他的脆弱中看見自己的影子。

皈依後的福音宣傳，在帖撒羅尼迦那幾年發現自己有成為組織者、神學家和精神領袖的天分，此後保羅的信仰之路一年比一年顛簸難行。猶太會所把他攆到街上。猶太暴民將他逐出城市。羅馬總督把他押入大牢。原本對上主堅信不移的社群失去了信念，或不敵其他傳教士的誘惑。他在以弗所和腓立比被囚，在獄中寫的信裡他黯然自稱是「帶鐵鏈的使者」。西元約五十五年，他離開以弗所時，已經在地中海穿梭來去二十多年。他告訴信徒他要去耶路撒冷，但他害怕自己會跟當年的司提反一樣被抓去猶太公會，也擔心從此再也見不到他們，信徒們聽到都流下眼淚。他還警告以弗所人，「必有凶暴的豺狼進入你們中間，不顧惜羊群。」能不能堅持信念就看他們自己了，他再也幫不了他們。

回到耶路撒冷之後，他又到處宣揚自己目睹司提反如何殉教、自己又如何迫害基督信徒，最後在前往大馬士革途中獲救的過程。猶太人便在城裡煽動群眾要殺他，於是他被帶到猶太公會前。在法庭上，有個狂熱者打了他一耳光，將他激怒。他轉向法官怒喊：「你坐堂為的是按律法審問我，你竟違背律法，吩咐人打我嗎？」這番話不可思議地呼應了司提反當年在同一個法庭上說的話。公會把他送交羅馬人鞭打，但是當士兵剝光他的衣服、把他綁住時，他大聲說自己是羅馬公民，對方心軟便把他送去該撒利亞（Caesarea）[1]，他在那裡坐了兩年牢。期間他不斷要人把他帶去該撒面前受審，最後羅馬人終於答應，交由一名同情他的百夫長送他到羅馬。抵達時，他戴著鐵鍊站在城裡的猶太領袖前，堅稱自己從未做任何不利同胞的事。「現在我們比剛信的時候更接近上帝的拯救，」他告訴羅馬的猶太人。「黑夜就要過去，白天就要來臨。」

《使徒行傳》簡潔地記下：「他所說的話，有的信，有的不信。」歷史紀錄就停在這裡，停在保羅等著受審並向懷疑的猶太人傳教之際。這時他應該已經

1.譯按：位於地中海東岸的古城，又名「該撒的城」，該撒（或譯凱撒）是羅馬皇帝的稱號。

六十出頭，按照當時的標準已經是很老的人。歷史學家泰西塔斯（Tacitus）告訴我們，羅馬在西元六十二年發生大火時，暴君尼祿把責任歸咎於基督徒，數千名基督徒因而慘遭驅逐和屠殺。有人認為保羅也是其中之一，但我們無從確定。

可以確定的是，最讓他痛苦的，也是生命最後階段他最需要得到慰藉的，就是自己同胞長久以來對他的敵意。在他寫給羅馬人的信中，做了一番赤裸告白：

> 我在基督裡說真話，不說謊話，我的良心被聖靈感動為我作證。我非常憂愁，心裡時常傷痛。為我弟兄，我骨肉之親，就是自己被詛咒，與基督分離，我也願意。他們是以色列人，那兒子的名分、榮耀、諸約、律法的頒布、敬拜的禮儀、應許，都是給他們的。列祖是他們的，基督按肉體說也是從他們出來的。願在萬有之上的上帝被稱頌，直到永遠！（羅馬書 9:1-5）

他把成為外邦人的使徒當作一生志業，但他最失望的是無能「激勵我的骨肉之親發憤，好救他們一些人」。他們一些人……這句話看得出來他有多麼氣餒。

他原以為《創世記》和《詩篇》裡的應許是給所有人的，而他的同胞應當會加入將普世信仰發揚光大的行列，畢竟這個信仰就建立在他們的經典上。猶太人相信自己是上帝的選民，上帝跟亞伯拉罕的約定只屬於他們，而遵守猶太律法就是對上帝忠誠。但保羅看到外族人無論男女，即使不識律法或古老經典，仍然過著虔誠的生活。從他們身上他學到，「人稱義是因著信，不在乎遵行律法。」

他創造了一種新信仰，並聲稱人在這個信仰裡得救不是因為自己的功業，不是因為履行儀式，而是因為上帝寬恕一切的恩典。打從他在前往大馬士革途中得救的那一刻起，他就相信一旦蒙受這樣的恩典，就不再需要其他的認可。

然而，我們不得不問保羅如何忍受同胞對他的強烈敵意，還有被迫跟自己族人疏遠的事實。他常感慨萬千地引用先知以賽亞的絕望話語，「我勞碌是徒然，我盡力是虛無虛空。」

保羅很誠實。正因為誠實，他的信念具有吸引後世的強大力量。他坦承自己終其一生都夾在新信仰對他的要求和舊信仰對他的約束之間，左右兩難。他在給羅馬信徒的信中哭喊：

我所做的，我自己不明白。我所願意的，我並不做；我所恨惡的，我反而去做……我真苦啊！誰能救我脫離這必死的身體呢？（羅馬書 7:15-24）

這就是保羅，他的痛苦跨越時空，打動了信者和不信者。他的信仰不是即使逆境也不動搖，而是因為逆境而不動搖。

保羅緊抓著彌賽亞將至的希望不放，卻日復一日在生活中尋找慰藉：例行的傳教工作，結交的朋友，說服人信服基督的種種回憶，離開以弗所時信徒的眼淚，拋下信徒時他們臉上的悲傷。他對他們的愛從不抽象。他記得他們每一個人，給他庇護、跟他做一樣的工作、跋涉一樣的路、忍受一樣的牢獄生活的男男女女。這些信徒的名字在他的書信裡反覆出現，有男有女，有富人有窮人，全都有血有肉，各有各的特色：非比（Phoebe）和百基拉（Priscilla），安多尼古（Andronicus）和耳巴奴（Urbanus）、提多（Titus）、巴拿巴（Barnabas）、提摩太。他特別提起這些人，感謝他們對他的情誼和安慰。他跟這些人建立了一種就算距離、迫害、爭吵和辯論都切不斷的緊密關係。昔日從大馬士革踏上的那條艱辛長路，讓他體會到古老經典裡沒說的一件事。他學會了一個教訓：信念可能不足以作為慰藉，還要加上活著的人以及他們的愛，才能給他希望：

> 我若有齊備的信心，使我能夠移山，卻沒有愛，我就算不了什麼。我若將所有的財產救濟窮人，又犧牲自己的身體讓人焚燒，卻沒有愛，仍然對我無益。愛是恆久忍耐，又有恩慈，愛是不嫉妒。愛是不自誇，不張狂，不做害羞的事，不求自己的益處，不輕易發怒，不計算人的惡，不喜歡不義，只喜歡真理。凡事包容，凡事相信，凡事盼望，凡事忍耐。（哥林多前書 13:2-7）

保羅一向誠實無欺，因此我們可以把這段話視為含蓄的自白。他確實有足以移山的信念，但光有信念還不夠。是他數十年來努力不懈的期間，陌生人（後來變成他的友伴）對他的愛，甚至是他無法回報的愛，他才得以看見支撐他活下去的光：

> 講道的才能是暫時的；講靈語的恩賜總有一天會終止；知識也會成為過

去。（哥林多前書 13:8）

即使是以賽亞、但以理、亞伯拉罕的古老預言也不足以安慰他，使他確信自己過的生活在在符合上帝的旨意：

我們現在所知道的有限，先知所講的也有限，等那完全的到來，這有限的必歸於無有了……我們現在所看見的是間接從鏡子裏看見的影像，模糊不清，將來就會面對面看得清清楚楚。我現在對上帝的認識不完全，將來就會完全，正像上帝完全認識我一樣。（哥林多前書 13:9-12）

這時的保羅已經垂垂老矣。長路將盡，他知道有生之年可能等不到彌賽亞到來。他竭盡全力服事主，也知道自己辛苦達到的成果只能在他即將拋下的信徒的愛裡得到證明。唯有在他們真實、強烈、持久的愛裡，他才得以窺見上帝的愛的可能面貌：

如今常存的有信、有望、有愛這三樣，其中最大的是愛。（哥林多前書13:13）

西塞羅的眼淚

書寫喪女之慟的信

在地中海世界的早期基督教社群裡也住著不少異教徒的菁英，這群人受伊比鳩魯和斯多噶思想的薰陶，學習如何在灰心喪志、命運多舛時保持希望。有別於保羅帶領的基督徒，斯多噶和伊比鳩魯學派並未提出一個普遍的主張，其哲學出自羅馬男性菁英之手，設定的讀者也是同樣的菁英。跟基督信仰不同的是，這些哲學思想不把受苦當作蒙神眷顧的證明，而是需要靠自制和自律加以克服的不幸。斯多噶學派教人學習忍受痛苦才是明智之舉；伊比鳩魯學派則認為人應該盡可能避免痛苦，盡情享樂，對他們來說，快樂過活就是人生的目的。慰藉則要從社會認同裡獲得，而非救贖。異教哲學家不像基督徒，他們不認為人會因為相信世界具有意義、時間有其目的和方向而得到慰藉。有些伊比鳩魯學派的人甚至強烈懷疑世界只是隨機和偶然的事件組合而成，沒有秩序，尤其是盧克雷修斯（Lucretius）。面對慘痛損失和生離死別，羅馬哲人們依憑的是克己自制的男子氣概。若一個男人遭逢失去時能保持沉著鎮定，男性同儕對他的敬仰將會給他帶來慰藉。

保羅開始傳教時，這樣的觀念就已經是羅馬中上階層人士根深柢固的傳統智慧。羅馬共和國晚期的政治領袖西塞羅（Marcus Tullius Cicero, 106-43BC）以精於這套斯多噶哲學自豪，並自詡為慰藉的哲學家。他所著的《慰藉》（*Consolatio*）一書已經失傳，另一本探討斯多噶信念的精彩對話集《圖斯庫勒論辯》（*Tusculan Disputations*）則存留至今。

西元前四十五年，在愛女無預警猝逝之後，西塞羅只能運用斯多噶哲學為自己療傷止痛。這不是人類第一次遭遇語言亦難以撫慰人生傷痛的狀況。探討人生苦痛的哲學作品，甚至無法撫慰當初寫下這些文字的作者。

我們對西塞羅之女的瞭解跟對古代多數女人的瞭解一樣，都是透過男性對她們的描述，而在這個故事裡則是透過一個慈愛的父親。他在信中稱呼她「小圖莉亞」（Little Tullia），是他最疼愛的女兒。他說她跟她父親長得一個樣，至於哪些地方像就不得而知了——西塞羅有個高鼻子、圓頭、冷酷的雙眼、下垂的脣，以及適合雄辯滔滔和譏笑嘲弄的嚴厲聲調。他稱讚女兒端莊嫻淑，卻沒想過要留下關於她為人處事的一絲線索。他是個作家，能一字不漏想起同儕和哲學家說過的話，但女兒說過什麼卻只留下一筆紀錄。他提到她小時候曾要求他請好友阿提庫斯（Atticus）下次來訪時帶禮物給她，並堅持要父親保證好友會信守承諾。阿提庫斯也有個年幼的女兒，兩人通信時會一同玩味女兒使喚父親的滑稽有趣。

西塞羅愛她，這一點無庸置疑，但女兒畢竟是他的財產，他把她先後許配給三個有名的男人。第一個丈夫死了，第二個休了她，第三個是名叫多拉倍拉（Dolabella）的浪蕩子。圖莉亞三十二歲才第一次懷孕，但第三段婚姻眼看就要不保。西塞羅堅稱這段婚姻是妻子作的主，是妻子趁他到東方治理行省時強迫他接受的安排。如今女兒又將面臨離婚，還有隨之而來的耳語，更別提多拉倍拉有可能拖欠尚未付清的聘金。除此之外還有一個棘手的風險，那就是這位拈花惹草的女婿會不會在凱撒面前出賣岳父。這時候獨裁官凱撒的地位步步高昇，也把西塞羅捍衛了一輩子的共和體制給擊垮。

女兒見證了父親輝煌的政治生涯的起起落落。西元前五十八年元老院將西塞羅放逐時，圖莉亞又憂又懼地昏了過去。隔年，元老院投票將他召回，當時從羅馬南下到布朗迪西恩港口迎接他從雅典回來的人也是女兒，而不是她母親。當他勝利返回羅馬時，是她陪著他一起乘轎經過一個又一個城鎮，穿過為他喝采的群眾。

法庭和元老院是他展現犀利辯才、睥睨群雄以及拉丁文造詣（夾雜希臘文引經據典）的地方，但是唯有在女兒面前，他才會坦承自己的愚蠢。六十歲那年，西塞羅跟結褵三十多年的妻子特倫西婭（Terentia）離婚，另娶十八歲的普里莉亞（Publilia，西塞羅還是她的監護人）為妻。他著了什麼魔？天知道是因為慾望？還是普里莉亞繼承的財產？之後他後悔了，並尋求圖莉亞的原諒和寬容。公務之外若還有私人時間，他都是跟圖莉亞一起度過，而不是普里莉亞。西元前四十五年一月和二月，父親陪伴女兒待產期間，圖莉亞向父親坦承：丈夫出軌，她的婚姻瀕臨破裂。這些全都是讓西塞羅痛心的消息。父女倆分享混亂失序的生活，彼此的距離又拉得更近。

西塞羅蠟燭兩頭燒，於公於私都陷入困境。內戰時他選擇跟龐培（Pompey）站在同一陣線，雙方軍隊在西元前四十八年決戰，史稱法薩盧斯戰役（battle of Pharsalus）[1]，但西塞羅很快就發現自己選錯了邊。後來他雖然跟拿下勝利的凱撒講和，卻也阻止不了凱撒展開獨裁統治，削弱元老院的權力，破壞他畢生的心血。

對西塞羅來說，共和國代表的意義遠超過他四十歲就攻頂的官職晉升體系（財務官、市政官、執政官），也不只是元老院——西元前六十二年他曾在那裡揭發喀提林（Catiline）[2]的陰謀，那次演說廣獲讚揚，他也被視為羅馬的救星。共

1.譯按：以凱撒為首的平民派軍隊和以龐培為首的貴族共和派軍隊之間展開內戰，而法薩盧斯戰役是其中關鍵性一役。

2.譯按：羅馬元老，曾密謀發動政變推翻羅馬元老院的統治，事跡敗露後出逃並戰亡。

和國是西塞羅的生命支柱和意義。身為共和國人意味著奉行羅馬公民的美德：關心大眾福祉，展現堅忍自制的斯多噶精神，必要時甚至願意為捍衛共和國而犧牲生命。共和主義是一套男性規範，無論破壞或遵守都無損於它的重要性，而其核心是鄙視女性的軟弱、鄙視眼淚。女人會哭天喊地或拿面紗遮住臉，男人卻必須以哲學的冷靜自持接受命運的打擊和死亡的到來。肩負著捍衛共和國的重擔及光榮使命的羅馬公民，無論在公私領域都應該要能夠堅毅忍受各種困難險阻。

在清一色寫給男性的書信中，西塞羅總是為遭逢變故、命運丕變的朋友提供這樣的慰藉。這在政治上司空見慣，在常有內戰、放逐、沒收產業、仇殺、報復，還有各種較不致命但仍會遭來禍患的詆毀傳言的時代更是難以避免。《慰藉》就是為了安慰在羅馬政治圈浮沉的人所寫的，同時是寫給痛失父母、兒女、妻子、貼心奴僕的人看的一本書。

西塞羅擅於發表這種充滿男子氣概和道德訓誡的論述。西元前四十六年，他曾寫給一位時運不濟的男性友人：

> 有種慰藉雖是老生常談，但是我們應該時時掛在嘴邊、放在心上。那就是記

住自己是人，人的一生就是命運弓箭瞄準的目標，我們永遠躲不掉這個法則。我們無法拒絕接受它，也不該對自己的不幸怨恨不耐。不先把這些思考透澈，就別想避開人生的不幸。想想別人遭遇的，會知道發生在自己身上的也沒什麼。

《慰藉》是一套世俗規範，神在裡頭扮演的角色不多，例如男性應該獻祭動物給神，護火貞女神廟的看守者從上階層女性中選出。一般人都知道命運雖然掌握在神的手裡，但諸神高踞天庭，淡淡然看著人間的悲劇。在共和主義的世界觀下，這些悲劇都是人可以承擔和忍受的，只要共和政體持續為人的生命賦予意義。《詩篇》或《約伯記》裡迫使人質問上帝為什麼陷人類於絕境的巨大恐懼，在這裡被帝國驚人的擴張速度、廣袤的幅員，以及人民對羅馬的信任暫時擋在門外。只要羅馬共和國屹立不搖，強盛不衰，人的生命就有意義。然而，西元前四十五年凱撒完全掌權，元老院名存實亡，西塞羅認為他捍衛的共和國正瀕臨垂死掙扎。

這就是當時的環境背景。同年二月，這位無人不知、無人不曉的羅馬哲人遭受沉痛打擊，儘管有全城最好的助產士和醫師幫忙接生，女兒仍在產下一子——取名藍特勒斯（Lentulus）——之後撒手人寰。

這個打擊幾乎將他摧毀。他心痛不已，完全沒留下關於女兒喪禮或火化的隻字片語。他把女兒的遺體連同孫子交給多拉倍拉的家僕，然後就從羅馬南下，逃到他位於安提奧灣的阿斯圖拉島上的別墅。他把自己關起來，誰都不想理，夜裡無法成眠，白天披頭散髮獨自到林中遊蕩和哭泣。這樣的日子從二月到三月初，持續了六個星期。老朋友阿提庫斯問候他時，他坦承女人家的眼淚是他的敵人。「我盡我所能抵抗，但迄今不是它們的對手。」

他悲不可抑的消息一傳出去，羅馬的輿論顯得兩極。他的脆弱觸動了那些想不到羅馬最強勢善辯的男人竟會如此崩潰的人。他的敵人則趁機指控他是軟弱無能的偽君子，做不到自己宣揚的斯多噶美德：克己自制。

西塞羅進退兩難。善於勸慰別人的他，如今自己卻完全得不到慰藉。文字毫無用處。他這才發現自己有多麼深愛女兒。他覺得自己一定是精神錯亂了才會跟妻子離婚，並向朋友坦言，想到她就像「碰到就會讓人痛苦哀號的傷口」。可惜一切都已經太遲了，他生命的支柱已經崩塌。

同年三月，曾跟西塞羅一起學過雄辯術、時任雅典總督的老同學蘇爾皮基烏斯（Servius Sulpicius）從雅典寫了封弔唁信給他。一開頭他坦承自己跟西塞羅同病相憐，同樣需要被安慰，不只是因為個人的傷痛，還有共和國情勢危急，眼看已經落入獨裁官尤利烏斯．凱撒的手中。他們應該哀悼的是共和國的危險處境，而不是喪子之痛。他大著膽子問老友，你為了什麼而哭？

何以個人的悲痛會讓你如此難安？想想命運至今如何對待我們。回想我們曾被奪走珍貴程度不亞於親身骨肉的事物：國家、榮譽、階級、政治聲譽。那麼這一次的失去又怎能對你造成更多傷害？那顆不該在此時失去所有感受，也早該看開其他一切的心，究竟去了哪裡？你真的是為了她而傷心嗎？

為什麼要為了圖莉亞而哭泣？老同學問他。她若是還活著，會過著什麼樣的生活？她的丈夫不是死去，就是背叛了她。她錯過身為女人最重要的心願：看著兒子長大成人，建立功業。一個女人能有的希望，「尚未實現就被收回，」蘇爾皮基烏斯如此說道。不過她在世時曾分享了父親仕途得意的喜悅，那樣對她來說還不夠嗎？

他表示近來他經過哥林多（Corinth）和墨伽拉（Megara），曾經繁華一時的兩座城鎮，如今都成為荒涼廢墟，「在人們眼前一片頹圮破敗。」他接著說，如果這就是人類所有成就的最終命運，那麼所有人都應該把握自己的有限生命。而西塞羅又何必為了「一個柔弱女子」之死哀痛逾恆？

他提醒西塞羅，別讓敵人以為他被喪女之痛給擊垮了。讓他們以為你在為共和國哀悼，他如此建議。最後他語重心長地說，別跟那些無法醫治自己的醫生一樣。切記：悲傷讓人脆弱，如果你還想在政治上有未來，就把女人家的悲傷拋在一旁：

> 我們曾經多次看見你在順境中展現高尚情操，因而名聲更盛。現在該是你說服我們，你承受逆境也毫不遜色的時候了。

西塞羅回信說他在朋友的「同病相憐」中找到安慰，並坦承「無法以你認為適當的方法承受痛苦實在羞愧」。儘管如此，他還是無能為力，覺得自己「倒下了，難以抵抗悲傷」。他表示在過去的共和國時代，於社稷之內「位居要津或能減輕個人傷痛」。但如今共和國只剩空殼，他的公眾之路已經失去意義。

法庭上的工作對我已經毫無樂趣；至於元老院，光看到它我都痛苦不堪。

他繼續提到，過去每逢政治生涯遭受挫折：

我永遠有個庇護所和避風港，永遠有個人與我溫柔交談，幫助我放下所有焦慮和悲傷的重擔。

如今，他落寞地說：

我逃避自己家，也逃避法庭，因為國家造成的傷痛再也無法被家庭撫慰，家庭帶來的傷痛也無法被國家撫慰。

唯有為共和國效力，存在才有意義，也才能尋得慰藉。因此他下了一個結論：「在一個我們必須無條件順應一人之好惡的時代，」要得到慰藉是不可能的。

西塞羅仍未走出悲傷的風聲在羅馬城傳開之後，男性友人們對他失去了耐心。他的行為不只是軟弱的表現，也危及不成文的社會規範。布魯圖斯（Brutus）譴責他未能展現斯多噶的堅忍自制。某位西塞羅曾經厚臉皮請他在著作中美言幾句的歷史學家，寫了封半戲半貶的信要他振作起來：

好了！事實擺在眼前，難道只有你視而不見？聰明才智尚且能參透最艱深之奧祕的你，難道看不出日復一日的哀悼對你無益？

當老友阿提庫斯委婉地勸他把悲傷拋到腦後，重拾重責大任時，西塞羅也一口拒絕。「所有慰藉，」他說，「都被痛苦擊敗。」接著他又補上一句，彷彿有一絲希望被點燃：

然而，我做了一件過去從沒有人做過的事。我藉由寫作安慰自己。等抄寫員抄好我就把書寄給你。我可以告訴你，從來沒有像它一樣的慰藉。

他突然重新找回活力，翻箱倒櫃尋找靈感，要他釋放的奴隸兼抄寫員泰若（Tiro）找出古希臘原典，並開始寫下一本從書名即可道出他當下心境的書：《慰藉》。

可惜該書只有斷簡殘篇遺留下來。西塞羅在書中狂熱地思考靈魂的本質，想知道它「如水、如空氣，還是如火」，跟「記憶、心智或思想」又如何糾纏不清，而人的這些能力肯定是諸神的傑作。因此，「無論使我們思考的、知道的、活著的、成長的是何種力量」，他的圖莉亞「必定是上天的、神聖的，因此永恆不滅的」。他不斷央求好友阿提庫斯幫他買一塊地，好讓他為她蓋一座神廟。雖然最後未能如願，但就我們所知他非常認真，也知道這麼做是為了彌補太晚才發現自己有多麼需要她。

阿提庫斯責備他想為女兒蓋神廟的執念，懇求他恢復理智，因為羅馬城裡已經謠言滿天飛。西塞羅回覆他時極度不滿：

你勸我改變，還說其他人希望我隱藏自己深切的傷痛。有什麼比把所有時間都用來寫作更能做到這點？雖然我這麼做不是為了隱藏，而是為了減輕、治癒我的痛苦，而假如那對我有一點點的好處，肯定是替我保住了顏面。

一個剛痛失愛女的父親或許會從孫兒的陪伴中尋求安慰，但除了囑託阿提庫斯確保孫子所需的照顧一樣不缺之外，西塞羅從未去羅馬看過他。不出幾個月，那個孩子也走了。

突然間，他憑恃的所有規範（男性壓抑、冷靜沉著、獻身公共事務）所能提供的療癒之途彷彿全都被封閉了，只剩下一條：恢復他身為共和國智者的聲望，儘管如今已被凱撒的獨裁統治摧毀。一開始，這條路似乎也行不通，因此他對阿提庫斯直言不諱：

你要我重拾往日的生活。長久以來，我為失去共和國而痛心不已，雖然不像現在如此激烈，因為那時候我還有一個避風港。如今我斷然無法重拾過去的生活和工作，我也不認為自己應該在意別人怎麼想……

但他知道這是自己剩下的唯一角色。他終於明白，相對於一時的安慰，要得到真正的慰藉就表示要重新成為西塞羅，譴責暴君，守護共和政體的價值。他依舊獨自在別墅裡固執地藉由寫作找回自我。但到了五月，經過三個月發狂般的自我折磨和孤立，他覺得自己已經堅強到可以對阿提庫斯說：

假如那些認為我的精神受到沉重打擊又再度崩潰的人，知道我正在寫什麼樣分量和內容的作品，我想如果他們還是人，應該不會認為我有罪過。沒有什麼好責怪我的，若是我已經復原到能把心思投注在困難的寫作上，甚至他們還應該稱讚才是，因為……我為了擺脫傷痛竭盡了全力。

到了七月，他體悟到悲傷或許會抗拒所有安慰，但終究會屈服於時間：

通往慰藉的路有很多條，但這是最筆直的一條：就讓理性帶來時間終究會帶來的結果。

夏末，西塞羅已經準備好返回圖斯庫勒的莊園，雖然那裡充滿了圖莉亞、特倫西婭和往日家庭生活的回憶。他仿效雅典的希臘學院，在那裡建造拱廊，擺設沙發讓賓客倚在上面討論哲學問題。他也開始撰寫《圖斯庫勒論辯》，一系列他一人分飾所有角色的對話集，思考死亡、悲傷和痛苦的本質。古希臘哲人告訴他哲學的存在是為了教人不懼怕死亡。慰藉就是哲學，哲學就是慰藉。

為了寫這本書他大量閱讀，主要是希臘三大悲劇作家尤里皮底斯（Euripides）、艾斯庫羅斯（Aeschylus）和索福克里斯（Sophocles）的作品，裡頭呈現了人類的極度愚蠢和妄想。他覺得自己對斯巴達人更崇拜了，因為他們有蔑視痛苦的美德，而且願意為自己的城邦犧牲生命。他也一點一點恢復對自我的嚴格要求，即使短短九個月前傷痛到不能自拔時，這套道德標準對他來說似乎訂得太高了。他在《論辯》中彷彿是要提醒自己：

virtue（美德）來自 *vir* 這個字，意思是男子氣概，勇氣是人之所以獨特之處。這種美德有兩大責任：鄙視死亡和痛苦。我們若要成為有德之人，或者成為一個男人，就要盡到這兩個責任。

如今他認為，靈魂軟弱的那部分會帶來「傷痛和女人家的眼淚」，而男人應該嚴格壓抑這些部分，「就像管控僕人，不惜用上鎖鏈。」

西元前四十五年夏末，他寫了〈論悲傷〉(On Grief) 這篇文章。回顧二、三月時經歷過的傷痛折磨，他覺得自己像是生了一場瘋病。他不是在替死去的女兒難過，而是在替自己難過，畢竟她已經不再痛苦。這場瘋病不過就是怯於面對自己的死亡。西塞羅用一連串的三段論對世界宣告，合乎邏輯但情緒壓抑，而且顯然主要是對自己宣告：

智者絕不會被悲傷影響，因為智者都是勇者，所以智者絕不會屈服於悲傷。

西塞羅再次臣服於斯多噶的規範，儘管幾個月前同一套原則對他來根本做不到。他認為自己若要重拾過去的生活，就要讓智慧與勇氣相匹配。

在羅馬要重回政治舞台，必須持續展現令人信服的斯多噶式英雄氣概。他向阿提庫斯發誓：

回到羅馬之後，我的外表或言談都會讓他們無可挑剔。過去我用來減輕悲傷的雀躍振奮已不復在，但我的言行舉止不會缺少勇氣和堅定。

曾經因為政治選邊而飽受批評，如今他知道，要走出喪女之痛就必須選擇一條路並堅持到底。在他周圍上演的政治災難也讓他走得更堅定。凱撒的獨裁統治逼得他別無選擇，只能挺身反抗暴政，就算賠上性命也在所不惜。

西元前四十四年，他曾寫信向知己傾訴，他寧願為捍衛共和國光榮死去，也不願活在專制統治之下：

毫無疑問，我的勇氣或許因為局勢變化難測而動搖，卻也因為失去所有希望而益發強大……

那年回到羅馬之後，他立刻投入推翻凱撒的陣營。雖然並未加入刺殺凱撒的行動（布魯圖斯和卡西烏斯沒讓他加入），但三月十五日凱撒遇刺那天，他在元老院目睹了血腥的場面。後來馬克・安東尼（Mark Anthony）劍指元老院，有意繼承凱撒的位置，西塞羅遂發揮雄辯長才，對他展開猛烈砲轟，並仿效古希臘演說家狄摩西尼（Demosthene）抨擊暴君馬其頓國王腓力二世的〈斥腓力書〉（Philippics），把一系列演說稱做〈斥安東尼書〉。朋友勸他小心為妙，但西塞羅照樣自行其是，再次重申自己是共和國的捍衛者，也因為這個角色聲名遠播。走過喪女之痛，正視對死亡的恐懼之後，西塞羅彷彿在樣樣算計的人生中第一次豁了出去。

有一段短暫的時間，他似乎是勝利的一方。然而，當安東尼和屋大維（凱撒的繼承人）在西元前四十三年底與雷比達（Lepidus）結盟，西塞羅就知道自己氣數已盡。三巨頭將他放逐，這表示任何人都能追殺他並獲得賞金。他往南逃到自己的莊園，曾考慮坐船逃往希臘，後來又改變主意。不逃了，該是面對命運的時候。作家普魯塔克（Plutarch）告訴我們，當殺手逐步逼近時，西塞羅要扛轎的僕人把他放下來，平靜地等待殺手到來。他甚至認得其中一名殺手，因為他曾經在法庭替他辯護。這時候求饒，最後一次用他的著名口才化解危機，不但太遲也太沒尊嚴了。於是，根據普魯塔克的形容，他蓬頭垢面狼狽萬分，「面色枯槁」，但眼神堅定地彎下頭，毫無防備也毫無遮蔽任由殺手宰割。他們砍下他的首級和雙手，寄回羅馬展示，證明共和國最後的捍衛者和獨裁同盟最畏懼的對手已經死去。傳說安東尼之妻很不滿西塞羅對她丈夫的批評，因而扯下他的舌頭並用針刺。

多虧普魯塔克和其他人寫下的傳說故事，西塞羅之死與斯多噶的自制精神和共和體制代表的品德合而為一，這樣的形象延續了千年之久。一個世紀後，西元六十五年，塞內卡不敵尼祿（塞內卡曾教導他、輔佐他，後來因為他成為暴君而鄙視他）的逼迫，割開血管緩慢而痛苦的死去。他的死進一步鞏固了由蘇格拉底開啟、西塞羅進一步美化的傳統：一個人可以藉由抵抗暴君和坦然面對死亡而永垂不朽。

自認為承襲了西塞羅代表的規範思想的近代人，對他留給後世的精神遺產就比較就事論事。羅馬最偉大的歷史學家李維（Titus Livy），當年西塞羅死時還是個年輕人，他認為西塞羅生命中的四大考驗是：流亡、放逐、喪女，以及他自己的死亡。而只有在面對他自己的死亡時，他才「像個男人」。這套男性規範十分嚴苛，尤其是對用盡全力展現它的人。確實，這位慈父傳給後代有關慰藉的智慧中，最歷久彌新的就是人該如何學會壓抑自己的情感。從古代先賢到美國獨立戰爭的開國元老，男性從小就被教導共和體制下的人們應該過著禁慾自制的生活。西塞羅和羅馬斯多噶學派以降千餘年，男性所受的教育都是要拒絕眼淚的慰藉。唯有忍住眼淚，沉著冷靜通過命運的考驗，進而得到男性同儕的認可，他們才有資格得到慰藉。但這樣的慰藉要付出高昂的代價，即便是寫下見證的作者也不例外。

面對野蠻人

馬可・奧里略的《沉思錄》

西元一六五到一八〇年在位後期，領軍攻打蠻族期間，每當夜深人靜時，馬可．奧里略（Marcus Aurelius）開始在營中寫下給自己看的文字。這些內容就是中世紀廣為人知的《沉思錄》（*Meditations*），但最初的原稿用希臘文寫上 *ta eis he'auton*，意思是「給自己的話」。西塞羅藉由展現斯多噶精神得到旁人的肯定並從中尋求慰藉；馬可．奧里略則是在寂靜黑夜中奮力戰勝恐懼和孤獨，在自我告白中找到安慰。

等他有空坐下來寫字時，夜色應該已經籠罩漆黑河水旁的武裝營地。視察軍隊、跟來進貢的蠻族首領談判、與將領商討如何調兵遣將，一整天下來，這位沉默寡言又對人一向冷淡疏遠，而且日漸老邁的羅馬皇帝，終於能夠獨處。

他但願能一吐為快，卸下心中的重擔，但他能向誰傾訴呢？妻子已不在人世，對她的回憶也不甚美好。妻子不忠的流言早就從羅馬傳進他耳中，他不願聽信流言，卻也知道妻子跟他最優秀的將領過從甚密，而那位將領甚至在他打敗安息帝國（Parthian）之後圖謀將他廢黜。那個叛徒在東方被捕，首級裝在盒子裡送到他手中，已經開始腐爛。這樣的人尚且無法信任，他還能信任誰？他的奴妾？沒有人會跟妾侍掏心掏肺。他的老師？年輕時他會寫機智幽默的信向他們吐露心事，尤其是弗朗托（Cornelius Fronto），但他們都已故去。再說他也信不過弗朗托，他說話總是百般恭維。他們從永恆之城羅馬出發，辛苦跋涉已經二十三天，暫時駐紮在多瑙河邊境的營地裡，面前就是濃稠的暗流。蠻族埋伏在黑暗中，他強迫他們接受的和平脆弱不堪，戰火勢必會重新點燃。他甚至看得到對方的閃爍營火。

親生兒子康茂德（Commdus）人在都城，想盡辦法遠離前線。他不可能對兒子傾吐心事。父親日漸虛弱老邁、夜不成眠、食不下嚥的風聲傳回羅馬，康茂德已經在算計自己繼位的可能性，他知道自己的時代就快來臨。至於當父親的也很難怪罪兒子的焦急不耐。他自己二十到四十歲間跟在養父安敦寧・畢尤（Antoninus Pius）身邊服侍時，也曾等待權力落到他手中。他耐心迎合養父的心情，遵照他的指示，但有時也咬牙切齒，心急難耐。過不久，這個吃力不討好的擔子就會傳給他兒子。曾經他對這個孩子百般溺愛，如今有關他的醜陋謠言傳入他耳中：揮霍（這還可以原諒）、荒淫無度（這就難以原諒）。他很清楚自己死後可能發生什麼事，但他已經指定繼位者。他的責任已盡。

他的半身像陳列在帝國的廣場：蓄著鬍子的長臉，捲髮，眼神謙遜卻冷淡。

眾人尊敬他，可是他知道自己不受愛戴。他知道將領和朝臣在他背後嘲笑他是「夫子」，因為他一板一眼又喜歡糾正他們說話。他想像他們在他的臨終床前竊竊私語：「終於可以自由呼吸了。」

他的人民怎麼可能愛一個不愛他們所好所樂的人？群眾在廣場上為他喝采是因為不得不，但他真的覺得宰殺動物、格鬥士的血腥打鬥等等場面不斷重複垂死的掙扎，實在令人厭煩。雖然他是為了提供民眾娛樂才下令舉辦比賽，但如果可以，他寧可不要出現。他很早就開始且自然而然的禁慾生活，往往反而讓周圍的人抬不起頭。他不喝酒，現在也喝不了，因為喝什麼就吐什麼。至於女色，早已是過眼雲煙。但人民並沒有因為他不好女色就喜歡他。他曾經說性交不過就是短暫的抽搐緊接著射出一些黏液，周圍的人不敢置信地面面相覷。他的不同凡俗和對肉體的反感並沒有把人吸引到他身邊。他對財富也同樣無感，就像所有從小就享盡榮華富貴的人。所以人民要怎麼愛他？他們甚至難以想像成為他這樣的人是何種感覺？二十歲成為皇帝人選，四十歲登上王位，掌握最高權力十五年之後，至今仍是世上無出其右的統治者。

想到權高位重的自己竟然難以掌控自己的命運，他不禁覺得諷刺。命運對他做了什麼？帝國鼎盛時期，距離他於一六〇年登基不過五年，一場瘟疫爆發。最初是前去攻打安息帝國的士兵從東方帶回來的，最後奪走三分之一的帝國子民。後來蠻族出乎意料也難以想像地攻破義大利半島的制高點，洗劫了一座城市，使通往羅馬的路一夕之間毫無設防。從未戴過頭盔、拿過盾牌或束過綁腿的他，不得不拿出勇氣帶兵打仗。一開始，羅馬人在背後譏笑他是個文弱書生，但他把自己變成戰場上的常勝軍。此後他不斷征戰，驅逐蠻族，離開羅馬十餘年，在多瑙河邊境林木陰鬱的沼澤地紮營，幾乎與世隔絕。這就是他，從小接受菁英教育和辯論訓練，原本應該要在濱海府邸與人談文論藝，結果卻為了對抗馬科曼尼人（Marcommani）和夸迪人（Quadi）而血腥激戰長達十四年，殺害婦孺，焚燬營地，奮力將敵軍逼回多瑙河對岸。

在塞爾曼、阿昆庫姆、維多波納和卡農圖姆這些多瑙河沿岸的要塞城鎮，例行公事都一樣：漫長的冬天備戰，夏天作戰，然後計算死傷，徵募新兵，閱兵演練，永無止境的無情鎮壓。他擊敗過蠻夷無數次，縱使用協議和休戰安撫他們，他們還是在他最想不到的地方捲土重來，越過河流燒殺擄掠。多年之後他決定不計代價終止他們入侵，恢復和平，即使要把某個地方夷為平地。於是他再度領軍趕盡殺絕，一再挺進，蠻夷嚇得退回多瑙河對岸。羅馬歡欣鼓舞，遊行歡慶。雕像立起，大理石浮雕呈現蠻人抓著馬匹跪地求饒的場面。如今他又回到這裡，這一次計畫要將征服地區變成羅馬行省。

戰場上所見所聞已經使他的心枯竭。夜晚獨自伏案時，他坦承自己對這一切的恐懼：

> 若你曾經看過被支解的手或腳，或被砍下的頭躺在某個地方，跟剩下的軀幹分開，你就能想像我是怎麼想的。

恐懼之外，還有厭倦和反感。在營地的澡堂裡，他進去沐浴之前會有人先將澡堂淨空，但他還是厭惡跟人靠得那麼近，那些「油、汗、髒汙，全都令人作噁」。騎馬經過著火的村莊、身體發出的惡臭、殘缺不全的屍體，味道滲入他的戰袍褶子，久久不散。閱兵時，他經過一排排士兵，避不開他們的體臭。眾人都期待他展現士氣和決心，每雙眼睛都巴巴望著他。這場表演使他更想說出自己的真心話，但身為皇帝的他，能跟誰傾訴呢？

只有一個人：他自己。於是他開始在失眠的夜晚，用木炭沾著油墨在莎草紙上隨意寫下浮現腦海的思緒。若思緒卡住，就翻看他命人從羅馬寄來的書醒醒腦，裡頭有愛比克泰德、塞內卡、盧克雷修斯，當然還有西塞羅的著作。若說他曾經想過寫一部哲學著作，那也是很久以前的事了。長篇大論就算了，與逝者的機智爭辯也罷。他老了也累了，該是時候跟自己說說話。

剛結束的戰役，就留給編年史家和歷史學家去說吧。他每天忙著對羅馬下達命令，所以無意再重述那些枯燥乏味的事。他要是評論羅馬的政治，那些到處窺探的眼睛或許會看穿他真正的想法，然後抄寫下來傳回羅馬，到時扭曲不實的言論就會像瘟疫一樣蔓延開來。

不，這些文字他只寫給自己看。他會趁睡不著的時候寫，然後把它放在身邊藏好鎖好。他要把這些文字當作告解，盡他的力量戰勝自己，說出他不能對別人說出口的話，以免破壞自己的權威並落人口實。這將成為他的慰藉，唯一由他自己掌控的慰藉，同時也是自白，跟自己算算帳，藉此排解寂寞，減輕恐懼，給自己堅持下去的決心，甚至是希望。

文章一開頭的方式很傳統。首先，他回顧了一路上造就他的人，包括他的養父、家教和老師。在壯闊河水旁的孤寂營地裡，回想這些逝去的靈魂想必讓人發思古之幽情。描繪繼父安敦寧・畢尤皇帝的同時，他也勾勒出理想的自我形象：

我欽佩父親的仁慈寬厚，孜孜不倦，不屈不撓，一旦審慎做出決策就不輕易動搖，不為華而不實的名聲所惑，願意聆聽任何有益人民福祉的計畫，堅持無功不受祿，擅長拿捏統治力道，還有致力禁絕少年愛。

沒錯，少年愛[1]。馬可・奧里略跟養父一樣保守，禁慾，對肉體反感，即使他承認（而且絲毫不覺矛盾）自己曾經短暫迷戀過他稱為狄奧多圖斯（Theodotus）的少年，但目的只是為了稱讚自己沒有像一般羅馬年輕貴族一樣，沉浸在肉體歡愉中。

他喜歡把自己想成某種小心翼翼搭築的建設，多年下來觀摩繼父安敦寧如何

1.譯按：pederasty，指古希臘社會裡成年男子和少年男子之間的男色關係。

打造自己的人格，而後在朝臣、奴隸、攀附者，還有駭人的羅馬大眾的嚴格檢驗下仍然不改其志。他很欽佩安敦寧的演出讓人感覺如此自然，彷彿面具已經成為他的一部分。但深情回憶父親過後不久，他就坦承那種「自然的生活」，也就是忠於「真實本性」的生活，對他來說卻不可得。如何可得？他的一生就是一場帝王的演出。

演出從破曉就開始。他一睜開眼睛，就有奴僕或護衛在一旁等他下達命令。他只能打起精神面對一天的行程：

> 每天一開始都告訴自己：今天我會碰到阻礙干擾、忘恩負義、傲慢無禮、不忠、惡意，還有自私自利。

為了度過一天，他必須假裝這些傲慢、不忠的朝臣（他的官員和將領）是他的兄弟和同類，跟他一樣具備理性和「一定的神性」。說的簡單，問題是他脾氣暴躁，也知道偶爾失控會讓旁人看不起他，他也會看不起自己。一方面想展現斯多噶的自制精神，另一方面又常為小事對周圍的人動怒，兩者之間的拉扯使他有生以來第一次自問：我到底是誰？

一點肉體，一點呼吸，還有控制一切的理性——那就是我。

而這個理性又是什麼？如今五十五歲，長期腸絞痛，說自己「已經走到死亡門前」也毫不誇張。理性如何幫得了他？他太清楚理性只是個「奴隸」，「為了私利才會像傀儡那樣動一下」。那麼他要如何才能重新掌控自己？他要如何繼續這場演出？

塞內卡、西塞羅和愛比克泰德的智慧也幫不了他。西塞羅從世人對他展現斯多噶精神的讚賞中獲得慰藉，但對一輩子都在表演的君王，什麼才是慰藉？該是時候用比哲學更大的思考框架來瞭解自己。他告訴自己，要用命運的眼光來審視自己，體認「時間是有限的」，把握剩下的時間「進一步徹悟」，免得一切太遲。把每次行動「都當作是最後一次」。

該是時候停止以朝廷、攀炎附勢者、蠻夷首領眼中的功成名就來衡量人生。因為這就是一生都在表演的人難以避免的陷阱：你會漸漸忘了這場戲是演給誰看的。

他的思緒不斷轉向死亡，轉向「快速消逝的萬物；肉體在空間的世界消逝，記憶在時間的世界消逝」。對一個人生志業就是豎立紀念碑、建立行省、征服蠻夷、拓展疆土、留下半身塑像和大理石碑文以證明自己功業彪炳的人，稍縱即逝的萬物教人怵目驚心。人的一生啊，他寫道：

不過一轉瞬，存在如潮水不停流動，感官如一抹微弱的火光，肉體是蛀蟲的食物，靈魂是無法平靜的漩渦，命運幽暗未知，名聲亦未可知。

暗夜裡營地前淌流的河水，對他有如時間的隱喻。「所有屬於肉體的，如同流動不息的河水；所有屬於靈魂的，如同夢境和霧氣。」在蠻夷的土地上，戰爭教會他一件事：生命本身就是「戰爭」，而他在世上的時間就是在「異地的短暫停留」。令人詫異的是，一個比誰都更有理由相信自己會永垂不朽的人，卻無法從名垂後世中得到慰藉。「名聲淡去，灰飛煙滅之後，」有誰還會記得他？

除了察覺時間已經不多，他也發現自己的力量（算計、決心、智慧）日漸流失。「我們必須加快腳步奮勇前進，不只因為每過一小時我們就更接近死亡，也因為即使在那之前，我們的感知力和理解力就開始退化。」接著，擱在小桌子上的麵包似乎意外激起一個想法，此刻他任由思緒浮現腦海。他說麵包上的裂縫「雖非烘焙時刻意為之，卻有它存在的正當性並使人胃口大開」。他也讓思緒停在奴僕擱在寫字桌上的幾顆橄欖片刻。他發現橄欖裂開，顯然已經成熟，還說「腐朽逐漸逼近反而為水果增添了獨特的美感」。這是一個一絲不苟、從不鬆懈的完美主義者跟自己的老朽衰敗妥協而得到的新領悟。

意識到自己日漸衰老，同時突然懷疑即使功成名就，世人也會很快將他遺忘，他如此安慰自己：

人的一生何其渺小，在世上的一個小角落過完一生，即使揚名立萬也一樣渺小——因為名聲仰賴世世代代稍縱即逝的小人物才能延續，但他們甚至對自己都不瞭解，更何況是遠去的故人。

人類最虛榮但也最能給人慰藉的希望，就是希臘人所說的 *kleos*：榮譽和名聲。世人至今還記得安敦寧。他的半身像仍然立在帝國各地的石柱上。西塞羅和塞內卡的話語還是孩童學習的教材。身為羅馬皇帝的他，為什麼不該尋求名聲的慰藉？但他嚴正告誡自己把這個希望拋到腦後：

> 一心渴望死後留名的人，沒有想到記得他的人無一不會面臨死亡。隨著時間流逝，一代又一代興起又覆沒，記憶的最後一絲火花終會熄滅。

他自問，自維斯巴辛皇帝（Vespasian）[2]以來，這一百年來留下了什麼——「男男女女忙著結婚生子，生病死去，爭吵，宴樂，討價還價，種田，奉承，吹噓，計謀，詛咒，埋怨命運，愛戀，囤積，覬覦王位和高位。」想到許許多多的生命如今不留一絲痕跡，令人不勝唏噓。

他告訴自己，人若無法活在被後人記住的希望中，那麼我們能做的就是把握現在修身立德。能夠鼓舞人心的應該是「正直的思想、無私的行為，還有誠實無欺的話語」。

然而，他卻很難聽從自己的勸誡。他直言有時早上醒來，面對一天的繁重工

2.譯按：羅馬帝國弗拉維王朝（Flavian dynasty）的第一位皇帝。

作，他只想賴在床上。他從寫作中尋得的心靈平靜悄悄溜走了：

哦，若是能把所有煩人的、干擾人的記憶全都拋開，遺忘一切，瞬間徹底平靜下來，該是多大的慰藉！

夜深人靜時，他的焦慮往往更加強烈。他眼中的自己孑然一身，跟其他人一樣，在這世上短暫停留，惶惶不可終日。這麼想並未帶來多少慰藉，他還是記住自己是一國之君比較好。對一個過去常在群眾面前滔滔不絕，期待聽眾專心聽他說的一字一句的人來說，無可避免的結果是：他開始說教，拚命要寫出雋永難忘的金句。「命運已經在你腳下，」他會說，然後突然回過神，想起自己寫下這些文字的初衷：

別再欺騙自己了；以後你再也不會讀這些筆記，再也不會讀古希臘羅馬人的歷史紀錄，或是你精挑細選留待老年才要拜讀的著作。那麼就奮戰到最後吧，丟掉虛榮的希望。

他並未意識到，這份原本只打算給自己看的私人筆記，一點一點變成想打動人、教化人，甚至流傳後世的演講，儘管他不斷否認。過去他以這些夜間書卷安慰自己，現在他藉由它們打造出給眾人看的簡潔卻空洞的警句格言。

野心之人藉由控制他人遂行所願，享樂之人耽溺感官，有識之人則採取行動。

類似的句子一再重複：看似寫給自己其實是給別人看的說教文，無可避免地把他拉回原本令他窒息、想藉由寫作奮力逃脫的角色。諷刺的是，後代記住的馬可·奧里略的智慧，反而是他最言不由衷的字句。實際上，那些描繪皇帝累了一天後獨自一人的文字，才是最動人讀來也最令人感到安慰的段落。

到最後，他只能藉由承認身為帝王對生命、對煩人的同胞的鄙視來克服對生命的厭倦。人生在世，他不客氣地說：

就是一場空洞的盛會，一齣舞台表演；有羊群，牛群，持槍互打的士兵，丟進一群惡犬的骨頭，投入一池魚的麵包屑，負重辛苦幹活的螞蟻，驚惶四竄的老鼠，在拉繩上抽搐的木偶——這就是人生。

這份輕蔑給了他逃離朝臣的避風港，帝王身分則給了他安全感。「我生來就是要領導他們，」他提醒自己，「就像公羊就是要領導羊群，或公牛就是要領導牛群。」輕蔑和優越感讓他自覺高高在上，俯瞰底下的凡夫俗子，不屑將他重重包圍的「滑稽，爭吵，怯懦，懶惰，還有卑微」。

然而，擁抱帝王角色帶來的安全感，卻無法為他抵擋陰鬱的思想。他寫滿希臘文的卷軸上，文字時而冷靜自信，時而痛苦懷疑。他忘不了在戰場上看過的殘缺肢體，它們似乎是他內在分裂、與真實自我切斷的一種隱喻。「但這裡有個美好的想法，」他告訴自己，語氣有些急切：

你還是有力量能把自己變完整。沒有其他的創造物受到上帝如此的眷顧，四分五裂之後還可以再重新拼湊起來。

人可以把自己再變得完整，把斷裂的拼回去。確實不假。只要你知道怎麼做：

哦，我的靈魂啊……你何時才會滿足於現狀，對自己的一切滿意，相信萬物都屬於你，都來自於諸神，一切都會也終將會安然無恙？

馬可．奧里略的文字顯示出一個矛盾：他能找到的慰藉、真正存在的慰藉，不是來自坦承，不是來自獨處，而是來自於他扮演的角色、他肩負的責任和重擔。這些自我反省的紀錄在古代世界裡是獨一無二的，至少是唯一流傳至今的少數幾篇。結尾令人黯然神傷。他想像自己是舞台上的演員，徹底融入角色，卻突然傳來一聲：時間到了。「但是五幕我才演不到三幕，」他聽見自己苦苦哀求。就這樣，有個聲音告訴他，「在人生這場戲裡，你就只有三幕。」

五十九歲那年，據說他在塞爾曼的克難軍營中死於瘟疫，距離今日的貝爾格勒約四十公里。拚命想要說服自己後世會徹底將他遺忘的人，想必真正渴望的是相反的結果。他之所以永垂不朽，靠的不是紀念碑、頒布法令、造橋鋪路，或是同代人記得的輝煌戰績，而是無人知曉的一項祕密活動：「寫給自己看的」十餘捲卷軸。臨終前他想必就將卷軸捆好，交給最信任的助手伴隨他的遺體送回羅馬。數百年來這些卷軸都不為人知，後來修道院的抄寫員在帝國遺址中發現後才重新加以抄寫，並由此得到了他生前無從得見的新用途：安慰其他人度過連帝王都不知如何克服的痛苦和困境。

今日我們把他的《沉思錄》視為斯多噶哲學最精彩的展現。但如同《保羅書信》或西塞羅的《圖斯庫勒論辯》，其中最歷久彌新的不是學說教條，而是連學說教條都無法平息的懷疑困惑。它們之所以能為後代人提供慰藉，是因為作者對自己的寂寞、沮喪、恐懼和失落無比坦承，而這些感受就是我們一開始向外尋求慰藉的原因。得知即使是帝王獨自面對自己的思緒時都會輾轉難眠，對我們是莫大的安慰。這種心情是我們都能夠感同身受的。

哲學的慰藉

波愛修斯和但丁

對西元五世紀的羅馬人來說，難以想像帝國有朝一日會瓦解，而且還是分階段到來。經歷如四一一年羅馬遭西哥德人洗劫之類的種種災禍，之後是長達數十年的衰敗過程，帝國規模縮減，領土被異族併吞，橋樑建築廢棄失修，任由輸往城市的水源滲漏，過去靠羅馬帝國供應無缺的人民開始挨餓。直到今日，我們仍舊好奇羅馬人究竟如何理解自己的世界逐漸崩解的事實。有時過程緩慢，他們毫無所覺；有時變故橫跨整個世代，想必給人末日將近之感。但無論何時，特別是歷史發展似乎超出理解範圍的時候，人民都抓著帝國不滅的幻覺不放，尤其是統治者製造出的幻覺。羅馬共和國隨著西元前四十三年西塞羅逝世而名存實亡，新「第一公民」（即羅馬皇帝）奧古斯都費盡苦心保留元老院等共和國的舊制度，嘴上說會捍衛羅馬的自由，事實上共和國體制只剩下空殼。在日漸瓦解的共和國門面背後，統治者展開蠻橫暴虐的帝國統治長達數百年。西元五百年前後，自由只剩下表象。

由於式微的過程極其漫長，人民因此仍然相信他們避免了最壞的結果。西元一八〇年，羅馬皇帝馬可・奧里略命在旦夕，直到死前他都相信多年的邊境征戰確立了帝國的長治久安。但不久可見，顯然他的努力全是白費了。蠻夷持續進犯，甚至早在他們火力全開之前，帝國就已經步入緩慢且難以阻擋的衰敗之路。西元三七八年，羅馬皇帝在亞德里亞堡（Adrianople）大敗並慘死。一個世紀後，過去馬可．奧里略自認為已經征服的外族首領成了羅馬帝國的統治者。

西元五百年左右，東哥德王國的狄奧多里克（Theoderic，蠻族軍事領袖的後代）在拉文納（Ravenna）坐上王位，成為西羅馬帝國的統治者。他自封為義大利、高盧和西班牙之王，唯一與他權力相當的是君士坦丁堡的東羅馬帝國皇帝。當初他是在宴會上刺殺了東哥德的勁敵才奪得王位，但他很精明，知道要穩固權力不能只靠暴力，用王權、制度以及羅馬人使用的拉丁文來包裝自己也很重要。他命人把他的黃袍染成帝王紫，並發行類似帝國版本的錢幣，重建羅馬澡堂並翻新羅馬城，把刻上自己名字的黃銅板嵌入地基，設法贏得民心。他重新開放馬戲團和廣場格鬥賽，並對元老院表達敬意，儘管西塞羅當年的偉大議會如今徒留殘影。此外，他還接納基督教這個新的信仰，只不過是亞流派（Arian）的基督教。

狄奧多里克統治的義大利仍然把持在擁有大片領土的羅馬貴族手中，這些領土讓他們衣食無虞，有租金可收，坐擁豪華莊園、精美藏書室，還有大量奴僕。

貴族們持續追求西塞羅時代的晉升之路，即便他們的職位已經失去實權。羅馬人說服自己，就算野蠻人坐上了王位，法律、傳統、聲望和血統這些實質的權威仍舊掌握在他們手中。狄奧多里克知道他在一些羅馬菁英眼中是篡位者和異教徒，而其他人效命於他只是為了確保能恢復過去的榮華富貴。但他需要這些人的管理經驗和行政能力，畢竟他既不會寫拉丁文也不會寫希臘文。因此他不在官方文件上簽名，而是用金屬模版印上 *legi*（閱）這個拉丁字。羅馬人私下流傳說新統治者「從未受過文字訓練，理解力遲鈍」。

為蠻夷國王效力的羅馬貴族當中，最有分量的莫過於波愛修斯（Anicius Manlius Severinus Boethius）。他來自於羅馬的古老望族安尼西亞家族，家族數百年來出過幾名執政官、兩名皇帝和一名主教。波愛修斯的父親就當過執政官，他死後，成為孤兒的波愛修斯由西瑪古（Quintus Aurelius Memmius Symmachus）收養。西瑪古曾任執政官、羅馬的城市行政官，以及元老院領袖。波愛修斯從小接受最好的古典教育，很快被公認為天才，精通希臘文、拉丁文，之後還有天文學、數學和音樂。

才剛成年，波愛修斯就打入羅馬貴族的核心，在拉文納侍奉蠻夷國王。除了他，還有跟他同家族的卡西奧多羅斯（Cassiodorus，國王的首席抄寫員）及恩諾迪烏斯（Ennodius，主教之一）。波愛修斯很快成為三人之首。他設計了水鐘和日晷作為狄奧多里克送給勃艮地國王的禮物。蠻夷國王也看上他的音樂天分，請他挑選送給法蘭克國王克洛維（Clovis）的里拉琴和琴師。此外，波愛修斯也負責跟國王報告鑄幣進度。三十歲那年，他就跟他父親一樣榮獲執政官一職。

但他依舊心繫學問。一有空他就趕回羅馬的藏書室，重拾以西塞羅和塞內卡為模範的貴族學者生活。他給自己訂下把亞里斯多德和柏拉圖的全部作品翻譯成拉丁文的任務，好把哲學傳統傳承給後代，可惜最後只完成了一小部分，因為不斷被召回宮廷輔佐國王。

他或許曾經想像透過政治生涯實現柏拉圖的理想：由哲學家引導統治者。甚至曾經想像自己有一天能成為哲學家國王。無論動機為何，他肯定嘗到了成功的滋味。西元五二二年左右，波愛修斯當上執事長官，即國王的王室總管，實際上就是帝國的總理和行政總管。

要瞭解接下來發生的事，我們需要先進入羅馬貴族的內心世界。別忘了他們的自尊、優越感，還有屈服於蠻族國王帶給他們的恥辱。蠻夷把他們當作招之即來、揮之即去的僕人。這些外來者嘲笑波愛修斯的聰明才智，派他去做吃力不討好的工作，而他只能眼睜睜看著他們洗劫義大利，富了自己卻忘了餵飽仰賴羅馬供糧的地方百姓。最重要的是，他們對元老院和它代表的傳統不屑一顧。

此外，蠻夷都是異教徒。東哥德人信奉異端，即亞流教派。這一點波愛修斯曾在給密友的信中加以剖析。用哲學之刃剖析國王的信仰是件危險的事，但他還是這麼做了，因為亞流教派若是言之成理，那麼基督教承諾的救贖就失去效力。亞流派反對三位一體說，即聖父、聖子、聖靈為一本體。他們認為耶穌乃由上帝創造之神人，是來世上完成任務的，所以不像其他人類會被痛苦、飢餓和慾望困擾。波愛修斯在寫給好友執事約翰（Deacon John）的信中提到，教義上的差異之所以重要，是因為耶穌若非跟你我一樣的人：

那麼人類就得不到拯救，基督誕生就沒有為我們帶來救贖，先知留下的所有文字也就欺騙了所有相信他們的人，整部承諾基督誕生即為世界帶來救贖的舊約所代表的權威也就蕩然無存。

狄奧多里克知道波愛修斯和其他羅馬基督徒將亞流教派視為威脅，因此他小心翼翼，對亞流派和當時已稱為天主教的信仰一視同仁。但他無法容許天主教徒把信仰帶進政治圈，擔心他們會跟東羅馬帝國勾結，重新合併東西帝國並歸於君士坦丁堡統治。狄奧多里克很清楚有些羅馬貴族暗藏這種野心。從他對羅馬城和元老院又敬又畏這一點就可看出，他知道自己對羅馬人的統治不堪一擊。數十年來他都巧妙地操控他們對他的不滿。但在位三十年後，他的權威逐漸流失。西元五一八年，他指定的繼任者過世，他與其他蠻夷國王組成的聯盟逐漸瓦解，他擔心東羅馬皇帝會聯合元老院成員將他推翻，於是開始採取一些措施箝制羅馬人：禁止他們佩戴刀劍，宣揚他的版本的基督教，拆除天主教神殿，尋找元老院與君士坦丁堡串通勾結的蛛絲馬跡。

五二三年，狄奧多里克的朝臣拿出幾封可能是偽造的書信，揭露元老院成員偕東羅馬皇帝一同罷黜狄奧多里克的陰謀。當一名朝臣在議會中把矛頭指向一名元老時，波愛修斯立刻挺身替他辯護。他當著國王的面說：「如果你們指控他，就等於指控我。」他直言，我們捍衛的當然是元老院的權威和羅馬的自由，不然還有什麼？畢竟我們是羅馬人，但我們沒有要謀反。

波愛修斯的衝動發言其實已經醞釀多年，但他若以為其他羅馬人會群起響應，那他就錯了。他說完之後，眾人鴉雀無聲。跟他同家族的卡西奧多羅斯別過頭。狄奧多里克命護衛抓住波愛修斯，將他幽禁在帕維亞的洗禮堂，之後又把他放逐到城外的偏遠莊園，命人嚴密監視，要他在那裡等待自己的命運。狄奧多里克命令慌亂失措的元老院以叛亂罪將波愛修斯處以死刑。就算他們本來有謀反的計畫，也在狄奧多里克的怒火下化為烏有。

我們對波愛修斯遭囚的情況所知不多，例如他的妻子羅絲提希安娜（Rusticiana）和兩個兒子是否能去探望他。愛書如他，一定很渴望書冊的陪伴，但我們無法肯定他是否獲准看書。因此，一個因為政治挫敗、死期不遠而萬念俱灰的人所需的文字慰藉，只能從他自己惶悚絕望的幽暗內心裡尋得。

被囚禁和判處死刑的打擊將他徹底摧毀。身體的痛苦他可以忍受，折磨他的是對失去的生活的想望。「所有的厄運不幸中，」他坦承，「最悲慘的一種是曾經快樂過。」

精神折磨加上嚴格的配給使他日漸消瘦，頭髮變白。曾經是個健康且精力旺盛的四十歲男子，如今他看著自己的身體只覺羞恥。他坦承自己是「一具枯槁的皮包骨」。

等待處決期間，學識淵博的他召喚出記憶宮殿，幫助自己接受眼前的困境。他不只繼承了希臘的哲學傳統，以及從西塞羅傳承而下的羅馬慰藉傳統，同時也是個基督徒，熟讀《保羅書信》和《詩篇》。古典思想和基督教的豐富支流在一個人身上匯聚成河。在這樣的絕境下，他該求助於哪個傳統？

他大可以像基督教殉教者一樣接受自己的命運。自聖司提反以降，以身殉教和鼓舞人殉教就被視為一件光榮的事。地中海世界到處都有基督教聖徒的神廟，信徒會去神廟點蠟燭或留下食物和其他祭品。十之八九可以肯定波愛修斯自認為是基督徒，但是哪一種基督徒就很難說了。他與亞流派的爭執把這個問題變成一個危險禁區。他或許抱著國王息怒之後就會特赦他的希望。若是如此，大聲表明自己信仰的是非亞流派的基督教就太不明智。無論是什麼原因，監禁期間他寫的文字隻字未提自己是哪一派的基督徒。

之所以不提，至少有一個貌似合理的解釋：對他來說，他會入獄不是因為批評了狄奧多里克的信仰，而是因為他挑戰了國王的權威。波愛修斯堅決認為自己是我們所謂的政治犯。他為自己所做的政治辯護十分清楚明確：

……我確實想要保護元老院的安全，此心永不變，這是事實。……至於那些拿來證明我希望羅馬重獲自由的偽造信……自由已經蕩然無存，所以沒有什麼好希望的。要是有就好了！

要把自己塑造成殺身成仁的烈士，把狄奧多里克描寫成屋大維或尼祿再世並不難，但他沒有選擇這條路。西塞羅和塞內卡只會勸他像個男子漢和羅馬人，咬牙忍受命運的摧殘。他們主張的慰藉他了然於心：無須悲嘆命運折磨人或名利不再，因為那些都是曇花一現也無足輕重。被囚禁時，他利用這套斯多噶修辭擺脫生命的包袱。但斯多噶學說無法解釋，為什麼一個公正仁慈的上帝會容許他所遭受的不公不義。他跟約伯一樣與上帝爭吵。你幾乎可以聽到他對著四面牆壁吼叫：「上帝看著罪人為遂行己願欺負無辜之人卻袖手旁觀，簡直惡劣！」

最後波愛修斯既非求助於斯多噶，亦非基督教，而是希臘哲人，特別是柏拉圖和他的《蒂邁歐篇》（*Timaeus*）與《費德羅篇》（*Phaedrus*）。這些他翻譯過也熟悉的作品，給了他理解自身處境的一套語言。希臘人教他把自己想像成無情命運的受害者，與「不斷轉動的命運之輪」綁在一起，不得掙脫。

根據波愛修斯的理解，希臘哲學的作用就是幫助人跟代表命運的阿南刻女神（Ananke）和解。波愛修斯選擇了這條路，所以才稱他以拉丁文寫成的作品為《哲學的慰藉》（*Consolatio Philosophiae*），並且模仿柏拉圖採用對話形式。書中的對話呈現了他內心的辯證過程，透過正反論證和來回問答，慢慢理解真實。

波愛修斯從柏拉圖那裡學到，若要躲開抑鬱的迷宮，需要一個志同道合的人與他對話。但這個人是誰呢？他到最古老的文學作品中尋找靈感。蘇菲亞（Sophia）在希臘文代表智慧，同時也是女性的名字。他靈光一閃，把這位心靈伴侶取名為Philosophia，之後就開始文思泉湧。他可以一人分飾兩角，一邊是懷疑、恐懼、孤獨、等著死期到來的「皮包骨」；一邊是哲學女神，他的批判理性的化身。他想像她是個見解犀利、與他同年的女性，穿著質料永遠不會腐爛的衣服，「就像蒙上灰塵的雕像」。她的長袍上印有希臘字母θ，象徵智慧，但衣服下襬被白費力氣爭搶出頭的哲學辯論者扯破。她右手拿哲學之書，左手拿象徵知識的權杖，呈現的形象栩栩如生。有人推測波愛修斯把妻子的某些特質寫進這個角色裡，因為他筆下的哲學女神會潑辣地噓聲趕走繆斯女神，誰叫他作詩時愛肉麻當有趣地調戲這些「歇斯底里的蕩婦」。她甚至不屑地說，詩「使人習慣生病的心靈，而不是將它治癒」。能治癒心靈的是她。她陪他坐在床上，替他擦去淚水。她告訴他，她知道問題的癥結是什麼。絕望毀掉了他的理智的支柱，而她會透過充滿同情的對話恢復他的理智。然而，一旦波愛修斯將兩人的對話具體化，為尋求慰藉所做的掙扎也變成內在的恐懼和理智之間的辯證之戰，永遠沒有穩贏的一方。

如同安慰約伯的三個朋友，哲學女神一再推薦理智這帖良藥，建議他要接受命運，像斯多噶學派一樣對困厄淡然處之。一次又一次，這位階下囚還是忍不住為自己遭受的不公和上帝的漠然感到痛心疾首。波愛修斯的《哲學的慰藉》跟《詩篇》和《約伯記》一樣，都無畏地描繪出根本的信念危機。這樣的危機為人帶來痛苦，甚至開始懷疑自己要是把上帝的概念逐出腦袋，接受這世界隨機運轉、毫無秩序可言，會不會更容易接受命運。

我驚訝萬分的是……懲罰罪惡反而壓迫到好人，應該屬於美德的獎賞卻讓壞人奪了去。事實上，要是我相信萬事萬物都是隨機巧合七拼八湊的結果，我就不會那麼驚訝了。然而現狀卻是，身為舵手的上帝使我的困惑愈來愈深。

《哲學的慰藉》真實呈現了所有內在掙扎的小劇場，也捕捉到了其中的黑色喜劇。才剛宣稱原諒了敵人（他們的邪惡只是一種無可奈何的病），他又開始為他們對他的不公義感到憤慨。接著，哲學女神也對他一再重複的小劇場失去耐心。振作起來，別再怨嘆，她朝他精神喊話。身為犯人的他則厭倦了她一貫的振奮。「妳的話一旦在我們耳中停止迴響，」他直言，「心靈又會再度被深層的憂鬱壓垮。」他寧可聽點音樂或詩，也不想聽這些哲學大道理。

《哲學的慰藉》感動了世世代代的讀者，包括但丁、伊莉莎白一世和湯瑪斯．摩爾（Thomas More），波愛修斯運用非凡的文學技巧，描繪出一個人深陷絕望、看著自己的身體、感覺牙齒因恐懼而打顫、奮力掌控內心混亂糾結的痛苦和恐懼是何種感受。

這本書肯定安慰了一些人，但它是否安慰到寫下它的人，依然是個無解的問題。留下的證據模糊不清。有人說作品本身並不完整，波愛修斯可能還沒寫完就被帶走了。結尾沒有壯士斷腕的慷慨激昂，只是放低姿態勸人要誠實、要禱告，以及培養品德：

把希望寄予上帝並非徒勞，禱告亦非徒勞，因為這些若是正確的事，就勢必靈驗。因此，避開罪惡，培養品德，把心靈往正確的希望提升，對上天說出你卑微的禱告。你被賦予了一種不得不然，假如你對自己誠實的話，一種只能擇善而從的不得不然，因為你活在看見萬事萬物的審判者的眼光下。

書中雖然隻字未提耶穌復活的承諾，卻因為有這樣順從與盡責的段落，後來教會亦將它挪為己用。西元五三六年，東羅馬帝國皇帝查士丁尼一世征服東哥德王國，在拉文納自立為王，此後天主教會就把波愛修斯奉為殉教的聖徒。此外，查士丁尼對狄奧多里克的惡行展開意識形態批判也是一大助力。拉文納的塞維塔聖壇的天花板上有一幅新帝王的馬賽克鑲嵌像，有些學者認為波愛修斯也被畫進裡面，就站在皇帝的後面。新政權也開始流傳狄奧多里克後悔處死波愛修斯，最後抑鬱而終的可疑傳言。根據傳言，放在盤子裡端到狄奧多里克面前的大海魚，木然的眼神讓他想起自己下令處死的人，因而嚇得他全身瑟縮。

然而，波愛修斯死後平反、獲得教會青睞其實充滿諷刺。他的作品能被挪用，只因為信徒忽略了《哲學的慰藉》裡波愛修斯質疑禱告究竟有何意義的段落。假如所有人都掙脫不了命運之輪，又何必要禱告？

那麼的話，期盼什麼或祈禱能掙脫任何事都毫無意義。假如無法動搖的繩索把我們能夠期盼的事物都綁在一起，人又能期望什麼？或祈禱掙脫什麼？

一再重複的疑問有如咒語貫穿《哲學的慰藉》，增添一股戲劇張力。書中一再出現命運之輪的意象，表達人類的掙扎終究是徒勞的絕望。從文藝復興時代開始，馬基維利等人便主張人類理性能按照己願改變命運，但這種安慰人的想法對波愛修斯仍很陌生：

因為假如你試圖阻止輪子繼續轉動，你就是愚不可及之人。

若上帝正看著人間，一個人做什麼事都引不起祂的注意。

祂從神的瞭望台往外望，看見適合每個人的境遇，把祂認為適合的施予每個人。這就是命運創造的秩序具有的神奇力量——全知的上帝採取行動，無知的人類又驚又奇地旁觀祂的行動。

這些想法與其說是在安慰自己，不如說是認命。但若是問波愛修斯是否在基督教救贖或柏拉圖式的論辯中找到希望，那就是沒抓到重點。跟馬可・奧里略一樣，帶給他慰藉的是書寫本身，那種強烈的內在交流有時讓他感覺自己掙脫了牢獄。「持續思索上帝的意志，」波愛修斯寫道，「人類靈魂必定會更加自由；往肉體沉淪會更不自由，禁錮在俗世的血肉之軀裡又會更加不自由。」

他確實試圖想像自己接受了死亡：「因為某些原因生物被迫受死時，生命往往戰慄地別過頭，意志卻接受了這樣的結果。」但他還是坦承自己害怕得縮起身子。令人動容的是，他直言自己就像試著頭也不回地離開地獄的奧菲斯，卻跟這位豎琴手一樣，忍不住回頭瞥了一眼他就要丟下的性命。這不是平靜接受命運的人會有的想法。

在一七六〇年代完成巨作《羅馬帝國衰亡史》（*The History of the Decline and Fall of the Roman Empire*）的歷史學家愛德華・吉朋（Edward Gibbon）曾在拉文納待過一段時間。他很好奇波愛修斯是否從他自己寫的文字中得到慰藉。結論是，《哲學的慰藉》太籠統太深奧，應該安慰不了作者。波愛修斯或許藉由「思想的勞動轉移了」命運捉弄人之感，卻沒有因為寫作而獲得哲學的平靜。應該說，「他想必已經擁有他假裝要尋找的平靜無畏。」最後，唯有結束他生命的「死亡使者」才能終結他的痛苦。吉朋認為，尋求慰藉是波愛修斯的一場表演，為他贏得了後世的讚揚，卻不太可能為他帶來平靜。

若書寫真的為波愛修斯帶來慰藉，那也是從一字一句記錄自己的痛苦掙扎而來。執筆時，他得以掌控部分的內在世界，進而忍受痛苦的牢獄生活。他寫到自己預想死亡到來的那一刻：有些人「極度害怕痛苦」，卻發現自己其實能夠忍受痛苦；也有些人對痛苦極盡輕蔑，「其實卻根本無法承受痛苦」。他察覺自己是後者。現在他才明白，命運讓人「在困厄中發現自己」。除了黯然期許自己堅毅不撓，他還期望什麼？他希望後人會記得他。多虧好心的獄卒、僕人、他太太，或許還有他兒子，可能還有那位與他同家族卻見死不救的卡西奧多羅斯，波愛修斯的手稿才被發現並藏匿在東哥德人找不到的地方，日後才得以傳到君士坦丁堡的抄寫員和圖書館員手中，今天我們也才能看到這本書。

我們不知道波愛修斯等待最後的考驗等了多久，我們甚至不知道他是否完成這本書，但我們確實知道他是怎麼死的。有個餘悸猶存的可靠目擊者把消息傳了出去，或是從遺體的狀況拼湊出可怕的事實。吉朋口中的「死亡使者」準時到來，未經任何儀式或審判就用繩子將他綁起來勒住，直到他的眼睛從眼窩裡凸出來，之後再用棍棒將他打死。

在波愛修斯的《哲學的慰藉》中，西方四大傳統，包括希臘的柏拉圖和亞里斯多德、羅馬的西塞羅和塞內卡、《詩篇》和《約伯記》中的希伯來先知、基督教元老保羅和奧古斯丁，為遭遇不公和困厄的人所提供的慰藉，在一個等待死亡之人的恢弘想像中合而為一。這部作品不但記錄了一個人的英勇事蹟，還有他的信念：哲學思想具有幫助我們忍受痛苦、不公和死亡的力量。然而，直到今天我們仍然無法確定，他是否成功以理性支撐住自己的信念。

他的傳人是距他有七百年歷史的偉大詩人但丁。但丁熟知波愛修斯的事蹟，因為他人生最後五年就在拉文納度過，當時他被放逐，離開了家鄉佛羅倫斯。他在波愛修斯的世界所留下的遺跡裡寫就《神曲》的第三篇〈天堂〉，那裡有西元五世紀留下的普拉契狄亞磚造小教堂，穹頂遍布馬賽克鑲嵌畫，還有高聳的聖維塔教堂和新聖亞坡理納聖殿。這些令人讚嘆的歷史遺跡，想必給了當時正值創作顛峰的但丁構築天堂美景的靈感。放眼望去，每處聖地的牆壁都閃閃發光；金色、綠色、藍色的馬賽克耀眼奪目，呈現了耶穌未曾受難、沒有痛苦和絕望、只有天堂的允諾和聖徒平靜代禱的基督教。

我們從但丁一三〇四到〇七年寫成的哲學論集《饗宴》（*Convivio*）中得知，身為被放逐的政治犯，他強烈認同波愛修斯。但丁仔細研究過波愛修斯的作品，尤其是《哲學的慰藉》。看到波愛修斯創造了自己的哲學女神，從小就為思戀對象碧雅翠絲（Beatrice）著迷的但丁開始想像要如何創造出類似的作品，寫成一段由一位睿智的女性指引，從地獄通過煉獄抵達天堂的啟蒙之旅。七百年後，波愛修斯的哲學女神化身為碧雅翠絲，一位帶領但丁前往天堂體驗狂喜的嚮導。

但丁描述與碧雅翠絲的天堂之旅時，時常強調言語也難以表達他隱約看見的天堂九重天。但丁要我們瞭解語言的限制，以及人需要一種超越語言的信仰。但丁的用語是 *trapassar del segno*（超越極限），這或許也是他對波愛修斯未能在面對死亡時找到慰藉的感想。他要我們理解，唯有超越文字、超越理性的信仰，才能真正帶給人類慰藉。

理智或許不完美，無法安慰到人，化解他們最深的恐懼，但渴望理智的野心，以及波愛修斯的大無畏精神，仍然贏得了但丁的深深敬意。但丁重新改寫了尤里西斯說服船員航進海克力士之門，進入幽暗海域尋找新領土，最後卻溺死在海上的故事，由此打造出「跨越極限」的深刻意象。尤里西斯為自己的傲慢自大付出了代價，但詩人對他的讚賞昭然若揭。尤里西斯的故事甚至可能是但丁面對自身愧疚的方法。他竟然膽敢想像天堂的模樣，創作野心之大，跟尤里西斯不相上下，超越了人類理性還有語言的極限。

但丁跟碧雅翠絲一同抵達天堂時，他看見波愛修斯與基督教傳統中最睿智的思想家都聚集在至高天界，包括湯瑪斯．阿奎那（Thomas Aquinas）、聖依西多祿（Isidore of Seville）、艾爾伯圖斯．麥格努斯（Albertus Magnus）、倫巴都人彼得（Peter Lombard）、布拉班特的西格爾（Siger of Brabant）等等。藉由把波愛修斯跟這群博學之士一起放在基督教的天堂裡，但丁為基督教信仰找回了哲學基礎，同時也強調哲學唯有為信仰服務時才可能帶來慰藉。不過波愛修斯在這裡出現，亦可見但丁對他的特殊情感。他讓我們知道他去過波愛修斯的長眠之地朝聖，那是位在義大利北方小鎮帕維亞（Pavia）的一座七世紀的簡樸磚砌教堂，教堂座落在一個靜謐的廣場上。教堂保留至今，而且有個美麗的名字：金穹頂聖伯多祿聖殿（San Pietro in Ciel d'Oro），只是曾經的金色天花板早已剝落，教堂也常關閉，空無一人。波愛修斯的墳墓就在高聳聖壇底下的地窖裡，聖奧古斯丁的遺骸剛好也放在這裡的豪華大理石靈柩中展示。當你像但丁當年一樣，走下奧古斯丁之墓底下的地窖，就會看見聖波愛修斯的棺柩發出的微光，還有燈光下些許褪色的白骨，這應該就是他僅剩的殘骸。

在〈天堂篇〉裡，但丁停下來回憶波愛修斯的事蹟，彷彿要給予這名死囚生前或許從未得到的平靜慰藉：

他因為謊言而被追殺的肉身，
如今躺在金穹頂下——在這裡
平靜終結了流亡和殺戮。

描繪時間

艾爾・葛雷柯的《歐貴茲伯爵的葬禮》

聖多默堂（Santo Tomé）是一間位於西班牙托雷多城小巷內的中世紀教堂。入口進去的側堂裡，有幅名為《歐貴茲伯爵的葬禮》（*The Burial of the Count of Orgaz*）的畫作占滿整個壁龕。從世界各地前來付錢排隊看這幅畫的人絡繹不絕。

歐貴茲伯爵是中世紀一名虔誠的西班牙貴族，一三二三年葬於這幅畫底下的墓穴。兩百七十年後，一五八〇年代，聖多默的教區牧師委託人稱「希臘人」（the Greek）[1]的當地畫家畫出伯爵的葬禮，以及圍繞著喪禮而起的傳言。據說，歐貴茲伯爵被放入墓穴時，聖奧古斯丁和聖司提反從天而降，協助送葬者將他埋葬，以示上天對他生前善待城裡的奧古斯丁教團修士和教會本身的感謝。聖徒從天而降及紀念神蹟出現的這幅畫，對城裡的仕紳具有告誡的力量：像他一樣做事，像他一樣活著。

畫中的前景，聖司提反和聖奧古斯丁身穿金光閃閃的華袍，頭戴主教冠，彎身把伯爵的遺體輕輕放進墓穴。伯爵的臉部灰白，毫無血色也面無表情，身上的金屬盔甲在燭光中下隱隱閃爍。掌控全場的是委託畫家完成這幅畫的教區牧師。兩位聖徒後面則站著十多名身穿白領黑衣的托雷多仕紳，即一五八〇年代的律師、朝臣、學者等社會菁英。畫家本人就夾在兩個人中間，是個四十幾歲的削瘦

1.譯按：El Greco 在西班牙文中意即希臘人。

男子，下巴處是精心修過的褐色鬍子，一雙銳利的黑眼直直看著我們。

有個天使在這群托雷多仕紳上方振著翅膀，正要下來引導伯爵的靈魂升天。伯爵的靈魂是一團旋繞的水汽，天使正要將它舉向頭頂的灰藍色雲彩。雲彩上方，我們看見其他魂靈升上天空，瑪利亞和聖約翰、舊約的先知、耶穌和他的門徒，還有人間最有力的仲裁者，當時的西班牙國王菲利普二世，全都等著要迎接歐貴茲伯爵的靈魂。畫面中沒有地獄或下地獄的場景，因此要傳達的訊息很清楚：伯爵會直接上天堂。如同但丁的〈天堂篇〉，艾爾．葛雷柯的這幅畫描繪出救贖必會到來的喜悅，以及這樣的憧憬對信徒帶來的強大慰藉。

這幅宏偉華麗的作品也描繪出時間，而且是透過基督教信仰的狂喜境界理解的時間。這種時間觀在當時西班牙反宗教改革的重要城市的社會顯達和神職人員之間很流行。乍看之下一片混亂，像是過去、現在和未來的大雜燴，其實在那樣的時間裡，過去、現代和未來彷彿同時發生。歐貴茲伯爵穿的是十六世紀的閃亮金屬盔甲，而不是他的時代盛行的樣式。逝於羅馬帝國末期的聖奧古斯丁和西元三十四年被人丟石頭砸死的聖司提反，都身披十六世紀的天主教主教法袍。圍觀的托雷多群眾亦被描繪成同時代的人，雖然實際的葬禮發生在兩百多年前。這種表現方式並非時間錯置。畫中從羅馬帝國到當代的層層時間，全都發生在永無止境的現在。畫家彷彿想要表達：只要信念足夠，信徒就能停駐在過去、現在、未來恍如同時發生的時刻。畫家藉由呈現托雷多仕紳毫不訝異地看著奧古斯丁和司提反降臨的神蹟，感覺只是來參加星期天早上的固定彌撒，而時間分野的瓦解也是再自然不過的事來強調這一點。這幅畫描繪出信念如何使社群團結一致，共同接受超自然的力量、聖徒的仲裁，還有天堂的願景。無論是羅馬帝國早期的殉教者司提反、羅馬帝國末期來自迦太基的哲學家奧古斯丁、托雷多的中世紀伯爵、托雷多的當代仕紳，全都享有同樣的「現在」，頭上的天空也都召喚著他們，允諾天堂的到來。

這幅畫勾勒出托雷多人相信或認為自己應該相信的事：基督教弟兄的身分把他們團結在一起，一同捍衛腹背受敵的信仰；通往天堂的路要靠仁慈對待生者才能抵達；聖徒會為替他們主持公道，而天使會把他們的靈魂帶往天堂；生者、逝者、尚未出生者彼此相連，受到上帝眷顧。

然而他們的信念也承受了巨大的壓力。最虔誠或必須看起來最虔誠的信徒是皈依者，也就是被迫放棄猶太教、改信天主教的猶太人後代。一四九二年，斐迪南（Ferdinand）和伊莎貝拉（Isabella）將卡斯提爾（Castile）和亞拉岡（Aragon）王國合併，打造西班牙帝國之後，旋即展開迫害猶太人的行動，強迫他們改信天主教。這些皈依者不時遭受懷疑，必須證明自己「血統純正」和對教會教義的絕對順從。這些皈依者就站在托雷多仕紳之中，也是負擔畫作費用的人。因此，這幅畫完成時，托雷多瀰漫緊張的氣氛，有人懷疑那些看似虔誠的人其實並不虔誠，皈依者則拚了命要證明自己真正屬於這裡，即使表面看來並非如此，而這一切都在宗教法庭的地方分支的監督下進行。最重要的是，距此才二十年前，天主教國王才將首都從托雷多遷往馬德里，這個過去曾是信仰和帝國中心的城市逐漸看清自己再難挽回衰敗的命運。

這幅畫在一五八六年公諸於世，不過兩年，天大災難就降臨人世：西班牙艦隊在英吉利海峽潰敗。一五八八年是西班牙王國緩慢走向衰微的開始，但托雷多的這些仕紳對此還一無所知。他們仍然安穩地活在自己的世界裡，定格在聖奧古斯丁和聖司提反為了他們的同鄉從天而降、溫柔地把他葬進土裡的狂喜時刻。

也就是說，恐懼依然存在，就在畫布之外。此外，這幅畫也是集體信心喊話的練習。眾人一同宣告他們的信念：這就是我們在托雷多共享的東西。因為天主教信仰，我們相信過去的一切都未逝去，現在源於過去也與過去緊密相連，而未來以天堂的許諾召喚著我們。

無怪乎這幅畫在那個時代那麼受歡迎。從世界各地來看這幅畫的人，最初就是托雷多人。他們前來指認自己的朋友和鄰居。平常在街上一身黑、昂首闊步的仕紳在畫中站在一起，恭敬地排成半圓。他們來看靈魂升天的驚人畫面——那就是天堂的模樣嗎？他們從畫中認出了歷史上和聖經裡的人物：那個是拉撒路（Lazarus）[2]，還有殿下本人（西班牙國王），即使已經遷至遙遠的埃斯科里亞宮主持國政，想必也不會忘記他拋下的子民。

《歐貴茲伯爵的葬禮》為哀悼逝者的社群提供慰藉，向他們保證全能的力量會庇佑他們，同時也透過畫面重現基督教用來慰藉的全部語言：從保羅到波愛修斯，再從波愛修斯到但丁。不同之處在於，這裡呈現的天堂如此之近，就在托雷多仕紳的頭頂上方，聖徒也近在眼前，跟群眾在一起。相同的是，基督教傳達的訊息中較為黑暗駭人的一面，在這裡完全看不見，就跟拉文納的普拉契狄亞長形

2.譯按：耶穌的門徒及好友。

教堂、聖維塔教堂和新聖亞坡理納聖殿一樣。沒有耶穌受難的畫面，也不見迎接罪人的地獄。西班牙反宗教改革的聖像中，有很多這類較為黑暗的圖像，但這裡沒有，一切都散發著確信的希望，想像著生者、逝者、未來的人都會從時間的暴虐和失去的痛苦中解脫。

這幅畫幫助我們理解：說到慰藉，反覆出現的主題就是時間本身。由於時間只朝一個方向前進，無法停止，無法放慢，無法倒轉，失去的無法彌補，未來不可知，過去難再回；我們的時間到死亡為止，但對其他人來說仍持續前進，彷彿我們從未存在過。畫家內心深處希望呈現有如夢境般的慰藉，夢中所有人一起逃出了不斷往下淪陷的時間沙漏。畫中呈現的狂喜，正好是絕望的反面，也藉此承認逃脫時間只能透過藝術來想像，無法真實體驗。

畫中傳達的渴望，不會因為曾經支撐這股渴望的基督教義力量大減而消失。從世界各地前來欣賞這幅畫作的人就是最好的證明。我們希望時間不會難以挽回地落入遺忘，現在不會飛逝而過，未來不會如此混沌未知。這就是我們尋求的慰藉。我們希望自己就是畫中的托雷多仕紳，在耶穌紀元一五八六年時，站在令人驚嘆的天穹下，即使時間暫停也毫不驚訝，處之泰然。我們也同樣希望自己跟他們一樣，對世界的困境一無所知。

那麼畫家自己呢？我們知道這幅畫一開始是教區牧師委託的工作，合約根據特倫托會議（Council of Trent）[3]制訂的規則訂出必須放進畫作裡的內容。畫家接下委託案，並用它來表達自己的信念。他是才從希臘過來的流亡者，專畫聖像，早已精通一千年前在拉文納教堂的馬賽克鑲嵌畫中發展成熟的拜占庭風格：樸素，呆板，制式。他離開家鄉克里特島，前往威尼斯拜畫家丁托列托（Tintoretto）為師，之後又去羅馬參觀西斯汀禮拜堂版本的天堂，甚至因為說自己沒留下深刻印象而樹敵。如今，他在托雷多落腳，跟城裡的一個年輕家庭同住。畫家把一般的委託案變成一種自我表達，不只表達了自己的信念，也藉由把兒子畫進畫裡表達他對未來的希望。

小男孩想必日復一日站在畫室裡看著自己的樣子在畫中漸漸成形，目睹父親表達自己對永恆和慰藉的渴望。他握著火炬站在聖奧古斯丁和聖司提反旁邊，年約八歲，穿著短褲，脖子上一圈花邊領，雙眼盯著畫家。畫家彷彿想說：喬治·曼努埃爾（Jorge Manuel），我的兒子，你是我的未來，你將繼承我相信的這幅圖像，日後你將會把它發揚光大並信我所信。畫家本名叫多明尼科斯·提托克

3.譯按：天主教會一五四五到六三年間為因應馬丁·路德的宗教改革而召開的大公會議。

普洛斯（Doménikos Theotokópoulos），是來自於克里特島的聖像畫家，城裡人都叫他希臘人。一五七七年來到托雷多定居，一六一四年在這裡死去，被奉為城裡最偉大的畫家。

一年年過去，葛雷柯被世人遺忘數百年之後，新一代終於發現他筆下那些身體拉長、目露渴望的身影既不奇怪，也非畫工欠佳，反而是有史以來最能傳神表現人類渴望逃脫人世、進入天堂、享受永恆時間眷顧的一幅畫作。

身體的智慧

蒙田的最後隨筆

葛雷柯在托雷多繪製《歐貴茲伯爵的葬禮》的同一年，已經退休的蒙田正在波爾多附近的城堡裡寫第三卷《隨筆》（*Essays*）。在葛雷柯手中，慰藉以聖徒團結一致、為了尊貴的伯爵從天而降並帶著他的靈魂升上天堂的勝利意象展現。七百五十公里外，在蒙田堡孤伶伶的塔樓中，慰藉則以非常不同的形式出現。回顧能夠安慰自己的事物時，蒙田幾乎沒有提到聖徒、救贖或天堂。他從別處尋找慰藉，過程時而有趣，時而痛苦，並在內心跟自己的年歲、時代、人生和解。在他的文章裡，慰藉徹底脫離信仰的領域，回到西塞羅、塞內卡、維吉爾（Virgil）和柏拉圖曾經使用過的思考框架。但他沒有停在那裡。蒙田拋棄了哲學的慰藉，反而在享樂、生命的節奏，還有人體的韌性中找到慰藉。這麼做的同時，他也把尋求慰藉這件事從心靈轉到另一個層次：分分秒秒感受到人生值得一活，因為你可以感受到生命的節奏在血液裡流動不息。

替生命本身和享樂所做的熱情辯護，正好就發生在蒙田體力漸衰、死亡的威脅逼近，以及老年悲喜劇上演之際。當時他五十六歲，仍然精力充沛，騎馬穿越鄉林之間對他依然樂趣無窮，但他同時為腎結石所苦，有時候痛到他以為自己必死無疑。

他檢視了他這種社會地位的男人可得的各種慰藉，卻都不屑一顧。例如，年邁的貴族多半從自己的地產、花園、葡萄園、宅邸獲得樂趣。蒙田的父親就是這樣的紳士，可惜兒子卻遺憾地說，這些樂趣都不合他的口味。他並不是對家的吸引力無感，畢竟城堡是他出生的地方，而記憶總是能帶給人慰藉，但是打從古羅馬詩人維吉爾的時代就跟紳士綁在一起的田園生活樂，對他來說吸引不大。他跟鄰居不同，不太喜歡管理莊園。況且，他懷疑僕人偷東西，卻又鼓不起勇氣解決。他對葡萄園或農作物不甚瞭解，也不像父親那麼務實能幹。有一次他修補一面老牆壁，卻悲傷地說自己這麼做主要是為了討好死去的父親，而不是讓自己開心。

他是加斯科涅人（Gascon），熱愛當地的方言、直話直說的傳統和地方習俗，文章中卻從來不見他對歸屬或土地的眷戀。對一個定居家鄉的人來說，尋根似乎沒那麼重要。因此他沒有安慰自己至少可以死在家鄉，反而忍不住問，獨自死在異鄉會不會比較好。在他的想像中，就算人在某個陰暗的鄉間客棧，也永遠可以花錢請僕人幫你按摩腳。

很多人到了老年會覺得婚姻和家庭都是一大慰藉。蒙田跟法蘭絲瓦．夏尚納（Françoise de La Chassaigne）結婚二十五年，卻從未提起這個跟他住在同一個屋簷下但不同房的女人；據說她就住在他住的塔樓下方。關於婚姻，他說：「結果跟我們對籠子的觀察一樣：外面的鳥拚命想進來，裡面的鳥也拚命想出去。」他對女兒艾蓮諾（Eleanor）無疑很冷酷，只希望哪個男人來把她娶走，這樣他就不用再替她煩心。至於含飴弄孫為老年帶來的慰藉，蒙田表示不屑：「我從不認為無子無孫有何欠缺，或是會讓生命不夠完滿。」

按照當時的標準，五十幾歲算老年了。這個年紀的男人或許會念念不忘過去的職位、在社會上扮演過的角色，還有曾為居住的城市或地區做過的事。蒙田當過兩屆波爾多市長，有些不友善的傳言說他做得不多，蒙田承認或許沒錯，但沒留下痕跡至少表示沒造成傷害。

他也在地方法院當過律師，但離開時只覺得法律極其愚蠢和殘酷。他甚至給過信奉天主教的法國國王建言，還與代表團一同去拜見國王的新教仇敵納瓦拉的亨利（Henri of Navarre）。儘管努力斡旋調停，在他三十歲那年開打的宗教戰爭似乎到他離世之後都難以停歇。從小在羅馬經典的薰陶和父親的教誨下，他一直以為參與公眾事務就是紳士真正的天職，可是如今他卻懷疑，參與公眾事務真的值得嗎？

總而言之，他抑鬱寡歡。他多半時間都待在塔樓裡，他的臥房和書房都在這裡。這間圓形的書房就是他的寶座，從他坐的地方可以看見維納斯女神的性感肖像、刻在樑上的拉丁文（「人的一切我都不陌生。」出自泰倫提烏斯〔Terence〕），還有一扇可以望見馬廄、花園和遠方田野的窗。一切都如此熟悉，卻不必然給人帶來慰藉。

他終於想通，活在鐵器時代是一種不幸。三十年的內戰生活雖然沒有動搖他的信念，但戰爭讓他痛恨宗教狂熱份子，以及他們堅信僅僅是思想或教義都能將屠殺和掠奪合理化。對於一個把藏書當作寶貴資產的人來說，戰爭撼動了學者生活的根基，也就是對思想本身的信念。附近被摧毀的村落和曾經他稱為朋友的同僚眼中的仇恨，使他忍不住問：如果人類從書中學到的思想、論述、抽象概念等等會毀了家園，讓兄弟姊妹陷入血腥衝突，那又有什麼好的？

宗教狂熱幾乎毀了過去能讓不同信仰的家庭一起生活的社會組織。他的城堡是位在新教地區的天主教家庭，如今要跟周圍的貴族維持良好關係愈來愈危險。近來有個鄰居帶著一群人侵入他的庭院，蒙田用盡心機、費盡口舌才說服他們不惹麻煩離開城堡。還有一次他出外騎馬被一群蒙面強盜襲擊，對方把他綁至林中好幾個小時，把他的鞍囊和錢筒搜刮一空。蒙田拍著胸脯說他跟當地的新教軍閥關係匪淺，才說服他們留他活口。

有將近二十年的時間他都活在目無法紀的殘酷世界裡：路有盜匪，血腥殘殺就在周遭上演，軍隊到鄰近村落姦淫擄掠，他的宅第能倖免於難完全是運氣。波爾多不斷易手。他目睹慘不忍睹的景象：豬隻把械鬥之後留下的屍體當大餐；令人難以置信的殘忍行徑；人們看著他人受苦只為了好玩。他痛恨這種任由命運擺布的感覺。他說他想活在公平正義的保護下，可是實際上只能靠新教鄰居的憐憫活下來，而對方可能說翻臉就翻臉。

儘管已經學會像看悲劇一樣看待自己的時代、旁觀國家的苦難，蒙田也明白恐懼的滋味：「在自己家中睡覺時，我想像過一千次有人背叛我，趁夜宰了我。」

一五八六年，他被迫攜家帶眷離家六個月，逃離瘟疫。他跟家人只能靠朋友和鄰居有一餐沒一餐的施捨過活。他恨恨地說，只要同行之中有人「手指末稍開始覺得痛」，就會有人因為恐懼把他們趕走，而他們又得「流離失所」。為什麼？因為「所有病痛都會被當作瘟疫」。

看著一般人染上瘟疫，準備迎接死亡，他從中領悟到死亡給人的教訓。他們任由葡萄園枯萎，有些甚至自掘墳墓躺進去等死。他不覺得怵目驚心，反而從他們的決心、從「每個人不約而同放棄生命」的方式中得到安慰。

看見這些農人平靜地死去，他認為塞內卡主張的「思索流亡、折磨、戰亂、疫病……如此一來，碰到任何不幸，你或許就不會陌生」是錯的。蒙田認為，任何不幸對我們都一樣陌生。西塞羅相信「哲學家的一生就是對死亡的思索」也一樣是錯的。死亡是生命的終點，卻非生命的目的；一般人比哲學家更瞭解這一點。蒙田寫過一句發人深省的話：「生命本身就是目的，生命本身就是目標：掌控、行動、受苦受難，都是認真生活的表現。」

活在動亂紛擾下，他發現僅僅是生活、創作、試著創造和瞭解生命的意義、保證未來有人會從他付出高昂代價才學到的教訓中得到慰藉，就是一大慰藉。他已經出版了兩卷《隨筆》，但直到一五八五至八八年間完成的第三卷，他才明白自己正在做一件如此新奇的事，並且從中得到樂趣：把自己當作書寫的主題，包括他的心情、記憶、所學、靈光乍現。這些隨筆就是深入他心靈的考察，純粹為了有趣，而他也開始想，他的心靈可能揭露了人類普遍的心靈。「每個人，」他寫道，「都具有人類的完整特質。」他認為假如他只寫自己，或許就能捕捉到人類整體狀態的些許真相。

然而，他太誠實了，不可能不瞭解他也必須對抗自己的錯覺。當他告訴自己說：「假如我必須再活一遍，我要像已經活過那樣活著，不再為過去流淚或為未來擔憂。」除了故作勇敢，可能也有自我欺騙的成分。事實上他常為過去流淚，也常對無用的塗塗寫寫感到厭煩。這似乎是上了年紀者一種無法克制的症狀。「這種寂寥的狀態跟我寂寥的年齡不謀而合。」人訴諸紙筆只為了表達自己狂熱的想法，或是說服自己是無辜的旁觀者。他盡可能鼓舞自己打起精神，但有時候「我放任自己陷入絕望，落入險境，而且就像他們說的不顧一切豁了出去」。

他發現小事就能破壞他脆弱不堪的超然心態：

我的靈魂隔著距離輕易就能超然物外，可是……只要馬的韁繩沒綁好，馬鐙皮帶拍著我的大腿，我的心情就會壞上一整天。

他清楚意識到自己的好心情能巧妙地把負面想法擋在門外，因此慰藉很可能偏離了真實。他坦承面對這個問題的同時，也揭露了自身的矛盾。從而他也改變了讀者對慰藉的想法。

他在第三卷《隨筆》中的〈論分心移情〉（Of Diversion）一章問道，安慰一個人是否就只是轉移他們的注意力。他想起自己曾經安慰過一名貴族夫人。她是真的在哀悼，不像大多數女人的「哀悼都是裝的，只是虛應故事」，他尖刻地說。他認為，就深層的意義來看，任何安慰說穿了都是試圖欺騙和「掩蓋問題」。他雖然是當代著名的博學之士，藏書中有整套探討慰藉的經典著作，但面對貴族夫人的悲傷，他卻認為人陷入絕境時最好徹底放棄哲學的慰藉。這時候她需要的是其他更親密、更容易觸及、更不囉唆的東西。蒙田只是陪傷心的貴族夫人說說話，把她的心思從悲傷轉往瑣碎小事，不知不覺偷走她內心的痛苦想法，讓她保持好心情。他心想這就是慰藉，而這跟欺騙難以區分。他也承認這樣的慰藉只是徒勞，因為他走了之後取代他位置的人發現貴族夫人又陷入了悲傷深淵。

正如他所說，「我沒有斬草除根。」

深入思索之後，蒙田認為「我們很少讓靈魂正面迎擊問題」。很少人能像蘇格拉底一樣冷靜沉著，面對死亡時仍然「不從事件以外尋求慰藉」。蒙田說大多數人面對現實的能力都有限。我們會想盡方法逃離現在，例如對未來榮耀的美好期望，甚至是對報仇洩恨的想像：

> 日子會更好過的希望支撐著我們，或是兒女能成材、自己能揚名立萬，或者苦盡甘來，或能報復那些陷我們於絕境的人。

如今他認為，得到慰藉就是轉移注意力，進而遺忘。時間是「治療人類苦痛的神醫」。他的摯友拉波埃西（Étienne de la Boétie）是貴族、詩人，也參與過政治論辯。二十五年前，拉波埃西經歷整整十天的痛苦折磨才死去，蒙田陪在朋友病榻前目睹一切，又驚又懼。在塔樓上從書桌前抬起頭時，蒙田仍會想起摯友，但年少時的愛和喜悅已經不再。面對死亡和時間，連愛都無能為力，他如此斷言。

他認為，哲學可以把人對死亡的恐懼變不見，但他太清楚身體一旦感覺被死亡之手抓住，崇高的思想就會失去慰藉的力量。對蒙田來說，死亡之手（腎結石）讓他痛不欲生。「若是把它看作每個人的生命終點、無人得以倖免，我就對它毫不在意。整體來說我掌控了它，細節來看我深受其擾。」他可以跟抽象的死亡和解，只要不要開始想像死亡實際上是怎麼回事：僕人的眼淚、最後的觸摸、之後把他的舊衣分送他人。是這些預想的細節，而非死亡本身使他感到「哀傷並為自己難過」。

蒙田接著說，虛假的安慰（如果有的話）就是想像我們死了之後別人對我們的好評價。

> 我拒絕任何人或許想要給我的讚美褒揚，不是因為我當之無愧，而是那時候我人都死了。

死亡只屬於自己一個人。我們必須瞭解：沒有人可以真正跟我們分享死亡。人類的同理心有一定的限制：

無論一個人多有智慧，光憑他個人的判斷絕對無法徹底理解另一個人傷心難過的原因。

若同理心有其限制，人與人之間的扶持力量也有其限制。摯友拉波埃西臨終前把最後的時間浪費在安慰傷心的妻子和朋友上。蒙田說：「我光是安慰自己都來不及，更何況安慰別人。」他認為，死亡「沒有給社會扮演的角色，而是一幕獨角戲」。

年輕時，他抱持著人由靈魂以及從哲學那裡得到的教誨所主宰的信念。有了年紀、得了腎結石、活力不再之後，「輪到身體指引心靈進行改造。」在塔樓裡被書籍圍繞時，他坦承自己已經二十年無法真正花一個小時看書，寧可去「玩棒子」或打陀螺。性幻想也重回腦海，他的書房牆壁上裝飾著有些人覺得不妥當的圖片。他不由覺得身體的愉悅比他讀過的任何東西帶給他更多快樂，也更能轉移他對死亡的恐懼。

他在塔樓裡的時間都被年少放縱的記憶占據，還有他近期認識的一個貴族女孩。女孩名叫瑪麗・德・古爾奈（Marie de Gournay），上一次他去巴黎曾受她照顧。她承諾會傾全力整理他的《隨筆》和回憶。雖然他從此沒再見過她，但她果真信守承諾，蒙田死後，她在一五九五年出版了他的第一本散文集。

年齡和對性的渴望使他開始體悟身體與靈魂密不可分這件事。把「一個活生生的人拆開」，甚至宣稱理性能安慰受苦的人或阻止他滿足肉體的衝動，這是哲學犯的錯誤。對古爾奈的記憶揮之不去，她在巴黎說她把他當作第二個父親。他知道自己需要別人的關愛，還說像他這樣的老人，「貢獻變少，需要的卻更多」，同時也很清楚自己必須站到一邊，讓位給更年輕更有精力的人。即使已經年邁，他還是想要愛，但想到自己被年輕女性同情他就畏怯。他「寧可不要活，也不要靠施捨度日」。

在最後一篇隨筆〈論經驗〉（Of Experience）中，蒙田把書暫擱一邊，省思生命教他的事。他為自己探討過的各種主題提出總結，例如對書本和哲學日漸加深的不信任、對大自然和肉體的喜愛愈來愈直言無諱，以及對人類（特別是自己）的無知的同情和理解。現在他讚美習慣、癖好、隨心所欲，同時深刻感受到有自己的節奏、習慣、日常作息對生活是多大的安慰。這些才是他生活中恆久不變的慰藉：

除非勉強自己，不然我沒辦法白天睡覺，非正餐時間吃東西，吃早餐，晚餐之後沒隔整整三小時就上床，在睡前之外的時間行房，強迫人站起來，忍受身上的汗，純喝水或喝酒解渴，光著腳丫太久，晚飯後剪髮。此外，沒戴手套對我跟沒穿上衣一樣難受，而沒洗手就離開餐桌或早上沒梳洗就起床，床鋪沒加天篷或簾子，對我來說就像少了不可或缺的東西。

這是對日常生活、例行活動和肉體愉悅的頌歌。他書房裡的每本書都告訴他，這些只是轉瞬即逝的慰藉，但他不再聽從傳統繆斯的建言。

在最後一篇隨筆裡，他記下自己最喜歡的餐點和鋪床的方式。「我喜歡睡很沉，一個人睡，沒有女伴也無妨，被子裹得緊緊的，像王室一樣尊貴。」他喜歡抓癢，喜歡排便，排泄時不喜歡有人打擾，還大膽放肆地把上位者也拉進來，「國王和哲學家也排便，淑女亦若是。」出於某種只有他自己瞭解的邏輯，提到這些不登大雅之堂的人體功能，讓他突然想起拉波埃西病重時曾大喊：

「活著真有那麼好嗎？」

如今，蒙田的答案是：活著確實很好，但前提是你要全盤接受所有一切：快樂、痛苦、排泄，還有卑微肉體的所有悲喜苦甜。

如今他認為，我們必須學會忍受終究無法避免的事。即使是晚年讓他吃盡苦頭的腎結石，現在他都把它看作身體終究得忍受的自然廢物。排出結石時，他會盜汗，痛到全身扭曲，排出黑色尿液，身體抽搐；但朋友稱讚他忍功了得，不負斯多噶精神時，他又會樂在其中。此外，病痛治癒了他貪生怕死的毛病。「你不是因為生病而死去，」他寫道，「而是因為活著而死去，」因此他認為，病痛教你在身體不再痛苦之後加倍地熱愛生命。

內戰期間，兩邊的狂熱教徒都對慾望和肉體誘惑宣戰，他卻跟「追求快樂」站在同一陣線。這世界反其道而行，他挖苦地說，「認為不痛苦的事就對人無益。」在最後的總結中他告訴讀者，若我們想跟生命和解，就應該追求快樂，追求舒適。他不只與狂熱信徒為敵，同時也要對抗內心的罪惡感和自我否定：

> 我們都笨到極點。我們說，他一輩子遊手好閒。今天我一事無成。什麼？

你沒活著嗎？這不但是最基本也是你最傲人的工作。

「社會弊病中最野蠻的一面，」他總結，「就是鄙視存在本身。」我們用無趣的教化和利己的高尚情操糟蹋了生命，他接著說：

哲學很幼稚，尤其當她盛氣凌人地教訓我們……感官享受粗俗低下，不值得睿智之人追求；一個人從年輕嬌妻那裡得到的快樂，唯有自覺做了正確決定的快樂。

他說，活著的理由並不是我們能賦予的任何理由。活著的理由在身體裡，在分分秒秒一個接著一個的情緒、感受、需求、快樂、痛苦裡，是這些（且這些已足夠）給了我們活著的感覺，只要我們永不喪失這種感覺，就根本不需要慰藉。我們不該裝腔作勢地活著。他的最後一段話清楚表達了他的看法：

對我來說，最美的生活是符合人類共同模式的生活，自有秩序，但沒有奇蹟也不標新立異。如今，老年需要多一點溫柔的對待。讓我們一同向上帝祈求，向健康和智慧的守護者祈求。但還是祈求快樂和處世智慧吧。

快樂和處世智慧。他最後一篇隨筆的最後這幾個字，遠遠指向一種慰藉的現代版本：不再試圖瞭解上帝的行事，反而把所有注意力放在日常生活和周圍人的需求。到了生命最後，蒙田超越了信仰，狂熱信徒的殘暴冷酷讓他反感。他不相信上帝的救贖，甚或祂的仁慈，他只相信，也如此教導向他討教的人：我們最深的依靠，是對生命的熱愛。

未寄出的一封信

大衛·休謨〈我的人生〉

一七三四年，一名當時二十三歲的蘇格蘭紳士在前往布里斯托的途中於倫敦短暫停留。孤單而絕望的他，在那裡寫了一封信給某個專治精神失調的醫師約診。他告訴醫生，自己十九歲就憂鬱纏身，至今深受其擾，不得不離開蘇格蘭鄉間的家和守寡的母親，放棄法律和他熱愛的哲學研究，前往布里斯托為一名商人工作。他還對自己精神喊話，希望在那裡「翻轉世界，從一極到另一極，直到擺脫這種病」。此等氣魄令人動容。

他坦承十八歲那年，一種「全新的思考領域」突然宣告到來，占據他的腦海，他「以年輕人自然散發的熱情」接納源源不絕冒出的想法。令他興奮的是，直覺告訴他，西塞羅、塞內卡和普魯塔克這些古時代的巨擘並未理解真正的人性。他認為我們需要的是一種研究人的新科學，以牛頓的自然科學成就為範本。他為自己設下了這個挑戰，但知識的激情一過，突然間，「我的熱情似乎瞬間熄滅，再也無法把心靈提升到曾給我莫大喜悅的高度。」

懷疑轉為絕望，絕望轉為憂鬱。他告訴醫生他盡他所能抵抗這種痛苦阻礙。他每天獨自騎著馬在寧威爾（Ninewells）的自家莊園附近穿梭，期望能靠激烈運動甩掉憂鬱。他持續當一個盡責的兒子和弟弟，卻無法重拾哲學研究。閱讀

（讀得下去的時候）反而讓情況更糟。他滿腦子都是「死亡、貧窮、羞辱、痛苦和生命的所有苦難不幸」。他的心靈胡亂揮舞，像一隻手揮了出去卻沒打中目標。現在他瞭解那些描述自己被神拋棄的神祕主義者了。鑽研太多哲學逼得他快要發狂，除非他選擇一條「從商和分散注意力」的道路。他在信中對醫生說，因為如此他才會坐上馬車前往布里斯托，準備去當一名奴販和糖商的職員。

後世只看到這封沒署名也沒日期的信，無法確定信是否曾寄出去。不過我們知道大衛．休謨餘生都把這封信放在文件裡。

他在布里斯托只撐了幾個月，顯然因為糾正老闆的商業書信措辭而被開除，離去時雖然不滿，但這次終於相信哲學才是他的天命。靠著家裡給的微薄生活費，他搬去法國並選擇在純樸僻靜的拉弗萊什（La Fleche）定居。拉弗萊什位於羅亞爾河谷，靠近一所耶穌會神學院，笛卡兒也曾是該校的學生。在幽靜的房間裡，窗外可見片片花園，附近有可散步的河岸，這位年輕人坐下來，花了兩年（一九三四到三六年）時間寫下他痛苦時從沒想過自己能完成的書：《人性論》（*A Treatise of Human Nature*）。書完成時他才二十六歲。為了寫這本書，他鼓起全部的勇氣。

休謨對於既定信念的徹底質疑確實令人嘆為觀止。他質疑了因果的本質，主張事物之間不必然有實際的關連，是我們對因果之間的恆常連結（constant conjunction）所做的觀察才讓我們產生這種習慣的看法。重新思考因果關係理論之後，他對人擁有靈魂的說法開刀，主張人隨著肉體死去而消亡。接著他轉向人格同一性（personal identity）[1]的問題。當他自問「自我」是什麼、「人格同一」包含什麼的時候，他發現根本不可能有一個清楚明確的答案。他說睡著時我的「自我」就消失了，而死去之後我什麼都不是，只是一個「完美的非存在」（perfect non-entity）。休謨的結論是，西方理性的基柱（因果、人格、靈魂）不過只是想像。

這不是一場理性懷疑論的奧運，而是自我發掘的痛苦過程。他表示跟這些想法奮戰，就像坐著一艘會漏水的破船出海，試圖要航行全世界。他不斷對自己有限的能力感到沮喪，但他仍然獨自奮戰，感覺自己就像「一頭粗鄙的野獸」困在自己的腦袋裡，無法再度融入人類族群。

他擔心別人會如何看待他的想法，也擔心會引來「所有形上學家、邏輯學家、數學家，甚至神學家」的敵意。他們會因為他挑戰了他們的學說而怨恨他

1.譯按：指如何證明過去、現在和未來的我是同一個我。

嗎？更糟的是，他能夠確定「拋開所有既定看法就是在追求真理嗎」？

依他之見，理性並非如斯多噶哲學認為的是激情的主宰，反而是它們的奴隸。但若真是如此，他意圖把自己的思想建立在一種實驗性的人性科學上，不就等於自打嘴巴。畢竟，若一經檢視就發現我們的思想不過是亂七八糟的心願、渴望、幻想和想像，我們根據思想實驗所做的一連串推論又有何公信力？

他對自己的理性孤注一擲，而理性又將他逼到極限，結果發現有些問題不可能有答案。例如，「我在哪裡或我是什麼？我因什麼而存在，又要回到何種狀態？」這些標準的形而上難題之所以折磨他，正是因為無法回答。試著回答則把他逼進了「你能想像最悲慘的境界，被最深的黑暗包圍」。沒有哲學路徑能讓他脫離這個迷宮。理性也無法驅散迷霧，或治癒「這種哲學憂鬱和錯亂」。

我們知道休謨讀過蒙田的書，在與蒙田的〈論分心移情〉相呼應的文字中，年輕的休謨提出類似的結論——哲學無法給人慰藉，人的陪伴才可以：

我用餐，玩一局雙陸棋，跟人交談，與朋友同歡。放鬆了三、四個小時之後才又重新回到這些思辨上，但它們顯得如此冰冷、牽強、可笑，我無法找到進一步探討這些問題的入口。

藉由他人的陪伴分散注意力，休謨承認自己有多需要透過人來逃避自己心靈的迷宮，而理性為他帶來的實際慰藉又是多麼的少。我們需要人類社群才能逃離自己，透過別人的眼光看自己，把自己的理解跟別人的理解比較，分享共同的感受世界。於是休謨下了這樣的結論：給我們安慰的是社群，是其中的遊戲、儀式、榮譽和獎賞。病了五年又隱居兩年後，他發現除非有他人的陪伴，不然他絕對無法理解或忍受生命。跟蒙田一樣，他認為西塞羅或馬可．奧里略這些古典哲學家鄙視「人類的虛榮願望」，勸人遠離日常享樂和其他同胞的娛樂消遣，其實是犯了傲慢自大的錯誤。忍受生命的唯一方法跟其他人類無異，那就是與他們肩並肩過活：

於是我義無反顧，下定決心要像其他共同參與生活的人一樣地過活、交談、行動。

他開始懷疑，何必要研究哲學呢？有時他想要把所有書籍文章都丟進火堆燒掉。然而他說這種時候他會先去河邊散散步，之後那些根深柢固的野心，那些他曾在給不知其名的醫生的信中說出的大話，就會一點一點回來：「教育人類，並藉由創新的思想和個人的發現累積名聲。」前往布里斯托時，他曾經試圖打退自己的野心，結果只發現自己「在享樂方面是輸家」。他相信這就是「我的哲學探索的根源」：研究哲學的純粹樂趣，還有但願日後能得到肯定的渴望。

他認為，哲學必須能夠融入社群生活的習慣常規，並瞭解社群想要的慰藉。哲學必須成為一種公民論述，一種替人解惑的世俗導引。休謨還語帶諷刺地說，哲學不會構成危險，因為「宗教犯的錯誤才危險，哲學犯的錯誤只會讓人覺得可笑」。他說哲學可以成為指出錯誤、對抗迷信的有用指引，只要它放低姿態，對自己的主張保持懷疑。此外，哲學應該避免使用「顯然是、肯定是、不可否認的是」等用語。在《人性論》的最後，他坦承自己太過喜歡這些用語，但現在他已經知道試圖回答沒有答案的問題要付出何種代價，也決定他今後的哲學論述要歌頌社群生活帶給人的樸實慰藉。

對慰藉的這種看法，在他後來的作品中轉化為一種深刻的懷疑。英格蘭的牧師都在大力鼓吹，唯有把窮人和社會邊緣人都納入教會的懷抱才能團結社會，建立社會秩序，但休謨卻不以為然。在休謨的《道德和政治論文集》（*Essays Moral and Political*）、亞當・斯密的《道德情操論》（*Theory of Moral Sentiment*）、亞當・福格森（Adam Ferguson）的《文明社會史論》（*An Essay on the History of Civil Society*）中逐漸成形的人類新科學，反駁了社會秩序必須仰賴來世之慰藉的論點。他們闡述了社會合作和社會秩序完全不需要依賴對上帝降下懲罰的共同恐懼，或期待祂賜予永恆獎賞的共同希望。

這些開創古典經濟理論的寫作提出，社會秩序乃由個人設法滿足所需並與他人分工合作而形成。休謨、斯密和福格森等十八世紀英格蘭的社會哲學家，是「政治經濟學」這個新學科的先驅，他們率先完整提出市場社會的運作方式。根據他們的理解，市場社會是世俗的社會，凝聚社會的不是共同的信仰，而是社會合作和經濟交易的無形之手。

休謨從未忘記自以為不受宗教信仰和斯多噶思想所囿讓他付出多大的代價。

他從未忘記一貧如洗和孑然無依的感覺。精神失調的痛苦教會他，人無法藉由思考跟生命和解。獨居生活教會他，需要從他人那裡得到慰藉和轉移注意力是什麼感覺。追求「人性科學」得到的自信，加深了他對宗教的敵意。他的朋友，如斯密，也跟他一樣對宗教保持懷疑，但他們都很小心避免得罪人。然而，儘管休謨刻意塑造斯文淡泊的形象，他對信仰這個主題卻毫不留情，不遺餘力將它貶為一種虛假的慰藉。

休謨在一七五七年出版的《宗教自然史》（*The Natural History of Religion*）中主張，若以為禱告和信仰比哲學本身更能回答生命的目的為何，其實是找錯了慰藉。休謨是將哲學與形而上學和神義論（theodicy）[2]分道揚鑣的最大推手，從此放棄把世界理解成神或任何力量創造出的秩序。休謨認為，哲學扮演的角色應該要與人類的有限理性相當，侷限於認識論、因果論、概念的意義，以及我們對外在世界的理解。換言之，哲學應該徹底放棄慰藉的範疇。

他在一七五九年動筆並修改到生命最後的《自然宗教對話錄》（*Dialogues Concerning Natural Religion*），提到人類創造了神為生命的不公和嚴酷提供安慰，因此這些其實都是假象，毫無慰藉可言。與其浪費力氣解釋生命為何如此，

2.譯按：探討上帝為何任由罪惡存在世上的理論。

不如好好享受生命。他也不認為從自然中能找到慰藉。教會的神學家出版小冊子抨擊他的想法，在講道壇上堅稱上帝在大自然的美和秩序中顯現自己。當代詩人亞歷山大．波普（Alexander Pope）稱讚牛頓透過物理學和光學呈現物質世界的巧妙設計和目的。休謨承認大自然或許有一定的設計，但那跟人類的意圖無關。他在大自然的野蠻競爭中看不到神的意念，只看到生命力本身不斷開展。他在生命最後為《自然宗教對話錄》加了一段慷慨激昂的話：

> 盲目的大自然，因為一個偉大輝煌的原理而孕育了大量生命，生命從她的腿部源源湧出，那些殘缺的、早夭的兒女卻被她棄之不顧。

一七七六年加入這句話時（他修改成癖，這是他最後的修改之一），他已經因為「致命且無法治癒」的「腸胃問題」奄奄一息。他告訴一個朋友，垂死躺在床上還不忘修改手稿，很像土耳其人圍攻君士坦丁堡期間，希臘人仍然「忙著爭辯聖靈究竟從何而出」。但習慣就是習慣，能讓他忘記病痛就更好了。

英國傳記作家詹姆士．包斯威爾（James Boswell）曾到休謨位於愛丁堡聖安德魯廣場的公寓去探望，看到他「消瘦，蒼白，模樣頗為入世，穿著灰布料西裝，上面有白色金屬鈕釦，還戴了頂短假髮」。包斯威爾很好奇，「死亡都已逼近眼前，他是否還堅持不相信有未來的國度。」休謨輕快地回答說，想像來生不會比想像出生之前的「前生」更讓他不自在。假如真有來生，他的描述不會比任何人遜色。

他的朋友亞當．斯密也去看他，希望老友能恢復健康。休謨立刻表示不以為然，說他期待自己快點消散。接著他告訴斯密最近他在重讀以前的愛書：盧西安（Lucian）的《死者的對話》（*Dialogues of the Dead*）。他提起書中的垂死者為了說服船夫不要帶他過冥河所說的理由。休謨想到自己唯一能給的理由，就是要求他們多給他一點時間改稿，但他懷疑船夫會答應。他說也許他應該要船夫多給他一點時間，讓他見證人類擺脫迷信再帶走他，但他可以猜到船夫的答案：「這兩百年都別想了，立刻給我上船，你這個遊手好閒的懶鬼。」

兩人哈哈大笑。後來斯密談到休謨死去的文章中提起這段插曲，進一步激怒了神學家。他懊惱地坦承，那甚至比他在休謨過世同年出版的《國富論》（*Wealth of Nations*）激起的反彈還大。

休謨面對死亡的冷靜沉著對神學家、包斯威爾、他的朋友薩謬爾．約翰生（Samuel Johnson）來說，都是一件醜事。約翰生說休謨只是在演戲，模仿蘇格拉底表演完美的死亡，下了舞台之後一定跟你我一樣害怕。他打從心裡認為人無法不在基督教信仰的慰藉中死去。他自己就很怕死，擔心可能會因為生前的罪惡而被打入地獄。想到世俗的死亡他就畏怯；沒有宗教的慰藉，人只能接受靈魂會跟著肉體一起死去，而原本即由塵土組成的肉體終究會歸於塵土。

約翰生錯了。最後幾個月陪在休謨病榻旁的人證實，他確實平靜自制地忍受痛苦，無論死去和活著都決意不接受信仰的慰藉，到死都毫無怨尤也未曾動搖。所以問題不在於他是否完成演出（答案非常肯定），而是他是怎麼辦到的？他的死成為一個里程碑，指出一種面對死亡的新方法，因此也是一種思考慰藉的新方式。是什麼讓他如此鎮定面對自己的生命終點？

答案或許就在他最後的作品〈我的人生〉（My Own Life）裡。這篇作品一天就寫完，就在一七七六年四月十八日，稿紙上布滿他整齊的草體字和獨特飄逸的字母 g 和 y。這不是類似奧古斯丁或盧梭寫的懺悔式自傳，反而刻意不提很多事，例如他跟盧梭的激烈爭執。它是一種證明，驕傲地聲明自己達成的目標，不只寫給自己也寫給後代看。裡頭敘述了一個世俗朝聖者克服重重難關，以及一名作家藉由追逐名聲賦予生命意義和發展的過程。他記錄了自己面對過的挑戰，特別是《人性論》得到的最初反應：一問世，「就被報刊宣布死產」，甚至引不起「狂熱份子的低語」，他諷刺地說。眼看《人性論》一敗塗地，他重新把它改寫成較平易近人的《人類理解力研究》（*An Enquiry Concerning Human Understanding*），結果再度遭到漠視。他的《英格蘭史》（*History of England*）在政治黨派間引起的反應令他灰心，甚至萌生放棄寫作的念頭。唯有出版《宗教自然史》和它引起的「憤怒、傲慢和刻薄評語」才「給我一些慰藉，彌補我在其他演出得到的冷淡回應」。他發現得到的批評愈糟，他反而愈振奮。後來他的作品愈賣愈好，不用再靠喜怒無常的金主和有錢人贊助。一七六〇年代，他在巴黎的「端莊淑女」之間甚至頗有名氣。大家習慣叫他 *le bon David*（好大衛），貴婦名媛都為他帶有蘇格蘭腔的法文著迷，例如德布夫萊爾伯爵夫人（Comtesse de Boufflers）。

休謨回顧巴黎的輝煌歲月時心滿意足卻毫不懷念。對他來說，更重要的是告訴後代他在一年內賺到一千英鎊。三十年來孜孜不倦換來的「富足」和「從容」令他自豪。休謨告訴我們，生活過得好不好，就看你是否忠於自己的志向並為自己打造出一條路。對生活的這種態度跟他面對死亡的態度一致。更早之前他寫過一篇談自殺的文章，文中堅決且真心主張宗教權威無權否定一個人選擇死亡的自由。死亡也跟生命一樣，若不能按照自己的意願決定它的模樣並為我們所「擁有」，就失去了意義。這篇談自殺的文章熱情激昂地捍衛自由，對覺得人生不再值得活下去的人的同情躍然紙上，顯然是源於過去的抑鬱歲月對他留下的影響。

他也以同樣勇敢無畏、就事論事的態度面對死亡。他知道自己的病痛「致命」且「無藥可醫」，但仍然跟過去一樣熱愛閱讀，喜歡朋友的陪伴，而且從不灰心喪志。「要比我現在對生命更超然很難，」他寫道。他甚至用過去式自稱：「我……或者該說過去的我，因為那是我現在必須採用的文體。」最後他坦承「這種自悼文」或許顯得虛榮，但他替自己說的話可以輕易得到證實。

他一天就完成了這篇告別文，下筆成章，修改甚少，可見他很早之前就知道要說什麼。完成之後，他把自己的事情處理妥當。他把財產留給姪子，確定自己的作品會出新版本，還有《自然宗教對話錄》會付印。他命人燒了紙張，付清僕人的薪水，跟朋友道別，然後平靜從容地迎接死亡。他決定不燒毀的文件之一，就是四十二年前他寫給醫生的那封信。那封信就像歷史上另一封著名的未寄出的信，亦即貝多芬寫給永恆戀人的信。休謨留著這封信提醒自己他為了成為今日的他必須付出的代價。藉由這封信，他得以向自己也向我們證明，他選擇了一種生活並將它發揮極致，他實現了二十三歲痛苦煎熬的自己懷抱的夢想。他創造了一種全新的慰藉方式：用自傳來講述自我實現之路。

歷史的慰藉

孔多塞的《人類精神進步史表綱要》

一七九三年七月八日，兩名醫生來到巴黎聖敘爾比斯教堂（Saint-Sulpice）附近的掘墓人街上，走去敲了之前寄宿家庭的大門。他們身旁跟著一位焦躁不安的中年人。兩人請女主人維爾內夫人收留他。她知道此人一定是逃犯。瑪麗・蘿絲・維爾內（Marie Rose Vernet）是個寡婦，膝下無子，來自普羅旺斯的新堡，平常把房間租給醫學院學生。前房客懇求她時，她只問了一句：「他為人正派嗎？」兩人向她保證。「那就讓他進來吧，」她說。他要付錢時，夫人拒絕了，之後也從未收過他的錢。她總共收留了他九個月，後來才知道他的真名：馬里・尚・安東・尼古拉・德・卡里塔（Marie-Jean-Antoine-Nicolas de Caritat），人稱孔多塞侯爵。他是國民公會代表，法國皇家科學院的前書記，數學家，學者，政治家，如今卻成了逃犯，被雅各賓派褫奪公權，財產被沒收，性命岌岌可危。他曾經是溫和派革命份子中首屈一指的思想家，可是現在五十歲的他卻已經走投無路。

自從一七八九年那個振奮人心的夏天、巴黎市民攻占巴斯底監獄以來，孔多塞和妻子蘇菲就站上了革命浪潮的風口浪尖。蘇菲比孔多塞小二十歲，貴族出身，充滿活力，是出了名的美女，也是一家活躍沙龍的女主人。孔多塞則是法國最有名的數學家，國內頂尖科學機構的書記，伏爾泰的知心好友，也為他那個時代的各種進步理論寫過許多宣傳手冊。他生性害羞，容易緊張，口才不佳，某社團女主人還曾經指責他當眾咬嘴唇和咬指甲，可是革命給了他無與倫比的舞台，讓他得以展現自己的長才。

革命爆發的前幾個月，熱情被點燃的孔多塞甚至穿著國民衛隊的制服出現在巴黎街頭，只不過他佩戴的是一把傘，而不是劍。像他這樣身懷微積分、機率和政治經濟學這類新知識的人，相信自己能以科學為基礎建立一個共和國，擺脫舊制度難以避免的腐敗命運。他曾是涂爾哥（Turgot）和內克（Necker）這些改革派大臣的顧問，因此知道體制內部的問題，也目睹他們力圖挽救債台高築的帝國財政。

他跟蘇菲在巴黎市郊奧德伊（Auteuil）的住處成了溫和派革命人士的聚集地。支持改革的貴族以及諸如劃時代政治小冊《什麼是第三等級》（*What Is the Third Estate?*）作者西耶斯神父（*Abbé Sieyès*）這樣的新成員，聚在這裡策劃行動，互相交流，以為情勢的急遽發展都在他們的掌控中。孔多塞加入了為第一個全國教育體制草擬方案的委員會。對他和西耶斯而言，革命是解放一整個民族擺脫迷信和無知的大好機會。身為黑人之友協會（*Société des amis des Noirs*）的創會成員，他草擬了廢除法國殖民地奴隸制的法案。在蘇菲的影響下，他寫了一本小書鼓吹女性應該跟男性享有一樣的公民權，然而一七九二年起草法國憲法時，他卻沒將男女平權納入其中。革命之初仍在摸索民主的新邏輯期間，他運用機率理論設計程序，確保當議題由多數決所決定時，透過連續投票能達到最理想的結果。他寫的文章時不時會登上在巴黎各地湧現的報紙。自然而然跟他站在同一陣線的人，例如神父西耶斯和記者蘇亞德（Jean-Baptiste-Antoine Suard），都相信這場革命是歷史難得的一次機會，有助於人民主權與行政權調合，穩固藉由權利憲章保障人民免於暴政的新政體。

一開始他支持君主立憲制。但一七九一年國王一家試圖逃跑，最後在瓦爾內（Varennes）被攔下，此後他和妻子以及其他親近朋友如湯瑪斯・潘恩（Tom Paine）就認為應該廢除君主制，建立共和國。他甚至支持廢除頭銜和姓氏，例如把孔多塞侯爵變成卡里塔公民。另外，他也寫文章解釋在革命的非常時期下，暫緩執法並未違法。

這種左傾思想害他失去了許多貴族朋友。聖彼得堡和波茨坦的保皇派科學社團取消他的榮譽會員。儘管如此，他依然義無反顧投入革命政治，先後選上國民議會和國民公會的代表，也受命草擬新的共和國憲法。一七九二年十二月國王受審時，他投票贊成判處法王叛國罪，但反對將他處死，理由是革命甚至不該處決敵人。

革命時期，外有盟軍威脅，內有派系鬥爭，孔多塞投票為法王請命，正好給了雅各賓派（Jacobins）[1]除掉他的機會。他們投票反對他起草的新共和國憲法。一七九三年六月，巴黎市民圍攻國民公會，強迫害怕的代表們准許逮捕孔多塞支持的走溫和路線的吉倫特派（Girondins）。這時候孔多塞大可選擇沉默和退縮；他的其他盟友就選擇明哲保身，例如西耶斯神父和蘇亞德。或許是優越地位讓他誤以為沒人動得了他，孔多塞在同月寫了一篇文章，抨擊雅各賓派的新憲法把國家推進羅伯斯比（Robespierre）和聖茹斯特（Saint-Just）的專制統治中。雅各賓派一氣之下將他的房子查封。他被迫逃亡，敵人都以為他逃出國了。

其實，九個月來他都留在巴黎的革命中心，受維爾內夫人庇護。他跟這位來自普羅旺斯的夫人是很奇特的組合，但兩人很快就走得很近，他甚至開始稱她為他的「第二個母親」。這麼做可能是為了不讓對他死心塌地的妻子起疑，同時也

1.譯按：在法國一般指對中央集權共和政府的支持者，或是支持政府擁有廣泛改造社會的權力。

承認他需要來自母親的慰藉，這是他童年時期就根深柢固的情感依戀。他父親是軍官，來自一個古老的小貴族家庭，在他襁褓之年就過世。他的「第一個母親」是個虔誠的寡婦，用女性的純白色衣服為唯一的兒子打扮直到他八歲，期待他長成一個正直的天主教徒。但她的努力徹底失敗。從巴黎的中學畢業之後，孔多塞就已經開始在把宗教貶為可悲迷信的圈子裡活動。還沒成年他就被公認是數學天才，二十二歲就出版第一本微積分著作。他跟休謨一樣，對自己的聰明才智和革新「人的科學」這個理想深深著迷。他相信人類的理性不假外求，因此一輩子與信仰為敵，即使信仰是安慰寡母的一大力量。

一七九三年夏去秋來，秋盡之後迎來凜冽寒冬，食物和燃料在革命時期的巴黎都陷入短缺。孔多塞跟維爾內夫人和其他兩名房客在爐火邊用完餐後就回到房間裡寫作。十月他得知國民公會有三十名溫和派代表（他的同志）在革命廣場被送上斷頭台。孔多塞淚流滿面來到維爾內夫人的房間，她把他擁入懷中，他無助地泣不成聲。三十年後她在一封信裡回憶當時他低聲說：「我是逃犯，有天妳也會跟我一樣。」她也記得當時自己如何安慰他。她說羅伯斯比和公共安全委員會可以把他變成逃犯，將他逐出社會，但沒人能把他逐出人類社群。

孔多塞的妻子蘇菲只要有機會就喬裝成農婦、繞過斷頭台周圍的群眾來看他。她從奧德伊的住處走來探望丈夫，帶換洗衣物和報紙給他，跟他說四歲女兒以麗莎（Eliza）的近況。他們的宅第已經被沒收，而她出身貴族，丈夫又是逃犯，處境也很危險。此外，她身無分文，只能靠繪圖和販售過去其他貴族的玉石浮雕肖像維生。蘇菲一再鼓勵丈夫不要屈服於絕望。十二月她收到他的來信要她放心：「別擔心我會讓步。我會堅持到底。我沒有遺憾。他們告訴我：你可以選擇當壓迫者還是受害者。而我選擇了不幸，由他們去選擇罪惡。」

這種消極抵抗的心境或許安慰了蘇菲，但他自己還是得奮力掙扎。當寒冬襲捲掘墓人街，食物和燃料愈來愈難取得時，他縮在火爐邊，相信自己的死期將近。想到就要失去女兒，她永遠不會有關於他的記憶，他就痛苦不已。儘管妻子和維爾內夫人對他盡心盡力，有時他還是覺得自己已經被活埋。

他一直在為某些革命理念奮戰，相信像他這樣聰明又憂國憂民的人所宣揚的科學和理性，會引領人民打造出一個穩定繁榮的共和國，內部團結一致，對外也能跟鄰國和平共處。一七九三年，這樣的信念被一場人民革命擊潰。這些人太過急切，復仇心強，不惜跟歐洲的君權宣戰，迫不及待要無情剷除內部的敵人。這場激進革命的警察和線民此刻就在他的窗下巡視，他們遲早都會逮到他。

蘇菲擔心他日漸消沉，因此建議他重拾他在一七八〇年代初就開始但後來擱置的寫作計畫。他原本是想寫一部龐大的歷史叢書，爬梳科學和知識在印刷術等新科技的幫助下蓬勃發展的歷史，以及它們對解放人類脫離專制和迷信所扮演的角色。這是一種啟蒙的敘事體，一種新的進步寓言，既能為革命提供解釋，也為他的生命賦予意義。

孔多塞並非唯一一個相信哲學和科學點燃的火光引發了法國大革命的人。愛爾蘭裔英國籍的埃德蒙・柏克（Edmund Burke）同樣如此相信。他是英國保守議員，也是演說家。但他在《對法國大革命的反思》（*Reflections on the Revolution in France*）中卻強調，「詭辯家、經濟學家和計算者」——這個描述恰恰符合孔多塞和西耶斯等人——把人對傳統的尊敬換成了對理性政治的危險信念。柏克在文中悲嘆，理性主義和極端主義注定難分難捨。西耶斯神父等人曾說過，「若要進步，立法者就得毫不留情地摧毀過去的所有錯誤」，等於認同了血腥屠殺。

在歐洲另一邊的柯尼斯堡（Konigsberg）這個地方，康德也針對同樣的主題寫了〈重新試圖回答：人類一直在進步嗎？〉一文。他認為，法國大革命揭露了「人類的道德傾向」，這種對自由的渴望將引導世界各地的人推翻專制統治。一旦法國帶頭，他的普魯士同胞或許也會跟上，人民自治的共和國將在歐洲遍地開花。和平勢必會隨之到來，因為自治的民族只要還有理性，就不可能投票表決把小孩送上戰場。革命將把人類從墮落之中解救出來，避免國家像「喝醉的惡棍在瓷器店拿棍子互毆」（這裡他引用了休謨的話）。即使當法國革命軍橫掃歐洲，歐陸陷入一連串戰爭直到一八一五年，連革命本身也功敗垂成，康德仍然堅持這個看法。他一直抱著希望是有原因的。法國大革命徹徹底底證明了公民的自由和自治並非遙不可及的夢想。這一點永遠不會被忘記。

孔多塞也如此相信，但他若要敘述一個希望的故事，就得面對他那個時代最具影響力的反論：盧梭的《論人類不平等的起源與基礎》（*Discourse on the Origin of Inequality*）。這本寫於大革命前三十年的著作描述了一種反烏托邦，不把歷史看做一種進步，而是不可避免的衰敗過程，從原始自然狀態的彼此平等，變成被私人財產、不平等和專制破壞的現代。

> ……打從人類開始需要另一個人的幫助，打從他發現一個人擁有兩人份的食糧對自己有利開始，平等就此消失，財產的觀念被引進，勞力變得必要，大自然的廣袤森林被改造為宜人的平原，必須由人類揮汗灌溉，於是奴隸制度出現，悲慘不幸開始滋長，並隨著收成開花結果。

為了反駁盧梭，孔多塞大可援引亞當・斯密於一七七六年出版的《國富論》裡對盧梭的強硬駁斥。孔多塞不可能不熟悉斯密的作品，兩人的知識圈往來密切，而且蘇菲在孔多塞死後仍繼續翻譯斯密的《道德情操論》。斯密認為，把資本主義崛起跟不公平日益擴大的必然趨勢連在一起的哲學家，忘了將現代經濟特有的勞工生產力考慮進去，但他從頭到尾沒提起盧梭的名字。現代社會或許比原始世界有更多不公平，但是拜現代經濟的生產力之賜，赤貧階級會減少，現代的別針工廠就是一個例子。以斯密的話來說，因為如此，英格蘭的普通零工甚至比很多非洲國王過得還好。藉由強調分工的道德功能，斯密斷然否定了盧梭想像中人人平等的懷古幽情，並給予資本主義現代迄今最具影響力的支持。

對斯密來說，與盧梭爭辯的重點在於他所謂的「商業社會」的道德意義。但對孔多塞來說，重點卻是法國大革命的真正目的。盧梭史觀給了雅各賓派仇視特權階級和懷疑孔多塞這種有頭銜的叛徒的正當理由。羅伯斯比之所以能義正辭嚴地剷除異己，就是主張這麼做才能阻止歷史重回不公平和專制的老路。相反的，孔多塞的作品必須證明歷史逃離了這個命定的模式。

他知道原本的叢書計畫如今是不可能達成了，畢竟現在他沒有書，沒有圖書館，最重要的是沒有時間。他稱這個計畫為 *une esquisse*（速寫），也就是《人類精神進步史表綱要》（*A Sketch for a Historical Picture of the Progress of the Human Mind*）一書。只靠著過人記憶的指引，他開始動筆，飛快地寫完一頁又一頁，努力趕在他們逮捕他之前完成。他以手中的筆所能達到的最快速度，從現代逃到未來。

過去幾代的偉大歷史學家都不覺得有必要把歷史變成道德史詩。休謨拒絕了輝格黨把英格蘭史視為自由之勝利的傳統歷史詮釋。愛德華・吉朋（Edward Gibbon）寫的羅馬史則是一個偉大帝國如何因為迷信的教派而衰亡的故事。孔多塞已經無路可退，容不下任何懷疑，無法接受歷史可能猛然轉向、摧毀他們最大的希望。《綱要》是一本不顧一切為生命辯護的希望之作，籠罩在斷頭台的陰影下寫成。他也坦承，這是一種慰藉的練習，把歷史書寫當作一齣道德劇，為自己擁護的革命辯護，反抗來勢洶洶危及他生命的另一場革命。

他主張，人類「不斷在自我更新……百年來」走向一條通往真理和幸福的路。他想證明自己的革命熱情並未白費。為了實現這個願望，他寫下了對歷史的展望，那股熱情在裡頭將勢不可擋：

人類的完美潛能不可限量，而這種完美潛能從今以後不再仰賴任何可能想要阻止它的任何力量，除了大自然給予地球的時間之外，再也沒有其他界線。

這就是他表達自己有生之年雖然可能無緣得見，但他為之奮戰的革命終究會勝利的方法：

我們將會證明，自然如何把知識的進展，還有與時俱進的自由、美德以及對天賦人權的尊重，穩固地結合在一起。

「我們將會證明」、「我們會證明」、「時間終將證明」，許諾的措辭一句接著一句，一次比一次激動地發出宣言，迫不及待要說服自己歷史將會赦免他、還他公道。因為他需要被赦免的事很多：放棄友誼，做出妥協，導致報復行動的激進立場。他安慰自己，歷史終會原諒他所做的一切。

他指出，人類從古至今經歷了九個階段，從原始的採獵社會到農業社會再到商業社會，全都是為了最後第十個階段所做的準備，而革命正預告了最後階段的到來。在每個階段裡，多謀善斷的人類理性都是進步的驅力，不斷解開自然的奧祕，發現自己的不足和無知。有時進步的腳步會停滯，但只是因為專制君主和神職人員抑制了知識的進展和自由的普及。如今，拜革命之賜，他們的權力日漸衰退。

孔多塞跟休謨一樣，把最有敵意的段落留給教會。教會箝制人類的心靈，提出人死後就能得到救贖的虛假承諾，阻止人在現世尋求救贖：

神職階級掌控了教育，藉此訓練人更能忍受身上的桎梏，甚至把桎梏等同於自己的存在，因此現在他們甚至不可能想要掙脫桎梏。

於是他感嘆，不管是誰，怎麼可能出於自願選擇用迷信蒙蔽自己呢？若信仰是一種慰藉，也只可能是虛假的慰藉。但信仰若是給人虛假的希望，難道歷史就不是嗎？受維爾內夫人庇護的最後幾個月，他心亂如麻，不允許自己往這個方向想。

他一心相信，幸好信仰的力量對人類心靈的箝制日漸減弱，其中的關鍵在於發明印刷術。印刷術出現後，要隱瞞真相或阻止真相往外傳播不再可能。因此進步成為不可擋之勢，原因在於過去的想法如今已經能夠保存下來。印刷術也創造了孔多塞所謂的「不受任何力量脅迫的法庭」，一個由自由男女組成的國際公民社會，他們的意見能約束專制君主的權力和神職人員的迷信。

到了文末，他任由想像力暫時逃離現實。如同康德，他相信未來全人類都會接納共和國的自由價值。如同斯密，他相信資本主義現代社會能解救人類免於匱乏和貧窮。如同當初帶他來投靠維爾內夫人的皮內爾（Pinel）和卡巴尼司（Cabanis）醫生，他相信醫學有天終能治癒人難免會有的病痛，人就不會早夭，而能自然老死。在革命方興未艾的寒冬裡，他夢想著科學、工業、政治經濟能讓所有人都過得更好的未來。被知識解放之後，人類將活在自由與和平中，戰爭這種文明大患將從此消失。他直接跳到未來，想像當時他無法實現的願望全部都實現了。

倒數最後幾段，他似乎從美夢中清醒。跟維爾內夫人在一起的那段時間，是「他得以免於迫害的避風港」，他如此總結。接著他又心酸地說，在這裡他活在「理性得以為他創造出的樂土裡」。「這裡」指的是古典詩人所說的樂土（他身邊一直留著一本拉丁文的賀拉斯[2]），旅程盡頭是一片灑滿陽光的草地，一個遠離了悲傷和恐懼的庇護所。

藉由想像未來以逃離險惡的現在，他並非歷史上的第一人，而他肯定也不是相信後世會還他公道的第一人。但把歷史視為有別於神聖上帝的世俗選擇，並主張歷史變遷的指引力量是人類理性的動力，他絕對是第一人，換成休謨或吉朋就絕對不會下此結論。

他試過了超脫現況、放大視野、把歷史維度拉長等等方法，但在那種情況下可能只暫時分散注意力。一七九四年冬天他完成《綱要》之後，維爾內夫人發現

2. 譯按：Horace，古羅馬詩人。

他變得焦躁不安。他重回現實，被迫再次面對失去自由的窘境。在一封給蘇菲的信中，他告訴她：「現在我只靠著愛和友誼活著。我已經放棄歷史留名的希望。想像未來而不活在現在，是何等的瘋狂。」

一七九四年一月，奧德伊的地方公共安全委員會終於沒收了孔多塞的所有財產。為了保住他僅剩的東西，以便留給他們的女兒以麗莎，蘇菲決定兩人應該先離婚。為了女兒，孔多塞答應了，但離婚切斷了他與生命僅剩的另一個連結。二月，巴黎的公共安全委員會發布窩藏逃犯者一律死刑的命令，他開始自責害維爾內夫人陷入險境。三月底，有個陌生人來租房子，還問了其他房客的事，他相信自己已經來日不多。在掘墓人街的最後幾天，他寫了封信跟女兒道別，信上充滿了一個父親擔心再也見不到女兒的深情。他鼓勵她學個手藝，雕刻或許不錯，這樣才能自食其力，還說他希望她永遠擁護共和，不碰宗教。他們如果逮捕了她母親，她就該來找他的「第二母親」避難，如果所有方法都失敗，就想辦法去找湯瑪斯．傑佛遜（Thomas Jefferson），此人曾是美國的駐法大使，現在遠在幾千哩

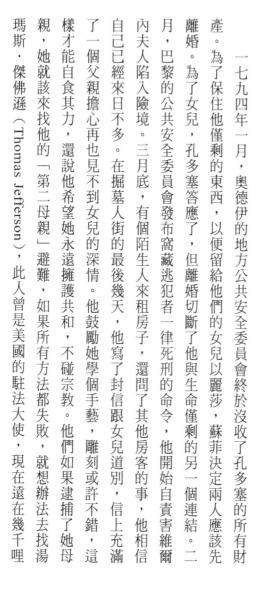

外的蒙蒂塞洛（Monticello）。他燒了寫滿數學方程式的舊論文，把《綱要》手稿託付給一名房客，囑咐他一定要送到妻子手中。

一七九四年三月二十五日，他一如往常梳洗，吃早餐，麻煩維爾內夫人上樓替他拿鼻菸盒下來。趁她上樓時，他溜出門，步上掘墓人街，跟這棟房子從此告別。他走了十二公里到巴黎市郊投靠艾蜜莉跟蘇亞德。他跟這對夫婦已經認識二十年，打從革命初期就站在同一陣線。二十幾歲時，他曾跟艾蜜麗坦承自己的風流情史，之後兩人一直維持朋友關係，至少他是這麼想的。若他期望這對老朋友會收留他，那就大錯特錯。到了那裡之後，有個僕人說蘇亞德夫婦到巴黎去了，不讓他進門。晚上他去敲門再度遭拒。他走到附近的採石場，在那裡露宿了一夜，隔天早上又去敲門。這次蘇亞德讓他進了門，但以太危險為由拒絕收留他。孔多塞被請出門，疲憊不堪加上不知何去何從，他走去一間小旅社，給自己點了一份歐姆蛋。要幾顆蛋？店家問。他回答十二顆，立刻引來懷疑。好死不死，這間酒館剛好是雅各賓派人士常去的店，於是地方公共安全委員會的成員開始追問他一堆問題。他說自己是屋頂工，目前失業。他們翻翻他的手，看出他根本沒做過體力活，接著把他的口袋掏空，找到一支精緻的手錶，還有賀拉斯的拉丁文詩集。經過三天跋涉，晚上又餐風露宿，他已經累到走不動，於是他們把他綁起來放上手推車送去監獄關了一夜。隔天早上，有人發現他已經斷氣，臉朝下，血從鼻孔流出。死因可能是風吹日曬、疲勞和壓力過大引起中風。獄方將他埋進貧民之墓。

幾個月後，由官方畫家雅克・路易・大衛（Jacques-Louis David）策劃、在巴黎的戰神廣場舉行的至上崇拜（Festival of the Supreme Being）[3]慶典上，聲勢如日中天的羅伯斯比用相信自己無人能敵的高傲口吻，惡毒地宣讀孔多塞的墓誌銘：「孔多塞院士，曾是文藝界眼中的大數學家，數學家眼中的文藝人士，怯懦的謀反者，遭所有人唾棄。」兩個月後，羅伯斯比自己也在協和廣場走上斷頭台。

維爾內夫人、蘇菲和以麗莎都活了下來。一八二六年，艾蜜莉出版回憶錄，聲稱當年孔多塞被捕前決定性的那一晚，她跟丈夫並未將孔多塞拒之門外，而是把院子的後門打開，好讓孔多塞回來投靠他們。艾蜜莉錯就錯在沒想到維爾內老夫人還在人世，對事情有另一種看法。讀過艾蜜莉的回憶錄之後，已經八十好幾的維爾內夫人寫了封義憤填膺的信給以麗莎。她告訴以麗莎，當年孔多塞從她的房子消失之後，她從房客口中問出他的去向，並親自出門去找他，或許抱著他還

3.譯按：羅伯斯比試圖用來取代天主教的自然神論。

活著的希望。她繞到蘇亞德夫婦家後面，探看蘇亞德夫婦口口聲聲說打開要讓孔多塞進去的後門，只見那扇門被一米高的雜草叢堵住。根據維爾內夫人所知，這證明蘇亞德夫婦從未打開過門。當年他們將他拒之門外太過狠心，三十年後還睜眼說瞎話太過虛偽。對這位年邁的女房東來說，跟蘇亞德夫婦把這筆帳算清，就是證明自己這輩子或許做過最高尚的一件事——一七九三年的那天早上，她雖然無法安慰來敲門的那位陌生人，但至少她有勇氣給他庇護。

拿破崙落敗、王朝復辟之後，跟孔多塞同時代的西耶斯神父和畫家雅克・路易・大衛於一八一七年一同流亡到布魯塞爾。大衛幫好友西耶斯畫了一幅肖像，畫中的他坐在椅子上，背景昏暗，注視畫家的眼神害羞而疏遠。這幅畫深刻呈現了流亡生活和窮途潦倒的悲涼。晚年回到巴黎之後，年輕一輩問老去的神父，革命期間他做了什麼事，老先生只回了句 *J'ai vécu*。我存活下來。對一個曾經期望革命能開創新世界的人來說，相信自己最多只能說「我存活下來」，想必是一種教人心酸的慰藉。

蘇菲在一七九五年出版孔多塞的《綱要》。她活到一八二〇年代，從未再婚，直到最後都是個勇敢無畏、走過上世紀大風大浪的貴族，一生奉獻給丈夫的革命理想。一八四〇年代，以麗莎著手編輯父親的作品。多虧有他們，加上法國大革命改寫了整個十九世紀對政治和熱情的定義，孔多塞終於得以平反，成為為理想犧牲生命的烈士，到死都相信進步是現代革新傳統的核心。

無情世界的有情

卡爾・馬克思和《共產主義宣言》

一八四三年夏天，卡爾和珍妮・馬克思（Karl and Jenny Marx）離開科隆，遷往巴黎，住進瓦諾路上一個附家具的房間。兩人都認為自己終於來到了歐洲革命的首都。雖然被逐出普魯士，成了自己階級的叛徒並踏上流亡之途，兩人卻對這樣的結果欣然接受。他們為自己贏得了自由，現在他們要想辦法讓其他人也獲得自由。

第一次來到巴黎，踏在法國大革命悲慘歷史上演的街道，兩人都興奮不已。走一小段路就能到孔多塞當年躲藏的房子，他們還可以去當年大衛舉辦理性崇拜慶典[1]（Festival of Reason）的戰神廣場野餐，漫步巴黎古監獄附近，想當初瑪麗・安東妮（Marie Antoinette）和雅各賓派的聖茹斯特就是從那裡被帶去處決。在市區的圖書館裡，革命留下的全部遺產都擺在書架上，不論是伏爾泰、盧梭、孔多塞、馬拉、羅伯斯比、西耶斯；塞納河兩岸的書攤也堆滿這些人的作品的廉價版本。

對這兩個年輕的革命份子來說，能夠在一起、彼此相愛、置身於世界革命的發源地，想必讓他們欣喜若狂。兩人相愛的事實無庸置疑，他寫給她的熱情詩句、她那些表達渴望和臣服的信、兩人一生相守如相知相愛的戀人，在在都

1.譯按：理性崇拜為法國大革命時期出現的一種無神信仰。

是最好的證明。他們的經濟能力足以共組家庭。珍妮的娘家姓馮．威斯伐倫（von Westphalen），她從貴族父親那裡繼承了一筆遺產。卡爾除了有父親留給他的遺產，也會跟住在特里爾的寡母借錢。除此之外，由德國工匠及和記者阿諾德．盧格（Arnold Ruge）所出版的激進刊物《德法年鑑》（*Deutsch-Französische Jahrbücher*）也向他邀稿。

在巴黎的咖啡館和酒館裡，他們第一次遇到工人階級，男女皆有，多半是德國人，裡頭有烏托邦社會主義者、基督教社會主義者和基進民主主義者。德國詩人海因里希．海涅（Heinrich Heine）接待了他們，之後還幫這對新手爸媽安撫脾氣暴躁的第一胎：同樣也叫珍妮的女兒。抵達巴黎後一年，他們在巴黎攝政咖啡館認識了來自德國的工廠之子：年輕的弗里德里希．恩格斯（Friedrich Engels），從此結下不解之緣。

他們一頭栽進基進工人政治的密謀世界裡。咖啡館雖然充斥著警方的線民、不同組織的人和投機者，珍妮和卡爾也認識了一些滿懷理想、豪邁粗獷的工人階級，這些都是令人印象深刻，甚至散發浪漫精神的人物。他們因為自己的理念而入獄或被放逐，他們的堅持熱忱和貴族氣息讓馬克思有感而發。他說當他第一次望著他們「因工作而憔悴」的臉龐時，就明白了「四海皆兄弟」是什麼意思。

每個派系、每個小團體都有自己版本的燦爛未來。你可以是卡貝（Cabet）、拉梅內（Lamennais）、普魯東（Proudhon），或魏特林（Weitling）的擁護者。那會是哪一種社會主義？烏托邦、基督教，還是共產主義？年輕馬克思選擇的方法是讀遍所有宣言和小冊子，毫不留情地批判即使是最無足輕重的諷刺短文，朋友曾取笑他這種用大砲轟窗玻璃的習慣。妻子珍妮則負責家務，而她發現丈夫愈來愈常往外跑和心不在焉。

成為這個熱情不懈、頑固強硬、肩膀寬厚、膚色黝黑、頂著一頭黑色蓬鬆捲髮的男人之妻，讓她找到自己的天職。後來兒女都稱他「摩爾人」（Moor），其他基進份子則對他的活力、陽剛、冷酷大膽留下深刻印象。她想必也受他的這些特質吸引，但最重要的是兩人懷抱同樣的信念和希望。她曾在寫給朋友的信中委婉自嘲：「所以我們對生活俗務不再感興趣。」指的是煮飯、打掃、縫補衣服這些事。「我們也想要享受生命，做很多事，體驗人類的幸福。」

幾年前馬克思就完成了他對宗教的批判，因此來到巴黎之後，聽到當地的共產主義者（卡貝、勒魯〔Leroux〕、拉梅內的信徒）告訴他「基督教就是共產主義」（*le Christianisme c'est le Communisme*）時，他十分震驚。一安頓好，他坐下來寫的第一篇文章就是跟新讀者分享破除宗教信仰的好處，同時抨擊了周圍的政治假象。他告訴阿諾德．盧格，煙霧瀰漫的咖啡館裡熱烈談論的共產主義是「教條式的抽象概念」，多半是從巴貝夫（Gracchus Babeuf）[2]於一七九六年發起的「平等革命」（但未能重燃雅各賓的基進革命）回收來的粗糙概念。巴貝夫提倡廢除私人財產，但馬克思認為共產主義必須超越沒收財產、剷平差異的酸葡萄心理。相反的，革命必須善用資本社會的新財富，配合最新的科學和科技進展，充分發揮全體人類的潛能。就是這樣的理想讓珍妮對他死心塌地：一種令人難忘也難以理解的人類解放目標，涵蓋一切，撼動世界歷史，超越所有經驗，並將帶來翻天覆地的改變。

然而不是所有人都跟他們一樣正值年輕又滿懷希望。已經四十幾歲的盧格就擔憂革命在德國，甚至其他地方都已無望。馬克思強烈反對他的看法。我們需要的只是一絲火花，點燃「人類的自尊心和自由意識」，他寫信這麼告訴盧格。在基督教的領域裡，自由「在天國的藍色迷霧裡」，但他們現在要做的是「打造一個能滿足人的最高需求的人類共同體，一個民主國度」，而且是人間的國度。

2.譯按：原為法院簿記員，法國大革命期間在法庭中看到許多勞工階級繳不出欠款，憤而燒毀帳冊，改而從事新聞活動，宣揚政治和經濟平等。

民主國度絕對不能只是路易・菲利浦（Louis Philippe）統治的法國王朝。法國確實有議會，有法庭，有憲政制度，資產階級有投票權，但工人階級沒有，女性當然也沒有。就像馬克思為盧格的期刊所寫的第一篇文章中所說的，「政治的解放本身並非人類的解放。」在巴黎街頭，卡爾和珍妮看見睡在門邊的遊民、悲慘的妓女、無家可歸的小孩；所有的貧窮、不幸和不平等都沒有因為爭取平等和自由的革命而消失。

這些痛苦加深了他們的基進思想，但他們如何看待羅伯斯比和聖茹斯特選擇的路線？羅伯斯比相信革命必須創造出一種取代宗教的共同信仰，但馬克思不以為然。他認為革命不應該製造自己的迷信，在一個正義昭然的社會秩序中，何需再有用來安慰人的假象？

但這並非雅各賓派犯的唯一錯誤。「革命人士應該像羅馬人一樣，」聖茹斯特曾呼籲。對年輕的馬克思來說，硬把現代社會跟古代美德配作對是致命的錯誤。不能把崇尚節制的共和國美德，強加在現代資產階級社會的「經濟和工業關係上」。雅各賓藉由恐怖統治捍衛革命，但恐怖統治並無意義；唯有當歷史條件具足時，革命以及革命所需的暴力才具有正當性。

馬克思認為他在巴黎的咖啡館和酒館認識的基進份子犯了同樣的錯誤。他愈來愈鄙視他們說教式的烏托邦思想，因為裡頭缺乏對必須克服的困難的分析。他建議以根植於歷史哲學的科學社會主義取代烏托邦社會主義。孔多塞的思想雖然可作為根基，但他的《綱要》畢竟只是綱要，更大有可為的是蘇格蘭啟蒙運動的理論歷史。蘇格蘭的政治經濟學家亞當．斯密和亞當．福格森提出了資本主義涵蓋之階段的理論。馬克思對他們的作品展開研究，相信能從中找到推動歷史的力量。二十五歲且暫居巴黎的馬克思賦予自己一項任務：打造出能解放無產階級的科學。

但光靠科學還不夠，還必須釐清革命的目的究竟是什麼，不能只是獲取權力。一場真正的革命必須徹底破除領導者和被領導者的分別，從此不再需要動用國家強制機制，進而打造真正的社會共同體。馬克思的目標是廢除政治本身，用「行政管理」取而代之。若人類之間不再有分別，不再有統治者和被統治者，不再有階級，不再有宗教、國家或種族之間的敵對關係，何必需要政治？不再需要統治權力，只要管理維護為所有人民服務的公共機構。這種政治服務代表了一種超越政治的未來。無論曾經多麼嚴厲批判其他社會主義者的烏托邦思想，他自己卻把生命投入比任何人都要基進的烏托邦社會。

除非你相信憂慮、寂寞、壓抑、自私、善妒的人類可能因為革命帶來的改變而脫胎換骨，否則這樣的烏托邦就不可能實現。從另一方面來說，假如人無論如何都一樣個人主義、自我中心、彼此分歧，又何必大費周章掀起革命？馬克思在筆記裡抄了一段盧梭的《社會契約論》（*Social Contract*）裡的話：

無論是誰，只要敢承擔建立一個民族之制度的重責大任，就必須覺得自己有能力改變所謂的人類天性，把每個人——本身就是一個完整而單獨的整體——改造成整體的一部分，在這個整體裡獲得生命和存在感。

問題是要如何改變人類天性？抵達巴黎後不久，馬克思受託撰文評論以前的老師和同事布魯諾．鮑威爾（Bruno Bauer）寫的《猶太人的問題》（*The Jewish Question*）一書。他把這個任務當作一個機會，藉此思考如何克服猶太教這類區域性認同，成為革命需要的人：一個真正自由的人。年輕的他以為這很簡單，如果他都能擺脫猶太人身分，為什麼其他人不能從禁錮他們的保守認同中解放出來？

畢竟，當猶太人究竟意味著什麼？對他而言，猶太人的本質就是唯利是圖，猶太人活著就是為了做生意賺錢，他們崇拜的神就是金錢。若貨幣制度廢除，資本主義崩解，私人財產取消，猶太人還會存在嗎？答案很明顯。在真正自由的社會裡，猶太本質將會像「一縷輕煙」般消失。猶太人和類似的人類分界，所有阻止人類認出彼此都是兄弟姊妹的裂縫都會消失，只要根除問題的源頭：資本主義。

當時，托克維爾（Tocqueville）的《民主在美國》（*Democracy in America*）剛問世。他筆下的美國讓馬克思明瞭，「一個國家的人民就算尚未獲得自由，也能成為一個自由的國家。」但如果仍困在宗教假象的迷宮裡，無論宗教選擇有多自由，人要如何獲得真正的自由？在共產主義的未來裡，自由就是擺脫對宗教假象的需求，以及宗教提供的虛假慰藉。

馬克思還說，在一七八九年的政治革命中，「人沒有從宗教中解放，因為他獲得了宗教信仰的自由。人沒有從財產中解放，因為他獲得了擁有財產的自由。」他至死對於法國大革命期間猶太人和其他人獲得的宗教自由憤恨不平。一八七五年，他離世前六年，還譴責德國社會民主黨在哥達綱領（Gotha Program）[3]中認同宗教自由。他認為他們應該徹底廢除宗教才對。

他的烏托邦致力於克服公民社會中的衝突，包括人與人的衝突，種族與種族的衝突，宗教與宗教的衝突，國家與國家的衝突。其他人或許喜歡的現代性，亦即現代城市中的激烈競爭，卻令他沮喪萬分：

何等奇觀啊！一個社會無止盡分裂成各式各樣的族群，用各自心胸狹隘的敵意、良心不安及無法否認的平庸與彼此對抗……

姑且不論把猶太人醜化成守財奴這點，實在難以想像馬克思會認為共產主義革命也能解放人類脫離猶太或其他國族認同或是宗教認同。他說過自己已經脫去猶太信仰的餘緒，就像蛇脫掉皮一樣。

假如宗教認同如此根深柢固的東西有如蛇皮，那麼蛇皮底下就是人類的根本認同嗎？在這裡，這位年輕的革命家借用了路德維希．費爾巴哈（Ludwig Feuerbach）《基督教的本質》（*Essence of Christianity*）的一個概念：人類的核心

3.譯注：德國社民黨於一八七五年通過的黨綱。

就是他們的「類存有」（species being），人類的認同就是純粹且不受桎梏的模範人類。這個活力充沛、熱戀中的年輕人，把一對男女裸身躺在一起視為兩人最能深刻感受到自己的「類存有」的時刻。他跟珍妮在巴黎一同開創了新生活，第一個女兒也在這裡出生。對兩人來說，這些經驗證明了遠古的亞里斯多德哲學教他們的東西：人的根本認同是工匠人（home faber），一種藉由勞動和實現渴望來打造家庭、環境、文化、居住地和歷史（簡單的說，就是他們的世界）的物種。革命的最終目的，就是解放所有男女體內活潑奔放的創造力。

這是革命的崇高理想。但若是如此，為什麼勞動階級中很少有人相信任何一種革命？為什麼被壓迫的人看不見自己的悲慘不幸？馬克思借用了盧梭的一個比喻。人看不到自己腳上的鎖鏈，因為鎖鏈上包著花環。一八四四年初，馬克思說革命家的工作就是「摘下鎖鏈上想像的花環，但不是為了不抱幻想或慰藉繼續忍受腳上的鎖鏈，而是為了掙脫鎖鏈，把上面的鮮花拔光。」

遮住鎖鏈的花朵就是「幻想」和「慰藉」，而兩者的主要來源就是宗教。因為如此，他來到巴黎寫的第二篇重要文章就說，「宗教批評是所有批評的前提。」揭露宗教製造的假象，就是去瞭解人為什麼看不到自己腳上和心裡的鐐銬。

到這裡為止，他只是在重複承襲自孔多塞和休謨對宗教的老掉牙看法。值得注意的是，他重新詮釋宗教慰藉時，不只把它貶為一種迷信，也認為它背離了人類的希望。宗教不只是一種假象，遮住人類受壓迫的事實；不只是「慰藉的共通基礎，用來合理化」不公義的世界。宗教還是「被壓迫者的嘆息，無情世界的有情，無靈魂狀態的靈魂。」沒錯，宗教就是「人民的鴉片」。吃了鴉片，人才能忍受雇傭工作、生產的痛苦、折磨和死亡，但它也是「人的自覺和自尊……只是還沒贏得勝利」。總而言之，宗教是人類對超越、救贖、找回喪失之人性的渴望，只是用畸形的方式展現。

這些渴望，像完整的人類一樣活著的渴望，無法在現實的世界裡實現。因為如此，幾千年來人類才必須把這樣的渴望投射到天堂，投射到眼淚終將乾涸、所有痛苦都將結束的天國。馬克思鄙視的是宗教製造出來的假象，而不是背後代表的渴望。

他也承認宗教信仰是一種表達正義的強大修辭。馬克思和恩格斯都認為，宗教改革和一五二五年的農民起義是德國最接近革命的社會運動。當時馬丁．路德和激進的托瑪斯．閔采爾（Thomas Müntzer）都利用聖經為窮人和社會邊緣人提出強而有力的訴求。路德帶領新教徒反抗腐敗的中世紀教會，確實「把人類從外在信仰中解放出來，」馬克思承認，「卻是靠著把宗教變成人的靈魂來達成，」也就是藉由為心靈套上鐐銬來解開身體的鐐銬。

跟同時代基進份子不同的是，馬克思透過宗教批判的觀點來閱讀新的經濟語言。如同人把內心最真實的渴望投射到不再有痛苦和悲傷的來世，勞動階級在販售勞力的過程中，也跟人類與生俱來的創造力疏遠：

> 工人工作時愈賣力，陌生而客觀的世界就變得愈強大，並逐漸滲入他的內在與他為敵，他的內在世界就變得愈貧乏，他跟自己的內在世界也愈疏離。宗教也是一樣的道理。人把愈多心力投入上帝，內在就愈空洞。

馬克思認識的工人多半並不虔誠，所以宗教無法解釋他們的順從聽話。宗教反而是馬克思用來理解他們為什麼屈服於雇傭制度的比喻。人創造了神，為死亡和痛苦的神祕難解提供安慰，然後反過來人卻認為是神創造了他們。同樣的，在資本主義社會裡，工人透過勞動創造了整個資本主義世界，最後卻以為這個世界是他無法控制的陌生且非人道的世界。

在共產主義的未來裡，「沒有人會獨占一個領域，但每個人都能在他想要的領域裡實現自己。」根據馬克思的想像，「白天打獵，下午釣魚，傍晚照顧牲畜，晚餐後大發議論……卻不用成為獵人、漁夫、牧人或評論家」是有可能的。這種人文主義的目的是藉由解放人類的創造力（畢竟他是自己世界的創造者），恢復人的真實本性。在一八四四年的一篇手稿裡，馬克思終於明白共產主義革命應該把「重建或恢復人的本性以取代人的自我疏離」視為目的。

在一段豁然開朗的段落裡，他歡欣鼓舞地總結了自己至今的生命經驗：

共產主義正面積極地取代了私人財產，使人不再跟自己疏離，而能透過自己也為自己善用人類本性，完整地把人恢復成社會的——也就是人類的——存在，過程中漸漸變得自覺，並在前幾階段累積的豐富資源下發生。這種共產主義就是發展成熟的自然主義，也等於人文主義，就像發展成熟的人文主義也等於自然主義。它能真正解決人與自然、人與人之間的衝突，也能真正解決存在（existence）和存有（being）、客體化和自我肯定、自由和必然、個體和族群之間的衝突。它就是歷史之謎的解答，它本身就是解答。

假如有歷史之謎，那就是《約伯記》和《詩篇》幾千年來試圖解開的同一個謎：為什麼人類想像出的完美上帝會任由不公義在世界橫行？基督教要信徒接受這個矛盾，把希望寄予來世的慰藉。追根究柢，馬克思的革命信條就是在反抗這種基督教幻影。如今有了預言既有秩序終將崩解的歷史理論的加持，馬克思真心相信慰藉的歷史就要完結。一個自由的新時代即將展開。

他毫不懷疑革命就要到來。西里西亞的織工已經挺身而出，萊茵蘭的葡萄農也蠢蠢欲動。一八四五年夏天，恩格斯帶馬克思到英格蘭親眼看看曼徹斯特的新工業無產階級。巴黎充斥著革命團體，義大利和瑞士爆發暴動，連馬克思的敵人都開始認真看待他的話。他批評普魯士舊體制的辯論文章讓他惡名昭彰，甚至被趕出巴黎。這對年輕夫婦只好逃往布魯塞爾南方的市郊，等待他們相信即將到來的革命。

這一天終於到來。一八四七年十二月，一小群英國工人組成的「正義者同盟」（**League of the Just**）在倫敦蘇活區的紅獅酒吧召開會議，並邀請馬克思和恩格斯幫他們一起號召成員，這時馬克思已經蓄勢待發。在兩人的幫助下，正義者同盟改為共產主義者同盟（Comminist League）。當恩格斯提議把他們的訴求稱為「一種信念的表白」或革命家的教義問答時，馬克思表示反對。他認為科學的社會主義沒有宗教語言的容身之處，應該要稱之為宣言。

《共產主義宣言》（*The Communist Manifesto*）一氣呵成，由珍妮用整齊的字跡謄寫之後才付印。有名的開場白——在歐洲大陸徘徊的共產主義幽靈——把一個願望變成事實，畢竟當時歐洲的共產主義者還不到五百人。在這之前或之後都沒人針對資本主義的全球動能寫過比這更戲劇化的頌歌。原因很容易理解。資本主義襲捲全球，將馬克思痛恨的一切掃除，包括基進工人的懷舊和保守政治觀、教會撫慰人心的虔誠作為、歐洲王朝的混亂意識形態，也就是阻擋無產階級革命的所有一切：

所有固定的、快速僵化的關係，以及伴隨的一連串古老可敬的成見和看法都被掃除。所有新形成的東西還沒僵化就過時。所有固態的化為空氣，神聖的被玷污，人終於被迫用清醒的眼睛面對生命的真實處境和彼此的關係。

歷史突然加速；歷史的走向突然變得一清二楚。革命家不再需要忙著拆穿假象。資本主義正在自掘墳墓，製造自己的掘墓人。在曼徹斯特的工廠和工坊裡，他跟恩格斯看到無產階級工人因為同一套鞏固資本的無情邏輯而集合在一起，一旦發現彼此的共同利益，他們就會站起來掙脫身上的鎖鏈。

倫敦出版商發行德文版《共產主義宣言》之後，珍妮和卡爾趕回巴黎，與其他人一同感受起義最初幾週的熱烈氣氛。他們一心希望起義能迎來真正的革命。很快的，感覺革命在德國也即將到來，馬克思跟其他德國流亡人士前往科隆，一整年都在混亂之中編輯《新萊茵報》（*Neue Rheinische Zeitung*），但革命卻逐漸走向終點。之後，珍妮帶著孩子來跟他會合，她在給一封朋友的信上提到他們的漂泊之旅，最後署名：珍妮，**公民及流浪者**。

一八四八年真正讀過《宣言》的人很少，但它提供了一個歷史必然性的宏偉架構，把一八四八年一整個世代投入論戰時用來表達希望、幻想和憤怒的修辭都納入其中。有生以來，馬克思似乎第一次道出了幾百萬人的心情，尤其是德國人。理察・華格納（Richard Wagner）就是其中一個例子。他是薩克森王國（Saxony）[4]的宮廷音樂家和指揮，經常造訪德勒斯登（Dresden）的工人俱樂部，把自己的命運跟革命份子綁在一起。我們不清楚他讀了馬克思的哪些著作，但他在一八四九年出版的論文《藝術與革命》（*Art and Revolution*）中提出同樣的分析和同樣的烏托邦，包括對基督教的批評，對雇傭制度、疏離和商業的譴責，並呼籲展開大規模革命，解放工人和藝術家擺脫奴役，迎接藝術不再受商業荼毒的新時代。

只可惜對馬克思和華格納來說，狂喜時刻都很短暫。一八四八年六月巴黎工人起義慘遭鎮壓。到了年底，巴黎、維也納和柏林都重回舊時代菁英的掌控。共產主義者聯盟解散，革命浪潮衰退。正如馬克思看著可笑的拿破崙．波拿巴（Louis Napoléon Bonaparte）掌權時所說的話，法國大革命的歷史重演第一次是悲劇，第二次就成了鬧劇。德勒斯登起義是最後幾個反抗行動之一，發生於一九四九年五月，華格納一整夜從鐘樓上看著普魯士軍隊進城鎮壓地方暴動。他永遠忘不了那晚的聲音：鐘樓發出的喪鐘聲，普魯士軍隊的狙擊手射出的子彈碰地打中砌磚，而他跟一名老師蹲下來躲在稻草床墊後面。之後華格納跟馬克思一樣，為了革命熱情而踏上流亡之途。一八四九年華格納到了瑞士，馬克思一家人

4.譯按：德意志邦聯的一員。

則在倫敦拮据度日。

跟馬克思不同的是，作曲家華格納生前就獲得肯定。他的《尼伯龍根的指環》（*Der Ring des Nibelungen*）在拜魯特（Bayreuth）演出造成轟動，眾人都為他的才華傾倒。華格納獻給下一代的是藝術革命，他賦予歌劇和音樂重責大任，代替過去的宗教給人的救贖和慰藉。

馬克思在資本主義蓬勃發展的一八五〇和六〇年代安頓下來，等待著從未到來的革命。他跟珍妮靠著他為《紐約每日論壇報》（*New-York Daily Tribune*）寫稿勉強維生。他的文章讀者眾多，尤其是革命希望破滅之後逃到美國的德國流亡人士。《論壇報》是一份傾向共和黨、支持廢奴的報紙；這兩者馬克思都是熱情的擁護者，一八六一年林肯當選總統時，他還寫信恭喜林肯，稱他為「真誠的工人階級之子」。後來他收到一封禮貌而冷淡的回信，信上感謝來自遠方的記者傳來「歐洲工人階級的祝福」。

馬克思對歐洲革命抱持的希望，曾因一八七一年巴黎公社崛起而短暫點燃，最後卻隨著公社瓦解而破滅。生命最後幾年，他跟珍妮經歷了兒女死去、信任的同志半途而廢或背叛他們的痛苦，但是都靠著恩格斯的慷慨相助和巴黎歲月曾有的燦爛希望挺了過來。一八五九年他出版第一卷《資本論》（*Capital*），一八四〇年代他在巴黎為自己擬定的工作計畫終於邁出第一步。但最後他還是無法完成這部巨作，必須由恩格斯根據他留下的筆記才把之後幾卷彙編完成。

《共產主義宣言》每次出新版，恩格斯和馬克思都會重新寫序，重申自己的信念，希望這本書歷久彌新，並告訴讀者他們的信念如今成了「從西伯利亞到加州」的工人信奉的真理。他們主要把希望寄託在德國的工人階級上，但德國勞工運動被俾斯麥的資本主義秩序收編之後，兩人的希望又再度落空。

後來珍妮罹癌不久人世，馬克思再一次帶她回到巴黎。兩人在咖啡館喝咖啡時，驚訝地看著他們一八四〇年代熟悉的那個中世紀氣息濃厚的巴黎，已經在奧斯曼（Haussmann）[5]手下浴火重生。最後的巴黎之旅過後幾個月，珍妮與世長辭，落單的馬克思只能發揮斯多噶精神，忍痛活下來。無論是寫作、身為歐洲共產運動領袖的卓絕聲望，或是對革命即將到來的強大信念，都抵擋不了失去摯愛的傷痛。他對女兒坦承，「心裡的痛苦只有一種解藥，那就是肉體的痛苦。」他

5.譯按：法國都市計畫師，代表作為巴黎的輻射狀街道。

在一八八三年去世。在海格特公墓的墓前，恩格斯在悼詞中稱他為歐洲革命之父，並創造了一個可跟達爾文匹敵的社會科學。只有十二個人到場參加葬禮並聽到這篇演說。

日後的馬克思主義者把他一八四〇年代在巴黎表達的烏托邦願望發揚光大，實在不能歸咎於年輕的馬克思。確實，一手打造正統馬克思主義的強人，例如貝倍爾（Bebel）、考茨基（Kautsky）、列寧和史達林，並不真正瞭解馬克思的願望。恩格斯和馬克思的家人保存了他在巴黎的筆記本，至於其他文章就留給「鼠輩去批評」，但直到一九三〇年代他的筆記本才正式出版。甚至到一九六〇年代，新一代讀者才發現污名斑斑的蘇聯馬克思主義的殘渣下，深埋著一個人文主義者馬克思。

一百五十年後，他的理想（當年在巴黎、珍妮陪在他身旁時畫出的藍圖）是目前世界上唯一仍屹立不搖的烏托邦，也是唯一有系統地想像一個超越資本主義世界的嘗試。在他想像的世界裡，我們公平共享富裕發達的經濟，不浪費資源，不破壞環境，不分工人和雇主，沒有階級、種族或國家之間的仇恨對立。在這個想像的世界裡，人類的生活沒有政治，對現實的展望和諧一致，對良善的憧憬也毫不衝突。我們自己治理自己，不受宰制。科學延長了人類的壽命，打敗了病痛，人死去時皆是壽滿天年。孔多塞在一七九四年如此斷言，馬克思同樣相信科學和知識能解救我們擺脫命運的擺布。

他的烏托邦是一個不需要慰藉的世界。在那個世界裡，我們看見生命的實際樣貌，無須藉由辯論、理性或任何事物來安慰我們。如馬克思的老師黑格爾曾說的：真實的就是理性的，理性的就是真實的。在這樣的世界裡，我們或許會遭遇逆境、意外和失望，但由於這是一個公正的世界，我們接受自己得到的都是應得的。因此我們跟命運、跟存在、跟人類的未來都能和睦共處。

這就是當年在巴黎的這對年輕夫妻相信的事。由於他們挑戰了西方宗教傳承而下的一整套傳統，所以這成了他們影響最多人的一個夢想。這個理想激勵了無數的男女工人，往後一百五十年一直有人為之奮戰，甚至送命。它是用來超越宗教、以人世的正義取代宗教慰藉的行動中最持久的一個。批評這個烏托邦的人總是質疑，這樣的世界是否遙不可及？但更好的問題或許是，人是否會渴望一個無需慰藉的世界？

戰爭和慰藉

林肯的第二次就職演說

一八六五年三月的那個早晨，亞伯拉罕．林肯在美國國會大廈的階梯上宣誓就職，並發表了第二次的就職演說。聚集在彩旗下的群眾是黑人白人士兵，男男女女從雨中走來，此刻就站在破雲而出的陽光下。他們或許以為這場演講會慶賀北軍的勝利，畢竟北軍已經勝利在望，再過幾週就會拿下勝利，所有人都能感覺到戰爭的重擔漸漸從肩上卸下。但林肯卻只說，「我軍的進展……眾人跟我一樣明瞭，而我相信所有人都會因此感到相當的滿意和振奮。」群眾若是想要歡慶勝利，林肯並沒有鼓勵他們這麼做。若他們想要號召大家報復當時被圍困在里奇蒙（Richmond）做最後奮戰的南軍，林肯也沒有縱容他們這麼做。若他們期待他長篇大論，他也未符合群眾的期待。這場演講很短，不到七分鐘，非常反高潮，聽的人都一頭霧水。

相反的，林肯試圖解釋這場戰爭一開始為什麼會爆發，這樣的災難為什麼會同時降臨北方和南方。他把問題指向歷史，指向天意。這個問題他思考已久，如今他認為該是時候把他多年來的想法公諸於世了。

四年前發表第一次就職演說時，聯邦瀕臨崩潰，軍隊集結，戰爭一觸即發。他用情緒激昂的懇求對著聚集在國會大廈前的群眾結束這場演講：

> 我真不願結束這場演講。我們是朋友，不是敵人。絕對不能是敵人。我們之間的情感連結或許會因為情緒激動而繃緊，但絕不能因此斷裂。

朋友和敵人都不顧他的慷慨發言。不久，桑特堡（Fort Sumter）遭砲轟，從此展開為期四年難以想像的血腥大屠殺。士兵死去時，喉嚨上插著彼此的刺刀；恢復自由身為北軍打仗的黑人在皮羅堡（Fort Pillow）遭到大規模屠殺；安提頓（Antietam）的河流一片血紅；蓋茨堡（Gettysburg）的田野遍布屍體。埋葬屍體的人在死者的外套裡找到聖經，有些被子彈打出一個洞一個洞。

林肯是個苦民所苦的總統。他走訪軍隊，跟士兵交談，把他看到的年輕臉龐牢記在心中，有些依然活潑天真，有些已經帶著劫後餘生的麻木眼神。他知道這些大男孩可能會因為戰場的巨響、鮮血和駭人景象而發瘋。每個星期都有母親寫信給他，為逃兵入獄的兒子求情。他做的每個吊死逃兵的決定都在他身上留下痕跡。有時候，他的絕望歷歷可見：

我一定要處死天真無知的逃兵，卻又無法動誘拐他逃兵的狡猾煽動者一根汗毛嗎？

他吊死了一些逃兵也赦免了一些，每次都是他獨自做出的決定。他在明尼蘇達處決了三十九名德科塔戰士，因為他們跟北軍宣戰。每次判刑和減刑，他都在行使生殺大權。這麼做至少很乾脆俐落，相較之下，他安慰人的功力就弱多了。每個星期他都會寫信給孤兒或寡母，雖然明知道這時候文字的力量有限：

用任何話語試圖撫平如此巨大的損失帶來的傷痛，我感覺到自己的無能為力和無可奈何。但他們犧牲生命拯救了共和國，我無法不表達心中的感謝，只願你們從中獲得安慰。

從早到晚他都會收到戰場將領發來的電報，捎來破碎片段、有時危急到令人發狂的消息。他知道當他讀到電報時，事件已經過去。用手指描繪出辦公室地圖上的戰事進度時，他看見愚行逐漸展開卻無從避免，但他當然試過要避免。痛斥喬治．米德（George Meade）在蓋茨堡之役中讓羅伯特．李將軍（Robert E. Lee）脫逃時，他用詞冷酷，脾氣幾乎要失控：

> 我要再說一次，親愛的將軍，我不認為你真的明白讓李將軍脫逃是多大的不幸。他已經落入你的掌心，只要將他包圍，對我們日後的勝利將大有助益，就能終止這場戰爭。然而現在，戰爭只能無限期延長。

林肯漸漸明瞭，假如勢必得發動戰爭，那就不能手下留情。因此他鼓勵帶軍前往里奇蒙的尤里西斯．格蘭特將軍（Ulysses S. Grant）勒緊敵軍的喉嚨：

> 像鬥牛犬一樣咬住不放，盡可能勒住他們大力咬。

南軍在阿波馬托特斯鎮（Appomattox）投降之前幾天，可以想像軍隊可能會鬆懈下來，他寫信給格蘭特：

謝里登將軍說：「如果情況更緊迫，我想李就會投降。」那麼就讓情況更緊迫吧。

四年的屠殺把他變得冷酷無情，過去的美好幻想都被榨乾。「我們是朋友，不是敵人。絕對不能是敵人，」他曾經苦口婆心，如今已經不再。戰爭的血腥和慘況把他變得強硬。談判已經變成過去式，尋求停戰或和平也是白費力氣。唯有全面取得勝利才足夠。

這場「烈火試煉」把他的國家變得殘酷，也把他變得衰老而冷酷。他被迫目睹這場手足血戰在他面前浩浩蕩蕩展開，規模之大，令他震駭不已。這件事該如何理解？他看得出來政治如何墜入惡性循環，正人君子又如何因為害怕自己重視的一切岌岌可危而忘了本性中善良的一面：

血液沸騰，血液飛濺。過去的思考方式被打亂。欺騙滋長茁壯。信任消失無蹤，猜疑無所不在。每個人都有想殺死鄰居的衝動，以免自己先遭鄰居毒手。尋仇報復繼之而來。

假如這場戰爭是連正人君子也會被捲進來的惡性循環，怎麼可能爬出深淵？其他人或許認為歷史是往上走的，會不斷進步，自有前進的動能。但這些人隨手可得的慰藉，林肯卻覺得遙不可及，例如馬克思和孔多塞都相信人可以改變歷史，證明自己的希望有其價值。林肯比他們更清楚，一件事的走向取決於偶然、運氣、人類的智慧和失誤，所有一切都難以預料也無法預見。但他沒有因此成為宿命論者。他有豐富的歷史想像力，能把當代的考驗放進美國歷史的框架中。對他而言，這場戰爭是美國成立「八十七年以來」最嚴重的危機。他很清楚這場戰爭是命運的樞紐，它往哪個方向轉將決定「民有、民治、民享的政府」能否勝出。戰事持續之際，他漸漸明瞭「解放黑奴的同時，我們也解放了自己，」這麼做才能守住「世上最後的遠大希望」。這是他希望歷史能揭露的意義，但直到最後幾個月他都無法確定願望能否成真。

他相信歷史把一項任務交付給他和他的國家，但無能為力的感受、等待戰報的心情、無法知道會發生什麼事、清楚看見人類愚行又無法阻止，讓他徹底明瞭即使堂堂一國總統也難以左右歷史的走向：

我無法說自己掌控了事件，只能坦承事件掌控了我。經過三年的掙扎，我國目前的狀況非任何一方或任何人策劃或料想的結果。唯有上帝能如此斷言。

最後，夜深人靜當他坐在電報室裡，披著毯子等待報信人交給他從戰場傳來的最新電報時，林肯無可避免地借用宗教語言來思考這一切的崇高意義。對每個星期天都要上教堂聽道的同一代人來說，這就表示去探究上天的旨意。

每間教會、每次聚會、每場莊嚴的演講給那些喪子家庭的標準安慰，都是他們為國捐軀，雖死猶榮。朱莉亞・沃德・豪（Julia Ward Howe）寫的〈共和國戰歌〉（Battle Hymn of the Republic）成了北軍的進行曲，其中有一句「祂為世人聖潔而死，讓我們為自由而死」令人難忘。林肯第一次聽到時流下了眼淚，但如今他看見上帝的可怕利劍造成了大規模死傷。所有人都相信上帝必定站在他們那一邊，但他不禁要問：這怎麼可能？

他很清楚戰場上穿灰色制服的南軍同樣虔誠事奉上帝。一名田納西州的婦女來見他，替她兒子（遭北軍俘虜）求情，說他是個虔誠信徒。林肯有感而發：

依我之見，使人挺身反抗政府的宗教，不是能讓人死後上天堂的宗教，而他們之所以反抗只因為認為政府未能盡責幫助某些人靠其他人汗流滿面來填飽肚子。

上帝不可能贊成奴隸制度，但林肯能夠確定上帝站在自由這一邊嗎？這個問題他已經思考很久。一八六二年，第二次牛奔河之役（Battle of Bull Run）落敗，李將軍逐步包圍華盛頓，命運似乎開始對北軍不利。林肯坐下來寫了一段只給自己看的文字：

上帝的旨意戰勝一切。交戰雙方都聲稱自己按照上帝的旨意行動。或許如此，但必定有一方是錯的。上帝不可能同時贊成和反對同一件事。在目前的這場內戰中，上帝的目的很可能跟雙方的目的都不同。然而，人類採取的手段很能自我調整以達到上帝的目的。我幾乎已經準備好要說，確實可能如此——上帝意欲這場戰爭，而且還希望它繼續下去。光憑祂在交戰雙方心中的力量，就算不讓人類交戰，祂也能拯救或毀滅北軍。但戰爭終究還是開打了。一旦開始，祂隨時都能讓任何一方獲得最後勝利。但戰爭仍然繼續。

交戰雙方都相信上帝站在他們那一邊，林肯卻拒絕接受這樣的安慰。「我亟欲得知上帝對這件事的旨意，」他寫信對芝加哥的支持者說，「若能得知它的旨意，我願意照辦。」接著他又說，但「現在不是神蹟降臨的時代」。

林肯的問題不只是無從得知上帝的旨意，他甚至找不到跟上帝的連結。

在一八六三年八月的一封信中，他回答了自己對莎士比亞劇作的看法。他說他雖然喜歡哈姆雷特，但比起哈姆雷特的獨白〈生存還是毀滅〉（To be or not to be），他更愛克勞迪烏斯國王的〈啊，我的罪名昭彰〉（O my offence is rank）。在這篇獨白裡，國王獨自跟悔恨搏鬥，坦承：

我無法祈禱

縱使意願如意志一般強烈
愧疚卻壓過了強大的意念
猶如一個進退兩難的人
我站在起點裏足不前
兩邊都無法顧及

像林肯如此有道德責任感的總統，腦中永遠無法擺脫下令處死逃兵或送年輕人上戰場的後果。或許他比任何時候都更想向神祈禱，但強烈的愧疚感壓過了這股意念。時間深深考驗他的信念，獨處時他只看見自己的信念日漸薄弱。他曾對華府的某長老教會牧師坦言：

我真心希望自己比實際上更加虔誠。有時陷入困境時我被逼著使出最後一招：說上帝仍是我唯一的希望。祂對我來說仍是全世界。

假如無法祈禱或祈禱也無法帶來慰藉，他就告訴自己，這場戰爭是上帝給這個國家的懲罰，但上帝的手段非他所能參透。這就是他為第二次就職演說選擇的主題。

他的目的一如往常是政治的：不是一些人以為的布道，也不是要闡述他個人的末世論，而是一篇反覆思考過的政治論辯，目的是要為美國人民下一階段的共同生活鋪路。到時和平終將到來，昔日的敵人必須重新成為美國社會的一份子。為了這個目標，他必須找到雙方的共識，強迫兩方認清一個事實：他們抱著同樣的假象，卻為了完全不同的未來在奮戰。發表這場演說時，他一方面對仍拚死奮戰的南軍說話，另一方面也對逐步逼近里奇蒙的北軍說話。他的目標是找到一種能團結他們的語言，首先是共同的悲傷，再來是悔悟，最後才是和解。

他告訴眼前的聽眾，雙方其實都不想要這場戰爭，只怕仇恨和憤怒害他們忘了這個事實：

誰都害怕戰爭，都想辦法要避免戰爭。

他接著說，雙方都「反對戰爭，但有一方寧可打仗也不讓國家存活，另一方寧可赴戰也不願國家滅亡」。北軍聽到這裡拍手叫好，有些黑人呼喊「上帝保佑你」，他們很慶幸他沒有既往不咎到忘了當初是誰發動這場戰爭。

林肯提醒群眾，悲傷和理想幻滅或許讓他們忘了奴隸制度「可以說是」這場戰爭爆發的起因。「可以說是」這個說法表達了一個悲哀的事實：人可以上戰場拋頭顱灑熱血，卻不知道為了什麼而戰。林肯希望聽眾起碼知道這場戰爭的目的：爭取自由。這也可能是他能給那些失去兒子的家庭唯一的慰藉。

他大可把這場戰爭的起因定調為南方蓄奴制度，傾其全力譴責一方的道德錯誤。相反的，他卻在這裡把矛頭一轉，指稱戰爭的起因是「美國的奴隸制度」，是整個國家無論南方或北方都難辭其咎的原罪，他稱之為「罪行」（offense）。

不只如此，他提醒北方聽眾，南方敵人「讀的是同一部聖經，也向同一個上帝禱告」。短短兩年前，回覆來信替南軍麾下的兒子求情的田納西婦女時，他還說用信仰來合理化奴隸制度的人都稱不上虔誠，如今卻完全改口。他坦言一個人竟敢要求公正的上帝幫他奪取別人流汗掙來的麵包或許奇怪，但他在這裡引用馬太福音第七章第一節：「我們還是不要評判他人，免得受他人評判。」蓄奴錯得離譜，但這並非問題所在。真正的問題是，內戰一方是否有資格譴責另一方相信上帝站在他們那一邊。

林肯當然明白慰藉、寬恕與和解之間的關係。第二次就職典禮，當這樣的任務落在他肩上時，他知道這件事的政治意義：找到方法讓北方寬恕南方，讓南方認輸，也讓雙方承認彼此的損失進而和解。

為了達成這個政治任務，他決定把美國奴隸制度形容成雙方都得承認的原罪，而這場內戰就是上帝為此罪惡所做的公正懲罰：

祂讓南北雙方一同承受這場慘烈的戰爭，當作對犯下罪行的懲罰。

除非南北雙方能夠設法理解這場戰爭不是一方的勝利、另一方的慘敗，而是雙方一起承受的天大災難、是雙方都必須擔負的原罪，否則和解就不可能，而他在蓋茨堡呼籲的「在自由裡獲得新生」也將會沉沒在仇恨和互相指責裡。

他知道也有很多人質疑一個公正仁慈的上帝怎麼可能讓南北雙方遭受戰火蹂躪，像是薩凡納之役、莽原之役、安提頓大屠殺等等慘痛血淚，因為同樣的疑問也深埋在他心中，但他還是不得不提出一套論述。戰爭尚未結束，雖然他希望戰火很快止息：

可是，倘若上帝要它繼續，直到兩百五十年來奴隸無償勞動累積的財富化為烏有，或如三千年前的那句話：直到鞭打流下的每滴血由刀劍下流的血償還，我們還是必須說：「上主的判斷準確，始終公道。」

他在這裡引用了詩篇第十九章第九節，以聖經的威信替自己的論點背書。但詩篇這一章（第一句是「諸天宣布上帝的榮耀，穹蒼宣揚他的作為」）跟棘手的道德勸說無關，因為那就等於承認了一個難解的想法：讓蓄奴發生和利用戰爭來終止蓄奴的是同一個上帝。這怎麼可能？

林肯的結語關鍵在於**還是**——「我們還是必須說」。你幾乎可以聽到他使出全力說出這兩個字，好讓信念受到傷痛考驗的每個人聽到他想說的話：我們還是必須相信，我們還是必須持續相信上帝的公正，即使戰爭持續，即使兩百五十年來蓄奴的罪惡無法以刀劍下所流的血全部償還。儘管如此，我們還是得繼續相信，因為另一種可能是（雖然他沒說出口）：這場戰爭毫無意義，死去的人都白白犧牲了。**還是**兩個字擔負了林肯信念的全部重量。

詩篇第十九章的這句話是整篇演講的關鍵。說上主的判斷準確，始終公道，就是在說這場戰爭的終極意義非戰爭雙方所能理解。戰勝的一方不得把勝利解讀為上帝的獎賞，就如同戰敗的一方不得把失敗解讀為上帝的懲罰。這麼說就創造了一個寬恕和包容的政治可能性，因為若是雙方都無法確知上帝藉由這場烈火試煉想達成什麼，那麼贏家就沒有權利舉起復仇之劍，而輸家就算投降認輸也能保住尊嚴。換句話說，對這場戰爭的終極意義自認無知，反而創造出了慈悲的空間。更進一步說，如果戰爭的終極意義非我們所能理解，那麼此時此刻我們的責任就一目了然。那是雙方的宗教和道德傳統都認可的責任，以林肯的話來說就是「撫平國家的傷痛，照顧辛苦作戰的士兵和他們的遺孀遺孤」，同時「對任何人都不帶敵意，對所有人都心懷慈悲；上帝讓我們看到祂正確的判斷，我們就堅信祂的判斷。」

演講後在白宮宴會上，廢奴主義者菲德瑞克・道格拉斯（Frederick Douglass）對林肯的高尚之舉表示讚賞。據說林肯回答說這篇演講會比他大多數的演講更歷久彌新。但聽到有人說它可能不會大受喜愛，林肯認同地說：「人被指出自己的目的和上帝的目的之間有所差距都不會高興。」而他的目的就是指出兩者的差距，並藉由打開謙卑和質疑的空間，進而開啟和解的政治可能。

可惜他最後未能如願。後來刺殺他的人也在就職典禮的人群裡聽著演講，四十一天後，林肯遇刺身亡。他對寬容重建國家的希望被粉碎，黑人男女對自由的希望也落空。一百五十年後，這場戰爭對國家造成的傷害仍未癒合。

林肯這些年應該都與我們同在，畢竟「對任何人都不帶敵意」被全面的敵意取代，意識形態傲慢似乎讓我們忘記無論上帝或正義都不必然站在我們這邊。常有人說，林肯當初認為即將結束的內戰其實一直持續到今天。這句話或許說的沒錯。他以為黑人即將獲得自由，但自由至今仍未牢牢握在黑人手中。他的志業尚未完成，而第二次就職演說的內容如今就刻在林肯紀念堂的牆上，林肯雕像坐看腳下的華府，如在沉思，牆上的文字不像安慰，更像責備。

記得林肯是聖徒，比學習他的言行要來得容易。但除非認同他的看法，我們很難從他說的話中得到慰藉。他對抗的東西跟我們一樣：一再被掀起的政治仇恨，而仇恨的力量危及民主賴以建立且得來不易的相互尊重。能夠助他一臂之力，或許也可能幫到我們的是，他堅持無論如何都要以繼承的優良傳統（福音書和詩篇）傳達他的洞見和觀點。他雖然沒有穩固的信念基礎，但他知道聖經的傳統在召喚他，要他放棄復仇和評判，訴諸慈悲和寬恕。這樣的傳統同樣也能打動我們。我們在這裡頭能找到什麼樣的慰藉？那就是我們不必然要困在目前的說法、愚昧和謊言中。我們可以回頭向林肯、馬太福音、詩篇，以及我們學會的大智慧求助，重新發現自己是誰、在哪裡、必須接受什麼、不能接受什麼。除非實際運用這些智慧，除非我們像林肯一樣從中找出意義和持續奉行這些傳統，不然它們就有可能變成紀念碑上無關緊要的空洞文字。

音樂的慰藉

馬勒的《悼亡兒之歌》

一八〇四年在維也納，二十三歲的鋼琴家多羅希婭・馮・埃特曼（Dorothea von Ertmann）經歷了喪子之痛。三歲的獨子生病沒多久就過世，之後她陷入嚴重的憂鬱。前去探望的朋友試著安慰她卻完全無用。多羅希婭出身名門望族，兩年前才與丈夫和幼子來到維也納，並因為在私人沙龍裡演奏而結識了貝多芬。聽聞她的不幸，貝多芬去拜訪她並在鋼琴前坐下來。根據孟德爾頌事後的描述，當時貝多芬說他們現在要用音樂的語言交談。他即席演奏了一個小時，期間多羅希婭終於第一次流下淚水。演奏完後貝多芬起身，拍拍她的手，沒說一句話就走了。不久多羅希婭在一封信上寫下自己的感受：

> 誰能描述那音樂！我相信自己聽到的是天使的合奏，迎接我可憐的孩子進入光輝的世界。

數千年來，宗教音樂撫慰了悲傷痛苦的男男女女，讚美詩、聖歌、神劇、彌撒都包括在內。然而在這裡，一個完全世俗的場合，一個人的即興鋼琴演奏取代了過去由宗教音樂和儀式扮演的角色。兩名音樂家藉由音樂的語言，而非聖經的文字，召喚出光輝的世界。經由孟德爾頌和十九世紀浪漫樂派作曲家的傳頌，這個故事開始被用來弘揚音樂在人世的新目的。貝多芬之後的音樂家都必須要跟隨他賦予音樂的野心，尤其是在已經脫離天堂許諾的塵世裡。

音樂的改造工程其實已經進行了一段時間。韓德爾的《彌賽亞》以先知以賽亞轉述的「你們要安慰，安慰我的子民」的高亢歌聲拉開序幕，傳達的是基督教的慰藉，一七四四年演出時卻不是在教堂，而是在都柏林的劇院為退休音樂家和歌手所舉辦的慈善音樂會。莫札特的《安魂曲》寫於一七九一年，但直到他死都未完成，第一次演出是為莫札特之妻舉辦的慈善音樂會。繼貝多芬之後，威爾第和布拉姆斯都寫過安魂曲，都是用來表達世俗的傷痛並且是在音樂廳演奏。布拉姆斯的安魂曲，令人悲傷的原因是喪母；威爾第的安魂曲則是哀悼失去友人暨文豪作家亞歷山達羅．孟佐尼（Alessandro Manzoni）。德弗札克（Antonín Leopold Dvořák）是虔誠的天主教徒，所以跟宗教的距離較近。他在一八七六年完成的《聖母悼歌》（*Stabat Mater*）哀悼的是他的兩名亡子。在《帕西法爾》（*Parsifal*）這部歌劇中，作曲家華格納全然不顧傳統宗教形式，把受苦和救贖的基督教故事改編成壯闊的現代場景，表演地點也非宗教場所，而是拜魯特音樂廳（Bayreuth Festival Hall）。尼采曾是華格納的追隨者和仰慕者，卻對《帕西法爾》很反感，甚至怒指華格納把基督教用來安慰人的語言放進音樂，就是屈服於基督教的「奴隸道德」和它對人類痛苦的不滿與無可奈何。尼采曾經說，唯一值得尊敬的慰藉，就是相信人不可能得到慰藉。

繼承音樂與慰藉之間的論辯並將之翻轉的人，是一名猶太人，老家在捷克摩拉維亞區的小鎮伊赫拉瓦（Iglau），家裡是開旅社的。父親暴躁強勢，母親個性軟弱，受父親欺壓，不斷在懷孕生產。十五歲時他就逃離不睦的家庭生活，到維也納學音樂闖天下。來到奧匈帝國的首都之後，古斯塔夫・馬勒（Gustav Mahler）把一個外來者（鄉下人、猶太人、來自一個高壓家庭的窮小子）的所有野心都投入音樂。此外，他也把逃離的渴望融入他這一代人承襲自前人的宏大音樂野心中。

馬勒跟華格納一樣，相信音樂應該試圖為活在諸神已死的時代裡的人們提供生命意義。兩人都致力於發展出一種能創造超越、崇高的經驗的音樂形式。「音樂應該永遠含有一股渴望，」馬勒曾告訴一個欣賞他的女性友人，「一股對超越世上萬物的渴望。」如同華格納，馬勒甚至要求自己的音樂必須回答約伯所吶喊的那個古老的問題。他在一封信上說：

> 你活著是為了什麼？痛苦是為了什麼？難道一切都是個可怕的笑話？如果要繼續活下去，我們就得回答這些問題。

他把對形而上慰藉的渴望跟一種奇特的寫實主義結合，譜出的音樂召喚出黑暗童年鮮明又零散的記憶片段。他的《第一交響曲》在維也納演出時，觀眾聽到活潑輕快的兒歌〈賈克修士〉（Frere Jacques）被鄉下樂團那種一飛沖天的號角聲切斷時都一臉困惑。日後觀眾才知道那是他童年場景的再現，當年他其中一個弟弟的棺材被人抬著經過父親經營的旅社門口時，那種由內而外發出的尖銳又無情的淒厲聲響。他共有八個兄弟姊妹夭折，年紀最小且崇拜馬勒的恩斯特（Ernst）於一八七五年春天生病時，馬勒會編故事轉移他的注意力。恩斯特死後，馬勒離開伊赫拉瓦，後來除了父親過世時到他墓前唸誦祈禱文之外，他沒再回去過。他腦中還保有五、六歲時的記憶──他從家裡經營的旅社衝出來，逃離父親的吼叫和母親的眼淚，結果跟在街上表演維也納民謠〈噢！親愛的奧古斯丁〉的風琴手撞個正著。一九一〇年八月，他把這一幕描述給佛洛伊德聽，兩人一起沿著萊登（Leiden）的運河散步。他請佛洛伊德為他的婚姻危機指點迷津。他告訴對方，回想起童年的這一幕，他才明白自己作曲時為何忍不住要用不協調又刺耳的輕快音符打斷深切悲傷的段落。他彷彿阻止不了風琴手或童年的鄉下樂團闖進演奏廳。他跟佛洛伊德說，這就是為什麼維也納聽眾從來不喜歡他的音樂。日後的聽眾才聽出了音樂的創新之處：馬勒將極其私密而個人的衝動跟偉大崇高的宗教野心結合在一起。

以他寫於一八九〇年代晚期的《第二交響曲》為例，裡頭再現了馬勒不斷經歷的絕望和復原過程。音樂編制龐大，但引發的衝擊卻是私密而個人的。馬勒把文字和音樂結合並融入交響樂的形式以達至這種效果，用管弦樂團的戲劇化張力來呈現人聲的單一強度。他自己譜寫女中音的歌詞，表達內心想要相信自己和自己所選擇的志業的反覆掙扎：

要相信啊！
你的誕生絕非枉然！
你的生命和磨難絕非枉然！

為了表達內心深處的掙扎，馬勒的音樂致力於改造以表達狂喜、崇敬和慰藉為主的古老宗教音樂形式，為如今把生命經驗當作內心劇場的聽眾服務。

馬勒的音樂或許保留了宗教的野心，但他對宗教教條的看法，尤其是基督教對天堂的想像，卻帶有冷嘲熱諷的意味。畢竟他是猶太人，難以忽略自己的猶太身分，因為猶太人長久以來都無法在維也納的文化生活中占有重要地位。為了保住維也納歌劇院總監的職位，馬勒改信天主教，但這只是拓展生涯的手段，從來不是真心皈依，身為猶太人被孤立和排擠的感覺也從未消失。

他對基督教天堂著墨最多之處是在《第四交響曲》。一九〇一年夏天，他在奧地利卡林西亞邦的湖邊靈感湧現，在狂喜下譜成這首樂曲。在最後的樂章中，他為〈天國的生活〉（The Heavenly Life）加上音樂，一首他在傳統民間詩選《少年魔法號角》（*Des Knaben Wunderhorn*）中找到的詩；該詩選是由布倫塔諾（Clemens Brentano）與阿尼姆（Achim von Arnim）於一八〇九年彙編，兩人是歌德的威瑪友人圈中的成員。詩中描寫的天國生活，彷彿直接移植了畫家布勒哲爾（Brueghel）筆下的天堂，透過農家小孩天真好奇的目光，呈現了一個開心雀躍、殘忍血腥卻又若無其事的故事，描寫天國的聖徒宰殺小羊以供獲救靈魂享用的過程：

約翰把小羊放出來，
屠夫希律埋伏以待。
我們把一隻乖巧無辜又可愛的小羊處死。
聖路加宰了牛，不作二想也毫無不安。
在天國的酒窖裡美酒不花一毛錢，
天使負責烘烤麵包。

馬勒以滑稽但溫柔的音樂，傳達農家豐饒美景對照聖徒雀躍宰殺動物的扞格不入。音樂終止在夏日的靜謐午後，愈來愈細微直到結束，清楚表明這幅天國的田園美景只是幻想，只存在於另一個時間，非今人所能及。

若作者筆下的農家男孩想像的天堂遙不可及，人類能夠渴望的天堂只有在人間，在某個夏日午後的短暫時刻，那麼他那個時代的男男女女，他的聽眾們，要如何面對生離死別？畢竟過去的人都靠天堂的許諾平撫這種打擊。

宗教音樂和宗教藝術的慰藉語言賦予了「悲傷聖母」特別的地位。比較少人描寫悲傷的父親或兄弟，但馬勒對這個主題很感興趣。一九〇一到〇四年間，他根據德國年輕教授弗里德里希．呂克特（Friedrich Rückert）七十年前痛徹心扉寫下的悼亡兒詩譜了五首結合男聲和管弦樂的歌。馬勒當時的未婚妻艾爾瑪（Alma）認為他選擇這樣的主題太過危險，但這畢竟是他再熟悉不過的領域。

把如此情緒飽滿的內容導入曲式中，馬勒得以施展自己拿手的德國藝術歌曲，利用音樂的快慢節奏賦予文字本身或許無法傳達的情感張力。這用在呂克特的詩作中尤其明顯，因為詩人透過詩句表達的悲傷很令人動容。馬勒從七百首詩中只挑了五首，然後按照敘述順序排列，呈現他想像中一個父親從不敢置信、悲痛欲絕、遺憾，終至接受的過程。第四首歌從不敢置信開始：

我常想，他們只是出門去了
隨時都會回家
風和日麗，勿要驚慌
他們只是出外散步去了

到最後一首歌時，馬勒把狂亂的情緒放入曲式。哀悼亡兒的父親內疚不已，但他知道這樣也救不回孩子：

這種天氣，這樣的狂風暴雨
我萬萬不該讓小孩出門
我擔心他們可能
活不過明天
如今擔心也無用
這種天氣，這樣的狂風暴雨……

最後一首歌從激動不安開始，以祥和平靜結束。馬勒透過最後幾小節傳達父親終於接受噩耗，相信孩子已經安息，他們也能放下悲傷的過程。樂聲漸弱，最後靜止：

他們彷彿在母親家中安息
不再為暴風雨害怕
上帝伸手為他們庇護
他們安息，彷彿在
母親家中安息

無論是呂克特的原詩或馬勒的改寫，都看不出來孩子已經安全抵達基督教的天堂。只有音樂輕輕柔柔退去的旋律，如同有人曾經形容過的：就像母親的手輕撫著孩子的頭。

哲學家瑪莎．納思邦（Martha Nussbaum）對《悼亡兒之歌》的詮釋很不同。她認為，它表達的不是「撫慰人的長眠，而是虛無的長眠」。音樂表達了對「任何關愛、任何彌補都已經無能為力的覺悟」。她認為馬勒想說的是：「心已死。」

她似乎未聽出最後幾小節的溫暖和柔情。音樂確實喚起死亡的寂靜，但藝術要能發揮撫慰人心的力量，就必須傳達它想要撫慰的現實狀況。前四首歌充分表達了不敢置信、懊悔悲傷的情緒，因此最後幾節方能順理成章給予安慰。真正撫慰人心的作品都有個必要條件：知道自己在說什麼，因為知道，所以音樂將死亡的概念轉化為安息的想望時，才能獲得聽眾的認同。

馬勒當然知道自己的音樂在訴說什麼。他毫不隱瞞作品中的自傳成分，還曾跟朋友說：「唯有真正體驗時，我才會作曲，唯有作曲時我才真正體驗。」在《悼亡兒之歌》裡，童年時在伊赫拉瓦看見弟弟的棺材被人抬著經過旅社的回憶，使他將自身的痛苦經驗帶入音樂。回憶如此鮮明，他懷疑這幾首歌是否能安慰到任何人，甚至懊惱地向朋友坦承，他不知道誰聽到這些歌會受得了。他只知道自己把悲傷回憶的真實樣貌放進了音樂。

結果這幾首歌成為藝術上的一大突破，因為他打造了另一種交響樂的曲式，將文字與管弦樂團的力量結合，並以一種極其個人，但經證明大受歡迎的方式加以展現。藝術上的成功對他來說或許已經足夠，但作品本身可能也讓作曲家與痛苦的回憶和解。不幸的是，這樣的平靜持續不久。

寫下第一首《悼亡兒之歌》時，他四十一歲，未婚。一九〇四年寫最後一首時，他跟艾爾瑪已經結婚三年，也有了一個他很疼愛的女兒。為了紀念母親，他把女兒取名為瑪麗。

三年後，一九〇七年，他離開維也納歌劇院，因為擔任總監要面對的明爭暗鬥和自己對指揮工作的完美要求在在讓他精疲力盡。離開後他又面臨沉重打擊，生命從此改觀。仲夏期間，他女兒染上腥紅熱；當年呂克特的小孩也死於猩紅熱。小瑪麗跟死神搏鬥許久，那景象怵目驚心。馬勒在她房門外踱步，直到聽到她瀕死前的嘎嘎呼吸聲才難受到不得不走開。艾爾瑪還得協助醫生做氣切，幫助孩子呼吸，發現這麼做也無效之後，她沿著住處附近的湖邊奔跑，把心裡的悲痛呼喊出來。女兒的死對他們夫妻都造成嚴重打擊，兩人從未真正復原，婚姻也因此破裂。

馬勒跟童年好友且當時在維也納擔任音樂學教授的葛多．阿德勒（Guido Adler）說，失去女兒之後，「我再也無法寫這些歌。」

四分之一個世紀前，音樂讓他得以平撫失去弟弟妹妹的傷痛，也幫助他撫慰其他人，但當失去變成切身之痛時，連音樂也無聲。在喪女的陰影下，連音樂都使不上力。

瑪麗死後，作曲、指揮管弦樂團、編排曲目的工作讓他得以轉移傷痛，但失去女兒改變了他的音樂。他之後寫的曲子縱使有快樂的成分，也永遠帶有悲傷的逆流，因為他太清楚快樂轉瞬即逝，說變就變。馬勒再未提過喪女之痛，但悲傷持續在他的作品裡出現，例如一九〇七年寫的《第六交響曲》中若有所思的慢板，或是一九〇八年寫的《大地之歌》（*Das Lied von der Erde*）的最後樂章〈送別〉（Abschied）。在〈送別〉中，他為一首寫遺憾和告別的中國古詩譜上曲，當作最後一首歌，並加上自己的文字：

所有渴望都回到夢裡，
疲憊的人踏上歸途，
在睡夢中重溫
遺忘的快樂和青春。
小鳥靜靜棲息在枝頭上，

世界沉沉睡著。

如同《悼亡兒之歌》的最後一首歌，馬勒搭配輕盈縹緲的旋律，表達最後幾句詩繚繞不去的愁緒：

我要往何處去？往深山裡走，
為孤獨的心找到安寧。
我要回家去，回到安眠之地！
再也不要到處流浪——
我的心已靜，等待時機到來！
美麗的大地處處春暖花開，綠意盎然！
處處藍天耀眼，一望無際！
直到永遠……直到永遠……

最後幾小節，當歌劇演唱家輕聲唱著「直到永遠，直到永遠」時，音樂把聽眾從痛苦遺憾的世界帶往閃亮的世界，聲音慢慢地消失。跟《悼亡兒之歌》和《第九交響曲》最後幾節一樣，馬勒把聽眾和音樂帶往寂靜的邊緣，彷彿要標示出一道界線，在此音樂的慰藉功能必須打住，由聽眾自己繼續尋找意義。

如今現代語彙多半不再談慰藉，音樂有了慰藉以外的其他功能，新一套同情與理解的用語取代了宗教原本的角色。悲傷和失去現在可以被看成一種可能復原的疾病。這種發展就發軔於馬勒那個時代的維也納，一般稱為治療法的勝利。

一九一〇年八月，馬勒到萊登尋求佛洛伊德的建議，可說是兩位大師的交會。兩人都是表達情緒的大師，只是用的是不同的語言。一個開創了日漸流行的談話療法，一方面稱自己是科學，一方面跟宗教慰藉為敵，相信悲傷、精神疾病、焦慮和傷痛都能藉由情緒的表達而被治癒。另一個則是音樂語言的大師，繼承了貝多芬和華格納留下的音樂傳統，此刻因為妻子不忠而深陷絕望，無法完成第十交響曲，甚至激動得在樂譜上塗寫「我的上帝，為何你遺棄了我？」這類與詩篇一樣古老的悲涼文字。

兩人約好一起午餐，之後沿著運河來回走了四個小時。兩個來自摩拉維亞區的猶太人，一個亟需來自新精神科學的保證和慰藉，一個希望利用結識名人的機會提高仍在努力爭取醫學界認同的新學科的社會聲望。

這次會面當然不是正式的分析，因為馬勒並沒有坐上沙發接受診療。或許他擔心自己若是痊癒，驅使他創作出藝術作品的精神張力就會流失。無論如何，時間也不夠了。他被診斷出心臟問題，相信自己已經來日無多。這時候的他確實很絕望。佛洛伊德向他保證艾爾瑪不會離開他，因為她的戀父情結不亞於他的戀母情結。馬勒得到安慰，安心地回去工作。佛洛伊德對馬勒留下深刻印象，因為他很快就能理解精神分析的基本語言，也能接受要他重返童年在伊赫拉瓦的最初記憶的要求。

馬勒不再追究妻子的不忠，重新投入指揮工作，這次在紐約，但他還是沒能完成第十交響曲。他的心臟問題日漸惡化，一九一一年返回維也納後病逝。他選擇葬在格林津（Grinzing）公墓女兒瑪麗的墓地旁。他過世後幾天，佛洛伊德寄來跟馬勒晤談的帳單。這樣的舉動旁人看來或許會覺得很無情或俗氣，但這是佛洛伊德堅持兩人的萊登之約是醫療諮詢的方式，因此也該透過付費加以證明。

日後佛洛伊德承認，他在馬勒的精神官能症大樓底下連掘出一條隧道都稱不上。這棟由悲傷、記憶和希望組成的大廈，就是馬勒的音樂靈感的源頭。佛洛伊德掘出的隧道從未逼近它的核心，或是馬勒作品帶給後人的強大慰藉的來源。聽到他的音樂的人當下會想：這裡有個人懂得我的感受，懂得那種寂寞、絕望或悲傷，懂得那種可能很快就會歸於平靜的欣喜雀躍。

精神分析這門新科學承諾要透過治療達成自我認知，以此取代宗教提供的虛假慰藉，但即使是開創這種新信仰的人也必須承認它的極限。佛洛伊德自己的女兒在一九二〇年死於戰後的流感大流行。當時他傷心地對一個朋友坦承，喪女之痛讓他毫無防備又孤立無助。精神分析語言幫助他理解，卻無法幫助他承受這樣的打擊：

因為我是最固執的無神論者，所以無人能控訴，也知道沒有地方能讓我們提出控訴……但內心深處還是有很深的自戀創傷難以平復。

曾經對多羅希婭、呂克特、馬勒夫婦和佛洛伊德造成巨大創傷的致命疾病，如今不再那麼常見。馬勒死後三十年，醫院開始使用磺胺類藥物和盤尼西林，過去奪走他們兒女的性命、摧毀他們人生的猩紅熱，如今只要及時醫治就能痊癒。然而，還是有兒童死去，而當現代醫學也無效時，更讓人覺得殘酷、難以置信。在這個缺乏慰藉的時代，我們只能對醫學上的奇蹟寄予希望，但得到的往往是殘酷的失望。

至於佛洛伊德的談話療法，靠著科學的光環和教派般的組織活力曾經蓬勃發展，如今卻不再是一種特別的治療方式，反而被市面上許許多多用來緩和痛苦的治療法取代。

說來有趣，在這個治療悲傷、把傷痛當病醫的時代，音樂作為一種慰藉的重要性不減反增。傷心絕望時，有些無法訴說的經驗似乎只有音樂能夠表達。音樂學家曾指出音樂的「浮動意向性」（floating intentionality），亦即音樂訴說了什麼卻又抗拒確切指出那可能是什麼。音樂要聽者填滿它的隱含意義，這麼做的同時，我們就有了理解自身情緒的感受，這樣的感受即為慰藉的核心。

唯有當我們準備好的時候，音樂才具有此種潮汐效應。剛受到打擊，最痛苦的時候，我們或許完全不會求助於音樂。痛苦的人可能沒有時間分給美、聲音或其他事物。音樂要派上用場，可能是好幾年之後，當你坐在音樂會上，聽音樂家演奏一段樂曲，瞬間心醉神迷的時刻。這時回憶湧現，不再難以承受但依然強烈，你坐在昏暗的音樂廳裡拭淚，唯恐兩旁的人發現，內心感激音樂釋放了你的情緒，慰藉從此展開。這種遲來的效果有時要經過幾年或幾十年，由此可見慰藉可能是一輩子的工作。

在這個過程中，悲傷或遺憾慢慢讓位給慰藉，死者也扮演起角色。他們守護在我們身旁，彷彿要安慰我們，如果可以的話。

我認識一個音樂家，多年前他的八歲女兒出車禍猝逝。小女孩才八歲就會跟著他去聽音樂會，坐在他身旁用腳打拍子，表情專注又陶醉。女兒似乎遺傳了他的音樂天分，所以父女倆特別親近。我問他如何面對這種打擊，他說他一直在工作，沒別的事可做。她已經離世好幾十年，他現在怎麼想？「我覺得她免除了痛苦。她的生命已經完成。已經圓滿。她經歷了生命，不必再承受其他事。」

多年以後，他不再慨嘆生命早逝，反而學會把女兒在世上的八年歲月視為完整的生命，同時慶幸她不需經歷他自身遭受過的痛苦。

從事音樂工作幫助他重新振作起來。我問他哪些音樂安慰了他，他說很難單挑一首，因為太多了，但最後他選了理查・史特勞斯（Richard Strauss）的《玫瑰騎士》（*Der Rosenkavalier*）裡的最後三重唱，元帥夫人愴然接受自己年華老去、愛已逝、年輕的情敵贏得愛情的一幕。我的音樂家朋友並沒有提起《悼亡兒之歌》，或許太過切身，發揮不了慰藉的力量。但他跟我說了另一個想法。他未曾有一刻忘記過女兒，並把這件事當作一種勝利。他說每次要表演之前，當他站在舞台旁等著登場時，她都在那裡陪伴著他，至今不變。一種存在，一抹幽魂，只有他看得見的，靜靜看著他走上燈光打亮的舞台。

人生志業

馬克斯・韋伯和《新教倫理》

一九〇三年六月，一名獨自旅行的三十九歲德國教授，來到海牙的莫瑞泰斯皇家美術館（Dutch art at the Mauritshuis）參觀無與倫比的荷蘭藝術作品。五年前他因為嚴重抑鬱而放棄工作，拋下教授職位，現在才逐漸康復。瀏覽畫作時，林布蘭完成於一六五〇年代的《掃羅與大衛》這幅畫引起他的注意。這幅畫描繪了《撒母耳記》第十九章第九到十節發生的事：

但從上主那裡來的邪靈支配著掃羅。掃羅手裡拿著矛，坐在屋裡，大衛也在那裡，正彈著豎琴。掃羅想用他的矛把大衛釘在牆上，但大衛躲開了。矛扎在牆上。大衛逃跑，離開那裡。

在林布蘭呈現的場景裡，掃羅只露出側臉，厚重的簾子遮住他的半邊臉。簾子後面一片黑暗，彷彿象徵著他的處境。他正在拭淚。大衛彈著豎琴，專心看琴弦，沒看國王。國王別過頭，煩躁又傷心。他對大衛滿懷嫉妒，此人是他的手下，立下的功勞卻令他眼紅，此刻他正奉命彈奏音樂，試圖撫平掃羅的怒火。但音樂無法給他慰藉。掃羅抓著矛，豎琴就要安靜下來。衝突一觸即發。下一秒矛就會飛向牆壁。

馬克斯・韋伯寄了一張這幅畫的明信片給妻子瑪麗安，但他說明信片無法傳達畫作真正想表達的：

> 國王露出的一邊眼睛——他淚漣漣地遮住半邊臉——幾乎是驚恐地告訴我們，他多麼希望豎琴能讓他忘記自己正在走下坡，而他的希望也都未能實現。

韋伯告訴瑪麗安，如果想想林布蘭在一六五〇年代的處境，甚至會更加感動：妻子莎斯姬亞（Saskia）死後，他賣掉財產和作品，瀕臨破產又日漸衰老，跟兒子和忠心的女僕斯托芬（Hendrickje Stoffels）相依為命。

瑪麗安一直留著這張明信片，丈夫死後為他寫傳記時又再提起。它似乎為他幽暗的心靈打下一束光。這張明信片讓她知道韋伯終於對外在世界起碼有了一些反應。他從一名畫家在年老、挫敗和孤獨之中仍創作不輟的勇氣裡得到共鳴。他能理解國王痛苦的內心糾葛，聽到撫慰人心的豎琴聲潸然淚下，卻又無法阻止自己射出手中的矛。他告訴瑪麗安，林布蘭毫不保留地畫出了徹底絕望的真實樣貌：渴望安慰卻又認為安慰遙不可及，聽到琴聲卻又感受不到它的美，留下悔恨的淚水卻又怒不可抑。

夫妻倆都沒有提到韋伯之所以對這幅畫產生共鳴的另一個可能。大衛當然不是掃羅的兒子，掃羅的兒子是大衛的知心好友約拿單，但他跟國王一家如此親近肯定有親情的層面。這些層面潛伏在林布蘭呈現的緊張畫面中，讓一個因為跟父親爭執而造成巨大創傷的人產生痛苦的共鳴：一八九八年，因為多年來衝突不斷，韋伯禁止父親來找他，只肯讓母親單獨前來，這樣就不會看到父親。但父親不顧他的反對照樣上門，於是韋伯將父親趕出去，父親一氣之下掉頭離去，幾週之後卻孤伶伶死去。韋伯永遠無法原諒自己。

韋伯在寫給瑪麗安的明信片中表達了對掃羅的同情，或許他終於能夠理解自己父親被兒子趕出家門的憤怒。這是一個可能。另一個可能是，韋伯認同的人是大衛。難道掃羅不是因為被嫉妒沖昏頭，被婦女高唱「掃羅殺死千千、大衛殺死萬萬」的譏諷激怒才萌生殺意？韋伯的父親難道不是因為兒子功成名就、搶走妻子的愛而嫉妒他？但我們知道兒子並沒有贏得這場父子之爭。韋伯是他那一代最傑出的年輕學者，生產力過人，在世界赫赫有名的大學裡平步青雲，父親死後他卻徹底崩潰。之後五年他不得安寧，到處流浪，痛苦不堪。直到跟林布蘭的作品相遇，他才在寄給妻子的明信片上隱約透露了自己的痛苦根源，妻子視之為他即將康復的前兆。

韋伯開始生病的一個明顯症狀是無法工作。任何創造性的工作他都無能為力，例如像大衛那樣彈奏豎琴。他無法閱讀，無法準備演講，也跟母親說他完全無法上台演說。母親難以理解，認為是他缺乏控制內心風暴的意志力或氣魄。他努力跟她解釋自己的狀況：

> 無法說話完全是身體的，還有神經衰弱，而且看著講稿時我完全不懂上面在說什麼。

他曾經是個傑出的演講者，激昂的演說總是讓聽眾以為他注定要從政，如今卻成了一個腳步沉重的病人，無法忍受噪音或旁邊有人，長期失眠，瑪麗安說他虛弱到連在聖誕樹上掛吊飾都有困難。他待過一家又一家療養院，幾年下來，唯一能趕走心魔的方式就是旅行。他去了西班牙、義大利、葡萄牙和荷蘭，這種浪跡天涯的生活跟他父親的生活很諷刺地不謀而合。他父親同樣愛好旅行，雖然旅行只是業餘嗜好，他仍放縱自己四處跑，至少看在兒子眼中是如此。而今韋伯對自身工作的熱情突然枯竭，他發現自己成了他又愛又恨的父親的拙劣翻版。

海牙之行後，韋伯慢慢康復。他又能讀書研究了，並開始專注研究一個明顯與他切身相關的主題：過去他對工作如此狂熱的根本原因。他想知道自己的工作狂熱從何而來？年紀輕輕就當上教授的他，一直把工作當作生命的目的，為什麼現在卻成了一種折磨？

直接以自傳或「個人回憶錄」的形式來探討這些問題，對韋伯來說是不可能的事。他是征戰不斷、崇尚陽剛的德意志帝國晚期的社會產物，難免認為自白或自傳式的寫作流於淺薄，甚至很娘娘腔。他有個野心勃勃的學術對手維爾納·桑巴特（Werner Sombart）曾為是否該寫一本自傳式或「個人」的著作請教他。韋伯的回答表明了他的立場：

> 你想寫有關個人的書，而我相信一個人的獨特性格……總是在不經意的情況下，當它隱沒在書和書的客觀性背後時，才會表現出來，正如所有大師都會隱身

在作品背後。愈想要表達自己……幾乎總會落入俗套。

一九〇三到〇五年間，由於恢復的速度愈來愈快，韋伯開始大量閱讀，把路德翻譯的德文聖經，以及班傑明・富蘭克林（Benjamin Franklin）、理察・巴克斯特（Richard Baxter）、約翰・喀爾文（Jean Calvin）、約翰・諾克斯（John Knox）等等新教革命的知識建築師都讀過一遍。他敬愛的母親來自虔誠的新教家庭，他自己雖非信徒，但他知道新教倫理對他的影響有多深。他自虐式的苦行生活就是這樣來的，他必須打破這個魔咒。他交出的論文終止了七年來的沉默，不但深入檢視了自己的精神版圖，也達到淨化心靈的效果，並成為他最具影響力的一本著作。

《新教倫理與資本主義精神》（*The Protestant Ethic and the Spirit of Capitalism*）在一九〇五年出版，從此開啟了一個論辯：西方資本主義之所以長期稱霸世界，是否跟新教教義孕育出的特殊理性和積極奮進有關？無論這個論辯本身有多重要，都不是韋伯要表達的重點。他自己關注的是*Beruf*這個字，馬丁・路德翻譯《箴言》第二十二章第二十九節時，用這個字來代表工作或行業：「你看過工作得心應手的人嗎？他可以抬頭挺胸站在君王面前。」

路德沒有引用《創世記》裡把工作形容成亞當被逐出伊甸園的懲罰的章節，反而選擇了《箴言》，強調工作跟尊嚴與驕傲的關係。*Beruf* 這個德文字的動詞形是 *rufen*，意思是召喚。使用這個字的同時，他把新教對工作的理解從詛咒轉化成召喚。在路德看來，人受到上帝的召喚而選擇一種行業，並透過技術和努力證明自己值得上帝的恩典。這種對工作的想像不只解除了亞當所受的詛咒，也把世界從一個放逐之地變成人可以在此建立家園、為自己贏得來世救贖的地方。韋伯如此總結他對新教倫理的理解：

唯有在新教的職業倫理中，縱使萬物皆不完美的世界也具有獨一無二、宗教般的重要性，因為人能根據超越凡俗的神旨做出理性的行為，藉此完成自己的責任。

對韋伯來說，約翰．米爾頓（John Milton）描寫亞當和夏娃一同走出天堂，既非被放逐，也不感到羞愧，而是獲得了一個嶄新的世界，其中傳達的希望就是新教信仰的核心：

他們回頭望，往天堂望去
東邊的土地，他們的樂園已逝
木頭燃燒，火焰飛揚；門上
擠滿可怕的臉和著火的臂膀：
他們流下真情流露的淚水，但很快擦乾；
世界在他們面前展開，他們要去挑選
休息的地方，神就是他們的指引；
他們手牽手，邁著曲折而緩慢的步伐；
穿過伊甸園踏上寂寥的旅程。

米爾頓的最後幾句詩表達了沉穩的自信，相信人的天職，也就是人生在世的命運就是把這世界變成我們的家。然而，對韋伯來說，新教對天職的概念充滿令人不安的模稜兩可。信徒要如何確定自己找到了上帝滿意的天職？

不過吸引韋伯的不是米爾頓充滿希望的答案，也不是路德的強烈信念，而是喀爾文，這似乎反映了韋伯自己的心境。喀爾文的著作是新教對這個問題提出的答案中最強硬的。因為喀爾文提出的預定論（doctrine of predestination）主張，人在世上必須勞動，但無法確定自己做的工作是否值得上帝的恩典。對真正的喀爾文教徒來說，無論是傳教士或教會信徒都無法確定，因為他們也不一定是獲選得救的人。深深撼動韋伯的是喀爾文想像的世界裡，「那種巨大的內在寂寞感」。那就是他內心感受到的寂寞。

一直以來他都被最嚴格、最遙遠的上帝概念吸引，例如他在《約伯記》裡發現的上帝。約伯要求旋風中的聲音證明自己是公道的，上帝一開始並不認為約伯有資格要他回答。韋伯表示，這一點的「重要性無與倫比」。

若上帝真如約伯所描述，那麼人要確定自己做的事是上天的召喚是不可能的。於是韋伯認為，活在真理中就是不仰賴任何慰藉活著。他說的替世界「除魅」（disenchantment）就是這個意思。活在他所謂的「資本主義體系」裡，就是放棄自己在這個體系裡做的事能讓上帝滿意的信念。然而，工作能賦予人生意義的概念仍殘留在我們的記憶和文化中，成為一個逐漸消逝的信仰留下的懷舊遺跡。「把職業視為責任的概念，」他寫道，「仍遺留在我們的生活中，猶如往日信仰的幽靈。」假如工作不再有信仰作為支撐，就只剩下無止盡卻毫無目的的責任。

在《新教倫理》令人心痛的最後段落中，韋伯引用了尼采講現代人的話：「沒有靈魂的專家，沒有心的感官主義者：這樣無用的人卻假裝自己達到了全新的人性高度。」這不啻將嘲諷之鞭打在自己的背上。

但這裡有個矛盾之處：促使他寫下悲觀結論的自我發現之旅雖然痛苦，卻讓他重新找回做學問的滿足、閱讀的樂趣，以及突然間不只理解自己也理解自身時代的興奮陶醉。潛心鑽研新教徒著作幫助他釐清思緒，他終於能擺脫憂鬱，找到重回不穩定平衡之路。

儘管如此，他還是無法重拾教職，此後十五年亦然。但他跟其他學者的論戰證明他的知識勝過對手，注定會走出一條跟單調乏味的當代德國學術生活不同的路。教授只專精自己的領域，但他是跨學科（社會學、經濟學和宗教）的偉大思想家，是歷史上勇敢說出資本主義的現代社會除魅過後卻心靈空虛的第一人。

這股重新找回的自信吸引德國各地的學生來聽他演講，但也有當代盛行的男性主義和民族主義作為支撐。妻子雖是著名的女性主義者，但韋伯從未勇敢跨出自己的男性堡壘。第一次世界大戰爆發時，他為當時的民族主義狂熱著迷，佛洛伊德有一小段時間也是。他相信祖國加入戰爭有其正當理由，而且是被逼的。後來當他看到黑人和亞洲人組成的軍隊（英法帝國的子民）在西方前線打仗時，也跟同代人一樣難掩沙文傾向，反感地撰文指出德國遭到下等種族的攻擊。以他那個時代的歐洲白人來說，他的自信如今看來有如種族優越、民族沙文主義和有害的男子氣概的綜合體。

一九一八年十一月，這樣的世界觀隨著德國戰敗而瓦解。他與馬勒、佛洛伊德和尼采共享的整個文明，瞬間化為廢墟。

在他居住的慕尼黑，巴伐利亞蘇維埃共和國成立，德皇逃出國。街上滿是被遣散的士兵，其中一個名叫阿道夫．希特勒。左右兩邊的敵對政治勢力設起路障，在街上打起來。鈔票變廢紙。柏林的中央政府形同虛設，德國同時被法軍、美軍和英軍占領。韋伯正在經歷他認知中的世界末日，正如波愛西斯和羅馬元老院當初親身經歷過的羅馬帝國末日。

但韋伯跟他們或大多數當代人不同的是，他並沒有因此意志消沉或自我放逐。他覺得自己的時刻已經到來。外在世界瓦解似乎反而讓他掙脫各種限制。他跟妻子的多年好友艾爾莎·馮·里希特霍芬（Else von Richthofen）的戀情終結了他長久以來的性無能，並發展成一段瑪麗安也莫可奈何的熱烈關係。此時已經五十幾歲的他，積極投入威瑪時代的混亂政治，為新制訂的威瑪憲法中的總統一職爭取更大的權力，並以顧問身分與德國代表團前往凡爾賽會議，最重要的是對害怕、茫然的學生發表演講。他們成群湧入聽他指點如何在一個陌生而駭人的世界裡找到方向。他不再只是一名學者。他找到了自己身為預言家和觀察家的天職。

一九一七年十一月，德國尚未戰敗，但俄國的二月和十月革命已經釋放了一些憤怒情緒。就在這個時期，韋伯受邀為慕尼黑大學一群左派自由主義學生就「精神和學術工作作為一種志業」發表演說。他告訴學生，即將展開職涯的年輕人都必須看清現實。決定學術生涯成敗的關鍵是運氣、機會和是否得寵，而非學術成就。他說以前他只要提出這個警告，「都會得到同樣的答案：確實，但我只為『志業』而活。」但經歷過理想幻滅和學術界無所不在的偏袒徇私，志業很少能存活下來。

抱負遠大的年輕學者或許渴望做出突破性的研究，從此改變他對世界的認知，但以為科學能揭開存在的真理，本身就是一種錯覺：

除了至今還能在自然科學裡找到的天真大人，現今還有誰認為天文學、生物學、物理學或化學能教導我們這世界的意義？

寫《新教倫理》的時候，韋伯曾經感嘆宗教慰藉逐漸消失，如今他卻跟任何形式的慰藉為敵，尤其是現代科學幫助人類看清宇宙之目的的想法。他告訴學生，現在的他同意托爾斯泰的看法：「對文明人來說，生死已喪失所有意義。」以前的農人對自己分到的歲月心滿意足，面對死亡不會怨天尤人，現代人卻貪得無厭，被進步的神話引誘著往前走，相信生命可以無止盡提升。因為如此，現代人永遠「活不夠」，永遠無法對自己的成就滿足。他提醒學生，絕不要抱著自己提出的科學推論能夠得到肯定的希望。最終的證明可能要幾千年之後才會出現。唯有能淡然接受這個事實的人，才能說科學是自己的一生志業。他告訴學生，知識確實會進步，卻無法給人安慰。他還說與其絕望，他們應該抱著謙虛的心從事科學研究，接受自己的工作就算能為人類帶來永久的福祉，在他們有生之年可能也看不到。

在試圖理解災難和挫敗、惶惶不安的德國年輕人面前扮演憂鬱先知，似乎讓他樂在其中。曾經憂鬱遁世，想要說服母親演講是種苦刑的人，如今卻有跑不完的演講。他在演講中宣揚一種極簡的透澈思考，尤其是他所謂的「切事」（Sacklichkeit），即就事論事的現實主義和謙卑態度。

韋伯說，在這樣的黑暗時代，我們都像《以賽亞書》第二十一章裡的守望者，無助地目睹巴比倫傾覆，所有神像都粉碎在地。但他又說，既然我們活在「一個與上帝疏遠的時代」，就無法等上帝來救我們。我們必須跟內在的「惡魔」搏鬥，並找到符合時代需求的志業。

他在一九一七年十一月傳達的這些微言大義，於一九一九年一月二十三日發表的一場演講中得到更深的共鳴。台下的廣大聽眾是同一所大學的左派自由主義學生，主題是「政治作為一種志業」。

他告訴學生，一邊是巴黎和會中勝利一方的領袖，如克里孟梭（Clemenceau）

和勞合・喬治（Lloyd George）等人，陶醉在勝利的喜悅裡，同仇敵慨地堅持一定要德國付出代價：另一邊是德國的保守政治家，同樣堅持德國被人從背後捅了一刀。在慕尼黑和柏林街頭，斯巴達克黨人和布爾什維克都對群眾承諾一個燦爛的未來，前提是軍事將領和資本主義剝削者要能受到懲罰。韋伯發表演講之際，這些政治衝突正快速走向血腥收場。這場演講過後幾天，極右武裝部隊就會處決卡爾・李卜克內西（Karl Liebknecht），把羅莎・盧森堡（Rosa Luxemburg）的屍體丟進柏林的運河[1]。

韋伯表示，信念倫理（ethics of conviction）在四面八方橫衝直撞，這種自我陶醉全然不顧後果，也不管要付出什麼樣的道德代價。於是他不禁要問，責任倫理（ethics of responsibility），一種清醒而適度的作為，一種能看清世界實際樣貌的能力，究竟何在？

他告訴學生，我們必須問：「一個人必須成為什麼樣的人，才有權利抓住歷史的巨輪。」這樣的志業需要一個「有熱情、有責任感、有判斷力」的人。熱情指的是「貧乏的激情」或「美化學術樂趣」的相反。他接著說，這樣的人必須展現「容許現實的侵犯卻仍能保持內在平靜的能力」。韋伯為「領袖魅

1.譯按：兩人合組馬克思主義革命團體：斯巴達克同盟（Spartacus League）。

力」（charisma）的概念著迷，但他鄙視像希特勒這種利用領袖魅力煽動群眾的人，這種人從混亂的街頭和慕尼黑的啤酒館裡學會如何煽動人民。他欣賞的魅力型政治人物（在這裡他幻想的是自己）能在社會現實和政治演出之間取得平衡。這麼做需要某種程度的「距離」，拒絕被大眾的讚美沖昏頭。政治對他來說令人著迷，正是因為它被他再熟悉不過的誘惑包圍：對權力的欲望、煽動群眾的虛榮、自我陶醉。

在一個日漸崩解的世界裡，政治的志業就是扛起責任，引導恐懼的人民邁向未來。他說，在這場為了未來而進行的鬥爭中，《共產主義宣言》比登山寶訓更能作為我們的指引。如果指引我們的只有基督教倫理，我們可能永遠得不到奮力對抗邪惡的勇氣。他也提醒我們，如果對共產主義輝煌未來的信念是我們的指引，那麼意識形態會誘使我們落入與邪惡共謀的陷阱。

韋伯要年輕學子不再抱著救贖的渴望，無論是信仰或意識形態都不會永遠穩當，我們擁有的只有痛苦的選擇，而且信念的誘惑、權力的欲望和暴力的解決方法會不斷考驗我們。在這場演說的結尾，他把最高的讚美保留給那些以認真成熟的心態和堅定的決心投身政治的人：

當一個成熟的人——實際年齡是年輕或老並不重要，重點是他以全部的靈魂感受到自己為採取行動引發的後果擔起的責任，而所作所為也與承擔的責任一致——說出「這是我的立場，我義無反顧」的那一刻，我的感動無邊無際。

韋伯在將近人生終點的這場演講中，引用了馬丁．路德於一五二一年在沃爾姆斯議會（Diet of Worms）中說的這句話，再度回到新教理想中的「志業」。但他所說的志業既沒有信仰可供慰藉，也不確定自己就是天選之人。

演講結束前，他說自己雖然希望十年後能再見到台下的學生，看看他們日後的作為，但他擔心「反動的年代」就要開始，「冷冽黑暗的極夜」即將降臨。這些話常被當作預言，但其實並不代表他自身的絕望。因為這些感受他都沒有，反而因為在講台上扮演先知的角色、找到自己的志業而欣喜若狂。因為欣喜若狂，他才在演講的最後要學生記住，「若非有人一再嘗試去做不可能的事，可能的事就不可能達成。」在這裡我們看到了希望的慰藉，他在黑暗時代中把這種慰藉獻給準備好扛起政治責任的人。

他在講台上雖然召喚出極夜的意象，但最後走下台時一定覺得心滿意足。後來他跟戀人艾爾莎一起去看歌劇《唐懷瑟》（*Tannhauser*），兩人接著在往卡爾斯魯爾的火車上嚐到愛情的歡愉。他在慕尼黑重拾教職，把他寫的文章收進《宗教社會學》（*Sociology of Religion*），論文收進《經濟和社會》（*Economy and Society*），後來這兩本書成為二十世紀社會學不可跳過的起點。一九二〇年六月他在流感大流行中逝世，得年五十六歲，妻子瑪麗安和艾爾莎都陪伴在他身邊。二十世紀的思想家中，沒有人比他更為上帝之死感到內心不安，沒有人比他更為失去信仰的慰藉而痛苦，也沒有人比他更努力想像出世俗版的人生志業，好讓人間男女就算不確定能否得到上帝的恩典，也能從工作中找到意義。他扛在自己和所有讀者身上的重擔，首先就是要理解每個人都得創造支撐自己活下去的目的和希望。大衛．休謨就是這樣找到了他的志業，但對韋伯來說，這種內在的、個人的確認永遠不夠。沒有一個思想家像韋伯這樣迫使我們不得不問：如果召喚其實完完全全來自我們自己，我們要如何確定自己的志業？一九一九年當時，黑暗時代本身給了他答案：時代召喚他激勵下一代年輕人勇敢承擔責任，而不是逃向仇恨或躲進幻想裡。

見證的慰藉

安娜・阿赫瑪托娃、普利摩・李維、米克諾斯・勞德諾提

一九三八年，列寧格勒。一長排的婦人們包得緊緊的抵禦寒風，站在位於亞森那拿亞堤岸的克雷斯蒂監獄大門前。旁邊就是涅瓦河。這些婦女每天都來排隊，但那扇大門通常都緊緊關上。有些人已經連續來排十八個月，她們甚至不確定自己的丈夫是否還關在裡面或已經從世上消失。隊伍愈排愈長。當時正值蘇聯大整肅期間，警察頭子葉若夫（Yezhov）逮捕了無數人，每晚都有人被送進來。這些女人知道誰都無法信任，所以通常不會交談，就只是站著等待，全身都凍僵了。但這天有兩個女人交換了幾句話。一個對另一個耳語：「妳可以描述看看嗎？」另一個輕聲答：「可以。」第一個女人臉上閃過「類似微笑的表情」。

問問題的女人並不知道回答她的人是誰，但就這麼湊巧她找到了能避免此情此景從此遭人遺忘的見證者。詩人安娜．阿赫瑪托娃（Anna Akhamatova）來這裡排隊，是為了見人在獄中的兒子列夫．古米廖夫（Lev Guimilev）。當年她四十九歲，是個生活拮据的寡婦，作品遭禁，住在繁華落盡的舍列梅捷夫宮改成的公共公寓裡。

阿赫瑪托娃把當時的記憶寫進《安魂曲》（*Requiem*）的一開頭。她花了二十年的時間寫出這一系列的詩，紀念數百萬名在史達林政權下從地表消失或被抓進古拉格（gulag）[1]的受害者：

我從你口中偷聽到的低聲輕語，
為你織出這片寬大的裹屍布。
無論到何方，我都會牢牢記住，
一景一物，永遠不忘。

《安魂曲》是阿赫瑪托娃為一九三〇年代在蘇聯監獄牆外守候的每個女人，以及監禁在牆內等著被訊問、拷打、放逐或後腦杓挨子彈的人豎立的紀念碑。她說如果要在她的記憶中建造碑坊的話，地點就在克雷斯蒂監獄門前，她跟其他人一起站在冷風中排隊的地方。

我們不知道隊伍中那個女人後來是否平安度過列寧格勒圍城戰，是否見到了她在等待的人。她的命運我們一無所知，只知道她的微笑，但多虧了這些詩——從一九四〇年代開始流傳，並終於在一九六〇年代出版——我們才知道她多麼渴望保存這段回憶免於遺忘。因為她的笑容，以及看見那笑容的聰慧女子，

1.譯按：蘇聯時代的監獄和勞改營。

才成就了這首詩，並讓讀過它的每個人都有義務不要遺忘：

如今我再也不會費心分清
誰是禽獸誰是人類
或是還要等多久死刑
才會執行。

以撒·柏林是《安魂曲》在西方的最早讀者之一。他讀過阿赫瑪托娃一次大戰前後在沙皇村寫的詩，那時她還年輕，作品也尚未遭禁。一九四五年秋天他以英國官員的身分走訪列寧格勒時，發現阿赫瑪托娃還活著，於是就到她在舍列梅捷夫宮的簡陋公寓看她。他是她二十年來第一個西方訪客。她用平淡的語氣唸誦《安魂曲》的手稿給他聽：

頓河靜靜流動
黃色月亮走進屋裡

他走進門，帽子歪一邊
撞見一抹影子，黃色月亮
這個女人身體虛弱
這個女人孤苦伶仃
丈夫入土，兒子被關
請為我向天祈禱

她在日漸深沉的黑暗中讀詩給他聽，中間一度停下來輕喊：「我辦不到。沒用的。你來自一個都是人類的社會，而我們這裡卻分成人類和……」她陷入良久的沉默。後來兩人坐在一片漆黑中時，她兒子列夫．古米廖夫（剛從獄中獲釋）進門，三人一起吃一盤冷掉的馬鈴薯。事後以撒．柏林回憶，她說話時「毫無一絲自憐，就像個流亡的公主，驕傲，不快樂，難以親近，語氣平穩，有時口若懸河」。戰爭終於結束，兒子回到家，《安魂曲》裡的許多詩也已完成，她知道她說出了跟自己一樣遭遇的人所受的折磨。這份志業並不是她自己選的，卻讓她覺得自己就跟沙皇時代聚集在克里姆林宮的塔樓下，徒勞地哀求當局釋放自己丈夫的那些瘋女人一樣悽慘。但這是她準備好扛起的志業。她自豪地說，她從未選擇流亡或逃走，從未別過頭，不敢直視周圍的慘狀，因而完成了她身為見證者的職責。

奧斯威辛集中營，一九四四年夏天。某個炎熱的星期日下午，兩名二十幾歲的年輕人穿過營地走去廚房把湯給抬回營房，其中一個來自北義大利，一個來自法國的史特拉斯堡。兩人都在集中營待了約六個月，很熟悉這些例行公事。他們信不過對方，因為在這裡誰都不能相信，但尚恩（Jean）挑了普利摩（Primo）跟他一起出來拿湯。在這個可怕的地方，火葬場的煙霧把天空染黑，每天都有累死人又羞辱人的例行工作，這是他們少數能喘口氣、享受寧靜的片刻。

營中的人說著各種不同的語言，匈牙利語和意第緒語最多，但這兩人是用法語和德語交談。法國人尚恩說他想學義大利文，普利摩便開始朗誦他高中背過的但丁《神曲：地獄篇》第二十六章，連他自己都感到驚訝。這一章講的是希臘英雄尤里西斯抵達海克力士之門，鼓勵疲憊的船員繼續前行，穿過海克力士之門，進入廣闊大海的故事。當詩句一點一點浮現在這位義大利人的記憶裡時，尚恩開始苦惱怎麼翻譯最貼切：*mare aperto* 應該是廣闊大海嗎？這時有個分區長騎著腳踏車經過，兩人瞬間怔住，摘下帽子，等對方經過才又重拾話題。當尤里西斯「出發」航向大海時，他們為了是否該把但丁的 *misi mi*（我把自己）譯成法文的 *je me mis* 吵起來。接著，因為漸漸意識到彼此正在分享一段藏著自由希望的文章，普利摩想起了最關鍵的幾行詩——尤里西斯激勵船員航進海克力士之門，航向未知的世界：

> 仔細想想賜給你生命的種子
> 你生來不是為了當野蠻人
> 而是為了追求知識和品德

當這些句子從記憶的幽暗深處浮上來時，普利摩彷彿第一次聽到，有如響亮的號角，有如上帝的聲音。尚恩求他再唸一次，把剩下的也一起唸完，因為廚房就快到了。普利摩想不起最後幾句，他閉上眼睛，咬著手指，但還是沒用。廚子用德語和匈牙利語喊著「湯和菜」，後面其他營房的人也在催趕他們。

根據普利摩・李維（Primo Levi）的描述，我們不知道他最後有沒有想起詩句。重要的是，那些文字提醒兩人，他們生來不是要當野蠻人，鐵絲網之外有另一個世界，有一天他們或許能在那裡像人一樣活著。

毫無疑問這正是他心潮澎湃的原因，但我們也必須記住但丁故事的結局。尤里西斯和船員確實航進海克力士之門，前往廣闊大海，卻墜入黑暗之中，看不見星星和月亮，接著暴風雨來襲。正當他們看見一座小島隱隱浮現時，船卻開始下沉、翻覆，最後所有人都溺斃。但丁在尤里西斯這章的最後一句是：

直到大海再次將我們淹沒。

一九四四年十月，匈牙利。在田裡忙著的農場工人停下手邊工作，看著一列隊伍從路上經過。那是匈牙利的勞役隊，成員多半是猶太人，正被押著從塞爾維亞的銅礦場穿過匈牙利鄉間。他們的工作制服破破爛爛，排成一列有如灰褐色的人體河流，有些搖搖晃晃，有些不支倒地，有些奮力扶起同伴往前走。穿制服的守衛來回巡邏，他們多半是匈牙利人，聽從德國親衛隊的指揮。一旁的工人看見人倒進水溝，聽見槍聲響起，直到隊伍消失在地平線那頭。

其中一名犯人踉踉蹌蹌往前走時，把單字串成詞句並牢記在腦海中。他們已經走了好多天。遠遠傳來蘇聯軍隊轟隆隆逼近的聲音。戰爭想必很快就要結束，他們就能回到家人身邊。晚上躺在磚廠光禿禿的地板上，擠在一身破爛沉沉睡去的同伴之中，他拿出小筆記本，用工整的字跡寫下七行詩，為白天在田地裡看著他們經過的工人注入生命。他極盡諷刺地把詩名取為〈風景明信片〉（Picture Postcard）：

九公里長，燃燒的
乾草堆、家園、農場連成的煙幕
田邊，農人靜靜抽菸
用菸斗抵抗受傷的恐懼
在這裡：湖面只因一名小牧羊女
的腳步而波動，綿羊快快低頭

筆記本是他用剩下的香菸跟海德瑙營地鐵絲網前的塞爾維亞村民交換的。回程途中他不斷地寫，抱著會再見到妻子芳妮（Fanni）的希望。關於她，他寫下：「妳如此沉著，如聖歌般踏實穩重。」蹣跚邁步時，他想著她，想著陽台、李子果醬，還有暮夏時節花園裡陽光婆娑一片靜謐。

他熬過了幾個月在銅礦場做苦工的生活。當守衛押著他們上路時，他或許以為自己終於要回家了，但過了幾天才漸漸發現真相。一九四四年十月七日到八日的晚上，在塞爾維亞的某磚廠，靠近匈牙利邊境的地方，親衛隊命令犯人躺下來，清空口袋裡的值錢物品。他們用機關槍掃射了半數囚犯。一名布達佩斯餐館的小提琴手搖搖晃晃爬起來，他要去扶他時，守衛往小提琴手的脖子開槍。他倒在小提琴手旁邊，躺著一動也不動。他聽見守衛在他頭上說著德語。之後，親衛隊和其他匈牙利同僚強迫其他倖存者站起來繼續走。他們不是要回家，現在他們知道了，是要前往德國的勞改營。十月二十四日之前，他們已經橫越一半的匈牙利，晚上他又寫下另一首〈風景明信片〉：

牛群淌下混著鮮血的唾液
我們每個人都尿出血
隊伍一群群鬧站著，發臭，瘋了
死亡，惡狠狠的，在頭上呼呼地吹。

這時他們正朝著東北方往德意志邊境前進。守衛逼他們在廢棄機場的柏油路上紮營。其他人睡著時，他拿出路上撿來的一小片硬紙板（背面是魚肝油廣告）寫下另一首〈風景明信片〉。這次他描寫了幾天前跟死亡照面的情景：

我倒在他旁邊，他的屍體翻覆
已經僵硬，如繩斷裂
頸部中彈。「這也是你的下場。」
我自言自語，「躺著，一動也不動。
在死亡中開出堅忍之花。」然後我聽到

他又跳起來，在上面很近的地方
血混合泥巴在我耳朵漸漸乾掉。

他把這七句詩抄在筆記本上，標上日期一九四四年十月三十一日。這是最後一筆紀錄。其中一名從德國返鄉的倖存者後來說，他最後一次看到詩人時，他獨自坐在機場的柏油路上低頭看著破舊的靴子。

十一月八日，匈牙利守衛把滿滿兩車走不動的犯人載到德匈邊界附近的一所小鎮醫院，詩人也是其中之一，但醫院拒收垂死的囚犯。四名匈牙利守衛於是把人載往小鎮外的林地，往囚犯的後腦杓開槍再草草將他們埋葬。

一九四六年八月，詩人的妻子芳妮得知囚犯的屍體被挖出來。有人在她丈夫留下最後身影的小鎮找到他的個人物品，並交給當地的肉販保管，此人也是鎮上的猶太社群領袖。她前往肉舖，肉販把一個褐色的紙包裹交給她，裡頭有他的保險卡、放了兩人照片的錢包、他母親年輕時的照片，還有那本筆記本。詩人在內頁用五種語言（匈牙利語、英語、法語、德語、塞爾維亞克羅埃西亞語）寫了一句話，告知找到它的人裡頭是一個匈牙利詩人的作品。芳妮翻開筆記本就看到他用平穩工整的字跡寫的幾首〈風景明信片〉。

芳妮從未尋回丈夫的遺體或為他舉行正式的喪禮，但有生之年她看到米克諾斯·勞德諾提（Miklós Radnóti）被公認為匈牙利和歐洲最偉大的詩人之一。他有首詩的最後一句是：「但告訴我，作品是否倖存？」答案是肯定的。他的詩至今仍是匈牙利學校的教材。此外，他所做的見證確保同伴在勞改隊受的苦不會被遺忘。跟阿赫瑪托娃和李維一樣，他的見證也是他們各自的國家至今不願接受的一種批判。即使勞德諾提的作品納入了國家正典，也無法抹除一個令人不安的事實：當年槍斃他的守衛就是他的同胞。

兩千年初，芳妮已經八十好幾，為她丈夫立傳的作家問她，失去他的痛苦是否隨著時間淡化。她搖搖頭。傳記作家接著問，她知道艾蜜莉·狄更生（Emily Dickinson）的這首詩嗎？

他們說「時間能止痛」——
時間從來不能止痛；
真正的痛苦就像肌腱炎

時間愈久只會愈痛。
時間是對痛苦的考驗，
卻非解藥。
若是如此，那也就證明
痛苦原本就不存在。

芳妮再度點頭。她知道這首詩。

對戰後十年間出生的人來說，例如我自己，這些人和二十世紀兩大暴政的其他見證者成了道德判斷的準則。我們藉由他們理解父母走過的時代，以及我們的世界成形的時代。對我來說，那樣的過去抹殺了任何能從孔多塞的進步信念或馬克思的革命信念得到慰藉的可能。

這些倖存者受過的磨難，給了他們那種過去專屬於聖徒的權威，只不過他們自己當然並不想被視為聖徒。儘管如此，我還是忍不住把他們想成聖徒，因為他們行使了聖徒的道德權威。他們跟過去的聖徒一樣，為了信念而受苦，但他們並非相信有天堂或救贖，而是相信地獄真的存在，而他們有責任將它記錄下來。

他們做的見證不只是對藝術的辯護，也是對忠於傳統的肯定，這個傳統可以追溯到例如但丁，六百年前他在放逐期間展現的勇氣鼓舞了阿赫瑪托娃和李維。寫詩，就是主張自己跟幾世紀以來的見證者站在一起，試圖理解人類生命的意義，甚至希望把這樣的同盟關係延伸到未來。

在這裡，慰藉對他們來說是一種政治希望。他們希望贏得這場關鍵的未來之戰，這決定了他們的國家和人民將賦予他們經歷的苦難何種意義。他們希望受害者被記住，也想要確保曾經大權在握的加害者會受到懲罰。

歷史不會忘記他們記錄下來的苦難，這種強烈的信念能給人慰藉。不只對他們來說如此，身為讀者的我們也希望歷史因為他們過人的勇氣而獲得意義。他們在絕境中寫詩，保留了被迫害者的記憶，並在恐怖的處境下藉由寫作和理智保持信念。

他們偉大的精神和想要記住的決心，安慰了身為人類大家庭一份子的我們，即使當初陷他們於痛苦的也是人類。我們讓自己相信，他們所做的見證能制衡他們寫出的恐怖景象，就好像監獄外某個女人勇敢的記憶能夠彌補監獄裡發生的事，以及其他一連串的壓迫行動。我這一代人的思維中有一種對赦免的隱微渴望，至少我自己是如此。而向這些人的偉大精神致敬的同時，我們彷彿就把他們的偉大占為己有。

他們之所以是聖徒，也因為他們相信我們，相信之後的世世代代。若非緊抓著作品能倖免於難並找到認真看待其中真相的讀者，他們肯定會放棄。他們甚至跟聖徒一樣期望我們的信念能移山，以及只要我們把他們說出的真相牢記心中，同樣的悲劇就不會再發生。

我們就是他們的慰藉。當他們在死亡行軍中寫詩，當他們在集中營裡背詩，當他們為在冷風中守候的人留下紀念時，他們所憑藉的希望就是我們這些後代人不會讓他們奮力說出的真相白費了。想像我們會記得他們，就是他們的慰藉。

但我們有嗎？

納粹大屠殺和史達林大整肅的最後倖存者逐漸凋零。他們遭受過的苦難從過往的記憶變成歷史的爭議，之後又變成眾說紛紜的個人評價。愈來愈多人真的認為自己能夠選擇要不要相信這些事發生過。俄羅斯現今的統治者（其父曾為史達林的劊子手工作）就把對史達林時代的懷念，當作自己政權的官方意識形態。他曾說，蘇維埃帝國瓦解是二十世紀最大的災難。可憐的阿赫瑪托娃，我們只能慶幸她生前不知道後人有多麼缺乏信念。

這樣缺乏信念的後代，其中包括否認納粹大屠殺的人、反猶份子、種族主義者和仇恨煽動者，使我們不得不問，這些聖徒是不是把信念放錯了地方？我們這一代人從小聽這些殘酷的見證長大，如今卻可能覺得抬不起頭。我們被迫見證一種另類的真相成形，將前人親眼見證並親身經歷過的痛苦一筆勾消。

假如他們代表的意義贏得了勝利，曾經流行一時的口號「別讓悲劇重演」，如今聽起來就不會如此空洞。大屠殺也就不會重演。這場罪行原來並非歷史的一大斷裂，而是歷史誘惑捲土重來，硬要打造一個沒有異己的世界。史達林和希特勒都瞭解這種烏托邦的魅力，也在二十世紀讓好幾百萬人為此著迷。同樣的邪惡烏托邦在二十一世紀，甚至之後一定仍然會是政治上的一大誘惑。

這些聖徒生前不知道後代會是什麼樣的人，我們也不會知道自己的時代會演變成如何，這樣其實也好。歷史無法給人慰藉，因為歷史永無止盡，其中的意義變動不居，即使是如此英勇無畏的見證者也無法固定其意義。歷史或許無法給人慰藉，卻給了我們責任。既然他們相信我們，我們就應該守住與他們的承諾，捍衛他們留給我們的真相。

普利摩・李維在生命的最後寫了一本無以倫比的回憶錄《滅頂與生還》（*The Drowned and the Saved*），說的就是見證的故事。一開頭他引用了柯立芝（Coleridge）的詩：

> 從此以後，那痛苦
> 不時復返：
> 我的心不斷燃燒
> 直到說出這個可怕的故事。

因為活得夠久，李維在世時看著其他倖存者死去，納粹大屠殺慢慢從一段親身經歷過的回憶變成歷史事實，甚至怵目驚心地成為一則神話。面對歷史失憶和刻意扭曲的浪潮，他仍然勇敢應戰。他回覆德國讀者寫給他的那些無知或自欺欺人的來信。他走進校園，學習耐心聆聽小朋友輕聲問他：為什麼他不能逃走？有個小男孩不相信他逃不掉，於是李維畫了一張集中營的地圖，標出鐵絲網和崗哨。小男孩還是不相信。「你應該這樣做才對，」男孩說，馬上畫了幾條強而有力的箭頭和線條教他怎麼做。在這一次和其他很多場合裡，身為見證者的他都必須對抗人們對邪惡的懷疑，而懷疑邪惡並不存在就是幸福生活的最大錯覺。

他鄙視把大屠殺倖存者都變成英雄的道德媚俗。他知道事實並非如此，也寫下他親身經歷的「灰色地帶」——身為科學家，靠著自己的專業技能免於被送進火葬場，也因此活在不得不妥協的模糊世界裡。他甚至承認，待在奧斯威辛的那一年是他最強烈感受到自己活著的一年，他把自己的存活視為一種讓他感到羞愧的特權。他漸漸相信最好的都已滅頂，最糟的卻活了下來。一九四五年一月，蘇聯士兵騎馬穿越鐵絲網進入營地，來到穿著破舊條紋制服、在骯髒雪地裡奄奄一息的可憐囚犯面前，他終於重獲自由。從那一刻起，他就不斷跟羞愧感掙扎。李維在援救者眼中看到極度的困窘，彷彿他們不想承認這些囚犯同樣是人。

他從未停止思索他身為見證者的責任，從未停止質疑他勉強接受的角色。

他遇到同營的一個囚犯，對方告訴他，上天救了他好讓他成為這樣的見證者。回想起這件事時，李維表情慘然：「這種想法對我來說很可怕。那種痛苦就像有人碰觸了你最敏感的神經，並點燃我說過的疑問：我活著或許是占了另一個人的位置，讓另一個人代替我犧牲。」

一九八八年，年老體衰，鬱鬱寡歡，剛動過前列腺手術，再加上長期照顧母親和岳母的重擔，李維在住了大半輩子的家鄉杜林（Turin），從公寓的樓梯井往下跳，結束了自己的生命。很多讀者不由感到失望，認為他已經放棄，扮演見證人的角色再也無法給他活下去的力量。有個讀者如此寫道：

沒人想要相信〔他自殺〕，不只為了他，也為了我們自己。普利摩．李維彷彿為我們舉起火光，幾乎是在那個最黑暗的地方和時代唯一這麼做的人。他就好像……幫助我們找回自尊。假如他自己都放下了火光，難道不是在說他再也不相信這件事——再也不相信我們嗎？

他已經扛了太多重擔，不應該要求他再扛起這個重擔。

活在恩典之外

卡繆的《瘟疫》

一九四二年一月在北非的奧蘭市（Oran），一名二十八歲的記者兼作家咳出血來。從青春期開始他就不斷跟肺結核對抗。妻子芳萃（Francine）趕緊將他送醫。科恩醫師將氮注入他的胸腔造成肺塌陷，當時認為這種療法有機會救回生病的器官。回家之後他說：「我還以為自己會沒命。」科恩醫師告訴他，他要能康復的最大希望就是離開奧蘭的潮濕氣候，到空氣新鮮的山間休養。芳萃的親戚推薦他們去法國中部的某個偏遠村落。夫妻倆花了八個月才抵達。八月，兩人在維瓦萊高山上的小村子帕勒里耶（Le Panelier）安頓下來，周圍山脊松樹林立，有個和藹的婦人提供他們食宿。

到了十月，他身體好轉，芳萃回奧蘭重拾教職，他留下來繼續休養。十一月七日，英軍和美軍登陸北非。四天後，德軍占領全法。他訂了返鄉的機票卻回不了家，就這樣被困在偏遠村落的陌生環境裡，遠離家人和地中海的陽光空氣水，在德軍占領區生活。

獨自在異鄉跟病魔奮戰之際，阿爾貝．卡繆（Albert Camus）開始創作《瘟疫》（*The Plague*）。在這之前他已經出版過《異鄉人》（*The Stranger*）和《薛西弗斯的神話》（*The Myth of Sisphus*），兩本書的主題不再只是抽象的文學比喻，而是他面臨的血淋淋現實；前者談生命的流亡，後者寫人需要的理解和「世界無理的沉默」之間的鴻溝。他在札記中說，他努力保持「人格的完整」。由於跟他理解生命的兩大連結——他的母親和妻子——分離，他第一次體驗到真正的流亡生活，流亡對他不再只是一種比喻。每次咳嗽，嚐到口中的血味，他就覺得自己的生命正在流失。他在札記中試圖用文字描寫那種孤寂的感覺：

照亮這世界，讓我們得以忍受這世界的，是感覺自己跟它有所連結，更確切地說，是感覺自己跟其他人相連……但當有一天……我們發現他們離我們而去……當我們因此想像我們所謂的愛或友誼等等是多麼無常難料，那麼這世界就會回歸黑暗，我們也會恢復冷漠，儘管人的和善曾經短暫拯救過我們。

一九四二年十一月到一九四三年九月間，他前往巴黎接下出版商加斯東·伽利瑪（Gaston Gallimard）給他的工作，尋求他唯一可得的慰藉：替原本會使他崩潰的經驗尋找意義。

若說作家藉由寫作自我安慰的過程神祕難解，那麼他找到得以表達內心痛苦的比喻的過程更是如此。我們很難確定瘟疫的概念如何占據他的思緒。他曾經記下一九四一年肆虐阿爾及利亞的流行性斑疹傷寒，並在札記中寫下 *la peste liberatrice*（解放人的瘟疫）這個令人不解的詞，指的是安東尼・亞陶（Antonin Artaud）在一九三〇年代談劇場的一篇文章。瘟疫如何能解放人？或許抵抗瘟疫能為混亂失序的生命賦予意義。

卡繆開始把德軍占領行動視為一場瘟疫，一種害每個人自我孤立、互相懷疑的道德侵犯。他在札記裡寫下：

> 想像斑疹傷寒或瘟疫爆發的情景，這種事確實會發生，之前就曾經發生過。某方面來說那是可能的。那種時候一切都會改變，有如一片沙漠迎面而來。

他閱讀來自沙漠的作品。舊約聖經中的先知祈求天降瘟疫，處罰人類反抗上帝。他抄下《利未記》第二十六章第二十五節：「我要用戰爭懲罰你們背約的罪。要是你們蜂擁到城裏求安全，我要向你們降瘟疫；你們將被迫向敵人投降。」

他發現舊約先知跟他一樣，也曾納悶瘟疫怎麼會出現在公正的上帝所掌管的世界，但他認為自己瞭解這種極端的神義論。「人獲得了跟上帝平起平坐的權力，」他寫道，「上帝恐懼他，要將他壓在腳下。」但若是瘟疫長久以來都被視為對人類自大的懲罰，那現今的瘟疫又該怎麼說？我們要如何理解占領和戰敗的劫難？歐洲怎麼會讓自己陷入這樣的野蠻暴力？無論是合作派或反抗派的報紙，他周圍的沮喪法國人漸漸得出一個結論：一九四〇年戰敗是他們咎由自取。希伯來先知的問題如今迫近每個人心中：如何理解就算不是上帝，至少也是歷史的懲罰？

卡繆跟著註解的線索，愈讀愈明白。他回想起他在中學和阿爾及爾大學讀過的文章：一七二〇年的馬賽大瘟疫、作為薄伽丘《十日談》之背景的佛羅倫斯瘟疫、導致猶太人被迫害的西班牙瘟疫，以及距離當時不過二十年前記者報導過的中國瘟疫。他在丹尼爾．狄福（Daniel Defoe）一七二二年出版的《大疫年紀事》（*A Journal of the Plague Year*）中找到一句話作為《瘟疫》的引言：

> 用一種禁錮代表另一種禁錮，就跟用不存在的事物代表真正存在的事物一樣合理。

他陷入雙重禁錮（疾病和占領）的窘境，唯有靠寫作才能掙脫，「用一種禁錮代表另一種禁錮」。他從梅爾維爾（Herman Melville）的《白鯨記》（Moby-Dick）裡尋找靈感，從中發現用隱喻架構整部小說的範例。他拚命閱讀，讀不下去就到帕勒里耶附近的山路漫步，看著樹葉被風吹過陡峭的高地草原。回到家，他在借住的陰暗農舍裡寫下：「總是沿著森林邊緣吹送的怪風。人類的奇特理想：在大自然的懷抱中為自己打造一個安身之處。」在北非老家時，到海裡游泳給他與大自然合而為一的感受。如今，他獨自走在離家千里遠的田野間，天空還飄著雨。

為了讓虛構的故事活起來，他放入對奧蘭的記憶：小巷的氣味、窗遮上的陽光、咖啡館的閒聊、脫光光在沙丘上曬太陽、暢飲檸檬水、感覺碳酸水的氣泡刺著喉嚨。他必須避免自己掉入無可救藥的鄉愁裡，與對家人的記憶保持距離：凶悍的祖母買給他的超大雨衣、裁縫師阿姨數著桌上的鈕釦、母親在阿爾及爾的簡陋房間。他努力把跟記憶對抗的過程放進一本慢慢成形的書裡：

> 那無疑是流亡的感覺——從未離開我們的空虛感，想回到過去或加快時間的非理性渴望，以及如火焰刺痛我們的記憶利箭。

為了打造小說開場、瘟疫降臨奧蘭的場景，卡繆喚醒自己的痛苦記憶：當妻子離開他身邊，德軍開始占領法國，平穩生活將會一直持續下去的假象被戳破的時刻：

> 母親和小孩，戀人，夫妻，幾天前還理所當然以為分開只是暫時的，在月台上親吻道別，交換幾句瑣碎的話，相信幾天、最多幾週之後就會再見到彼此，被人類對不久將來的盲目信念給矇騙，絲毫沒有因為這次的離別而轉移原來的興趣——這些人毫無預警、徹底絕望地被切斷聯繫，無法再見到彼此，甚至無法跟彼此交換音信。

他沒有困在唯獨自己陷入這種狀況的想法裡，反而漸漸發現他跟其他人有一樣的命運。當他搭火車去灰暗的工業城聖艾蒂安（Saint-Etienne）打治療肺病的針時，他用嶄新的好奇心觀察同車乘客，尤其是一對農家老夫婦：「她的臉皺如羊皮紙，他平滑的臉龐被清澈的眼睛和白色鬍子打亮。」兩人穿著磨得發亮且補過的衣服，抓著破舊的手提箱。他孤獨的自溺漸漸轉為短暫的同情，同是天涯淪落人的情懷隱約閃現。

在北非，他以一個才華洋溢的年輕人和旁觀者的視角寫下了荒謬可笑的事，如今他正在親身經歷這些事。他知道自己得設法理解活在一個沒有希望、沒有故事、沒有逃脫可能的時代是什麼樣的感受。他慢慢拋下冷眼旁觀的立場，過去那在奧蘭還有可能，但如今已經不可行。

他想提出一個不再只是關於自己，而是關於人類處境的主張，解釋人如何安身立命，如何建立友誼和愛，這些又如何在毫無預警的情況下被剝奪。一九四二年十一月，他在札記中吐露：

在一個難以理解的世界的核心，他們耐心地打造了一個私人的、完全符合人性的宇宙，裡頭的日子有的分給關愛，有的分給習慣。如今，光是跟世界分開還不夠；瘟疫同時必須把他們跟他們創造的小日子分開。蒙蔽他們的心智之後，它還要扯下他們的心。

他會先寫下虛構的對話，再停下來跟自己說話，彷彿要釐清他的作品想要表達的概念：

> 我想藉由瘟疫表達我們都有的窒息感，以及我們親身經歷的危險環伺和流亡的氣氛。此外，我也想把這樣的詮釋延伸到更廣義的存在。

四周的窒息感愈來愈重，反抗德軍占領的抵抗行動漸漸浮上檯面。一九四三年的冬天和春天，他冒險搭火車從山上的休養地前往里昂。透過他的巴黎出版商伽利瑪的穿針引線，他第一次跟帕斯卡・皮亞（Pascal Pia）、弗朗西斯・龐日（Francis Ponge）、勒內・雷諾（René Leynaud）、路易・阿拉貢（Louis Aragon）這些反抗份子取得聯繫。他們開始透過寫作在《匯流》（*Confluences*）或《南方雜誌》（*Les Cahiers du Sud*）等地下刊物表達不滿。這群人已經開始策劃破壞行動、炸鐵路，或半夜去撿英國軍機的空投物，但卡繆有時候並不知情。

約在此時，他也跟布魯克貝格（Raymond Léopold Bruckberger，開朗的道明會修士，也是活躍的反抗份子）成為朋友，並寫下他的第一部反抗作品：《給一位德國朋友的信》（*Letters to a German Friend*）。

故事原型可能是他從布魯克貝格那裡聽來的，說的是德國的監獄牧師陪同十二名法國囚犯坐車前往死刑場的過程，其中包括一名少年。牧師跟囚犯一起坐在卡車後面，一路上非常照顧少年，也為少年提供他所能給的慰藉。卡繆如此想像他們的對話：

「我什麼都沒做，」少年說。是啊，牧師說，但這不是重點。「你得做好死亡的準備。」「為什麼沒有人懂？」少年說。「我是你的朋友，或許我懂。但是太遲了。我會陪在你身邊，上帝也是。你會明白的。很簡單的。」

接著，當牧師暫時別過頭，開卡車的士兵正忙著認路時，少年從帆布和車子中間的縫隙鑽出去跳下車，然後奮力爬起來往田野跑去。只有牧師看到他跑了，但他立刻敲敲駕駛座，要駕駛員停車。士兵把少年抓回來，繼續上路。之後牧師為少年主持臨終儀式。死刑開始執行。

卡繆寫道，沒有法國牧師會做這樣的事：先安慰一個害怕的少年，再推他去送死。他激動地跟想像中的德國朋友說：是冷漠的心使他們變成敵人。

這不是他第一次對虛假的安慰表達憤怒不滿，在這之前他的作品中就出現過這樣的主題。在《異鄉人》中，莫梭（Meursault）在等待死亡時，有個牧師想來安慰他卻反而遭他怒斥。《給一位德國朋友的信》特別的是，這是他的怒火第一次伴隨著積極投入反抗行動的決心。

卡繆仍在帕勒里耶時，起初是想透過寫作捕捉占領期間的無聲壓迫感，後來《瘟疫》這本書卻變成對邪惡的抵抗。書中的李厄醫生（Bernard Rieux，他的名字是卡繆借自當地的小鎮醫生）漸漸占據要角，成為故事的主人翁和敘述者。

於是，《瘟疫》成了李厄醫師也是卡繆的抵抗故事，但作家對抵抗的認知仍侷限在一九四二和四三年的絕望現實中。諾曼第登陸還要一年。當時選擇反抗的人多半是出於絕望，而非希望。卡繆不只受到抵抗行動鼓舞，也為它著迷。他自己也在對抗一種無藥可醫的疾病。即使知道不可能贏，人仍會挺身抵抗，這是什麼道理？這變成李厄醫生描寫的抗疫戰爭的核心主題。在小說中，李厄醫生無法治癒任何染疫的病人，他能做的只有安慰垂死者。愈來愈強烈的無力感漸漸將他壓垮，在跟好友塔魯（Tarrou）的對話中，李厄開始質疑上帝怎能創造一種無藥可醫的疾病：

「畢竟，」醫生又說，再度欲言又止，兩著盯著塔魯，「像你這樣的人最有可能理解這種事，但既然世界的秩序由死亡打造，我們若拒絕相信上帝，盡全力抵抗死亡，不抬頭仰望祂默默坐鎮的天國，對祂難道不會更好嗎？」

塔魯點點頭。

「對，但你就算勝利也不會長久，如此而已。」

李厄臉色一暗。

「嗯，我知道。但沒有理由放棄對抗。」

「沒有理由，我同意……只是，現在我可以想像這場瘟疫對你的意義了。」

「沒錯，永無止境的挫敗。」

把抵抗描寫成跟「永無止境的挫敗」的荒謬交手，在《薛西弗斯的神話》中就出現過。卡繆早期處理這個主題時，只是一個年輕作家用龐大嚴肅的概念在小試身手。但一九四三年的春天，在帕勒里耶，人為什麼就算毫無勝算也應該抵抗命運，對卡繆來說成了攸關生死的問題。

卡繆很清楚，跟他同時代的人多半隨波逐流。前往里昂或聖艾蒂安途中，或是在讀巴黎送來的報紙時，他可以感受到很多人都接受了占領的事實，並漸漸適應這樣的生活。連他也一樣，雖然程度不大卻意義深遠，那就是允許伽利瑪在一九四三年出版《薛西弗斯的神話》時刪去卡夫卡的那一章，因為德國審查員禁止任何觸及猶太思想的內容。卡繆後來出版了完整的地下版，把卡夫卡那章放回去，但一九四三年的刪節版使卡繆也陷入普利摩・李維所謂的「灰色地帶」。

他周圍常見的核心道德問題是：為什麼有些人選擇幫助、教唆占領行動或為之辯護，有些人卻選擇挺身反抗。當小說成形、角色活過來的時候，卡繆做了一個重要的決定：他選擇不去評斷或責備角色所做的選擇，任由他們表達他身旁到處可見的道德模糊狀態。例如，其中有個角色叫蘭伯（Rambert），有如卡繆的化身，他的第一反應是逃回阿爾及利亞的老家。然而，當逃亡不再可能之後，蘭伯決定留下來，加入「衛生隊」對抗瘟疫。其他人冷眼旁觀，也有人藉機發財，例如柯塔爾（Cottard）就溜進黑市靠他人的不幸賺錢。作者對這些選擇的超然態度來得並不容易，但這本書得以跨越時代歷久彌新，不只是一時一地的反抗文學，正是因為卡繆的敘述者選擇不評斷也不指責。

然而，有一種面對瘟疫的態度卡繆卻無法不加評斷。在《給一位德國朋友的信》中，德國牧師提供的虛假安慰令他反感，因此在小說中，帕納盧神父（Paneloux）的角色漸漸成形且成為李厄醫生的頭號敵人。卡繆讓帕納盧在佈道中呼籲垂死的城市藉由悔悟尋找慰藉：

人類痛苦的黑暗核心裡，有一抹平靜的小火光……照亮通往得救的陰暗小徑。它揭露上帝的旨意在世上如何呈現，不斷把恐懼和痛苦的幽暗深谷變成一片神聖寂靜，生命的泉源。朋友，這是我要獻給你的浩瀚慰藉，那麼當你離開這所教堂時，你帶走的不只是憤怒的語言，還有撫慰人心的信息。

小說的敘述者用節制不帶情感的語氣轉述帕納盧的佈道內容。但卡繆自己對宗教慰藉的看法在下一幕浮現。帕納盧和李厄一同徹夜陪在一名痛苦掙扎、即將死去的小孩的病床邊。孩子的痛苦終於過去時，李厄再也忍無可忍。他憤怒地走出醫院，對帕納盧大喊：

「啊！那孩子無論如何都是無辜的，你跟我一樣清楚。」

帕納盧顯然嚇一跳，回說：

「或許我們應該愛自己無法理解的事。」

李厄回答：

「不，神父，我對愛有截然不同的看法。到死我都拒絕愛讓小孩受折磨的事物。」

小說到後來，帕納盧在第二次佈道時承認，孩子的死讓他陷入困境，強迫他要不接受耶穌許諾的救贖，要不徹底放棄。帕納盧做出了選擇：跟信仰站在同一邊，只不過是受過痛苦試煉的信仰：

「弟兄們，考驗的時候到了。我們都必須相信一切，不然就是否定一切。」

帕納盧說，孩子死去之後，「我們並肩為團結我們的目標努力，超越了信或不信。」李厄並不否認。藉由兩個疲憊的男人都為孩子的死而痛苦的場景，卡繆似乎是在對自己也對同時代的人說，面對邪惡和痛苦時，信仰派和進步科學派、提供慰藉和厭惡慰藉的人之間的長久爭執已不重要。兩種信念都是抽象的概念，當生命變得殘酷不公時，兩者都會沉默下來。面對死亡和邪惡時，對卡繆來說，最重要的不是誰對誰錯，而是誰能安慰受苦的人。

小說中最動人的角色是話最少的一個角色。李厄醫師的年邁母親靜靜坐著，一直守著李厄的朋友塔魯，陪伴他慢慢地、痛苦地死去：

她雙手疊放在腿上，在房間的微弱光線下，她看起來不過是一片更深的影子……她彎身撫平床單，直起身時把手放在他糾結濡濕的頭髮上片刻。

從遠在阿爾及爾的母親（一個可憐的寡婦，不識字，天生半聾，靠縫紉和打掃維生）身上，卡繆學會最有效的安慰可能不需要語言。確實，有些時候言語反而顯得多餘。你只要坐在床邊握著對方的手，拿水給他們喝，幫他們換衣服，清理排泄物，減少他們的痛苦，就已足夠。這是唯一重要的安慰。

一九四三年九月，他從此離開帕勒里耶，前往巴黎到伽利瑪出版社任職，並接下地下刊物《戰鬥報》（*Combat*）的工作。他把半完成的手稿也一起帶去，但要完成愈來愈難，因為歷史再度接手：先是諾曼第登陸，再來是歡欣又可怕的巴黎解放行動。一九四四年八月，他接下《戰鬥報》的總編輯職務。這一年他三十歲，第一次見到沙特和西蒙波娃，跟女演員瑪麗亞．卡薩雷斯（Maria Casarès）陷入愛河。就在他踏入一生最動盪的政治參與時期之際，他成了巴黎人人都想認識的英俊異鄉人，但因為寫作和他的阿爾及利亞出身，他始終跟他們保持距離。他在一九四二年貧病交迫、與世隔絕之際動筆的手稿，如今卻必須在他成為巴黎名人、他在《戰鬥報》的社論成為巴黎知識菁英準繩的時候完成。

這份手稿於是成了他的救贖。為了完成這部小說，他得以脫離周圍的喧囂，用它來劃定自己跟當代時髦知識份子的距離。他藉由李厄醫生這個角色，表達自己對錯誤信念（伴隨著對戰時通敵者的報復渴望）的幻滅。他跟韋伯一樣，鄙視自以為是的「信念倫理」，但巴黎解放後這種論調輕易就可從他的知識份子友人口中聽到。這個時代真正需要的清醒且嚴肅的「責任倫理」在哪裡？《瘟疫》的結尾部分，李厄走在城市的人群中，卡繆藉由他的口中說出：「他有種感覺，今後平靜再也不可得，就像對失去兒子的母親或親手埋葬好友的人來說，永遠沒有休戰之日。」當李厄看著歡慶傳染病神祕消失的群眾時，他為自己的時代也為我們的時代提出警告：

他知道歡天喜地的群眾不知道、但他能從書上學到的事：鼠疫桿菌永不會死去或徹底消失，它可以在家具、在被單毛巾櫃裡沉睡多年；它在臥室、地窖、大皮箱、書櫃裡等待時機；等到它為了懲罰和教化人類再度發動老鼠隊伍，讓牠們在一座開心的城市裡紛紛死去，那天就會到來。

《瘟疫》終於在一九四七年出版。一九四四、四五年歡迎卡繆加入聖日耳曼德佩區文藝圈的法國知識份子，例如西蒙波娃、沙特、羅蘭・巴特等等，對這位阿爾及利亞年輕人的新作都有些不以為然。他們認為卡繆錯在把瘟疫定位成「自然界的病毒」，應該要把它「放進」歷史脈絡中，變成對腐敗階級和政黨的指控，因為它們是法國之所以崩解的罪魁禍首。卡繆拒絕了這個提議。他相信自己想傳達的訊息不限於一時一地。

十年後，他因為《瘟疫》獲得諾貝爾獎，但這個榮耀對他和他的寫作來說卻是一大災難。其中的諷刺他再清楚不過：打從被當成作家開始，他最多產、最有想像力、最敏銳的時期，就是一九四二到四三年的冬天。當時他身無分文，孤身在外，從內心層面來說，他需要寫作，而當時的寫作成就了《瘟疫》這本書。生命最後階段，他努力重返創造力的源頭：最簡單純粹卻無法抹滅的快樂童年，與寡言的母親住在工人階級聚集的阿爾及爾的小公寓。他隨身帶著《第一人》（*The First Man*）的前一百六十頁手稿，希望這本書能堵住那些說他已經江郎才盡的評論家的嘴巴。然而，一九六〇年一月四日，他卻在巴黎外郊的桑斯區車禍猝逝。

二〇二〇年，當我們這個時代的考驗到來，大家開始閱讀或重讀《瘟疫》，書店的《瘟疫》銷售一空。大家不敢相信一部小說竟然清楚預知我們目前的處境和自我安慰的假象，例如領導人的謊言、社會繁榮使我們忽略的命運和財富不公、口惠而實不至的「同舟共濟」，以及不如想像中美好的現實。全球大流行病讓我們深刻瞭解，你我都一樣脆弱，但以卡繆的話來說，「沒人想要這種平等。」

重讀卡繆幫助我們對李厄醫生這樣的人敞開心胸，是他們冒著生命危險保護我們的安全。卡繆若是看到紐約、米蘭、巴黎、倫敦和巴塞隆納的公寓住戶在約好的時間一起打開窗戶，一起為他們素昧平生的人鼓掌致敬，應該也不會感到驚訝，因為這些人此刻正穿戴個人防護裝備，在城市另一頭的醫院裡救治他們的母親、父親、兒子、女兒。

卡繆主張瘟疫是毫無道理也沒有意義的，這或許是他想傳達的訊息中較難接受的一部分。它挑戰了我們從社會不斷進步的假象中得到的慰藉，即使我們自己並不明白。這次的病毒彷彿把我們丟回一九一八到二〇年、一七二〇年的馬賽，或一六六五年的倫敦。時間非但沒有前進，反而還退回我們以為永遠拋開的過去。我們得到的啟示不僅於此。死亡人數揭露了我們以為有足夠的醫院、病床、呼吸器面對公衛危機的假象，讓我們發現長者和弱勢者的社會照顧網有多麼不堪一擊，正如卡繆在書中所說。

因此，二〇二〇年的冬天、春天、夏天和秋天，當我們的世界因為這場災難突然陷入黑暗和寂靜時，我們重讀卡繆，心有戚戚焉。我們對歷史的掌控遠比自己以為的低，對疾病的掌握也遠比自己想像的少。人類社會在短時間內完全停擺，讓我們無所適從，也為所有世俗信念打上問號。

我們從中發現我們依賴彼此也需要彼此，而卡繆早已預知到這一點。除此之外，我們別無其他安慰。我們唯一的信念就是，我們會盡自己所能不讓對方死去，而醫護人員和各地志工的奉獻犧牲進一步鞏固了這個信念。

在小說最後，李厄醫師回顧這趟地獄之旅的收穫：

> 世界的邪惡總是來自無知，而善意若缺乏理解，造成的傷害不會少於惡意。整體來說，人心的善還是大於惡。

一場全球大流行病有可能告訴我們這些嗎？無論如何，卡繆如此堅稱，因為無論這個信念多麼難以證實，仍然是希望的根基。這段話讓我們想起普利摩．李維的生命喚起的問題：少數人的良善（例如他）是否能安慰我們，不為其他許多人的殘酷懦弱感到痛苦？李厄醫生但願如此，卡繆也是，但他給我們的慰藉也僅只於此。

一九四五年，戰爭結束，卡繆在他的札記裡寫下一段話，題為「我的工作的意義」：

那麼多人得不到恩典。人沒有恩典要如何活？我們真的必須正視這個問題，做基督教從未做過的事：關心那些要下地獄的人。

一九五九年，在最後一次訪談中，嚴陣以待的卡繆回答了一名記者充滿敵意的問題：

我不知道為什麼我應該為關心活在恩典之外的人道歉？該是我們關心他們的時候了，因為他們占最多數。

我們不是天使，我們並未受上帝庇佑，卡繆這麼說。沒有任何事能阻止瘟疫爆發、摧毀我們確信的事。他要我們明白這就是「活在恩典之外」的意思。也就是活在全然的確信或最終的安慰之外，活在相信歷史具有人類能理解的意義之外。但他並沒有停在這裡。活在恩典之外不表示沒有希望，或缺乏人該怎麼活的榜樣。我們永遠不乏榜樣，而他想要我們看到的榜樣既真實又明確：一個老婦人靜靜陪在一個陌生人的床邊，陪伴他度過黑夜，不讓他孤伶伶地死去。

活在真相中

瓦茨拉夫・哈維爾的《獄中書：致妻子奧爾嘉》

他離開人世已有一段時日。他身為劇作家、作家、異議份子、政治犯、最後終於當上捷克總統的一生，已經從很多人的記憶中遠去。他屬於一個英勇輝煌但難再重現的歷史過渡期——柏林圍牆倒塌，曼德拉獲釋，我們敢於夢想歷史會跟過去有不同的走向。瓦茨拉夫．哈維爾（Václav Havel）在今人心中最深刻的印象，是一九八六年（三年後他帶領捷克走向自由）記者問到他的生命力泉源時，他的回答：

> 希望跟樂觀肯定不是同一件事。希望不是相信事情會有好結果，而是相信無論結果如何都有它的意義。

這句話廣為流傳，至今仍常在演講中被引用，因為它鼓舞人們堅持到底，即使目標看似遙不可及。這句話有哈維爾的整個人生作為見證。三十年來，經過失敗、入獄、自我懷疑，他仍然堅持自己的目標，這個目標最後使他坐上總統的位置，連他本人都意想不到。

事後回顧時，一切都蒙上溫暖的微光，因此我們很容易以為像曼德拉和哈維爾這樣的人一直相信勝利總有一天會屬於他們。但對兩人來說，也有希望彷彿蕩然無存的時刻，他們的堅定不移比較像是人類終於戰勝了絕望。

以哈維爾的例子來說，這段關於希望的話，至少在一九八六年當時其實是與捷克的偉大作家米蘭．昆德拉（Milan Kundera）激辯時提出的反擊。兩人爭辯的是，共產捷克是否有改變的可能。昆德拉的小說《生命中不可承受之輕》（*The Unbearable Lightness of Being*）藉由寫作把一九六八年後布拉格的道德氛圍永久封存，而當時三十幾歲的哈維爾正在廣發請願書，呼籲當局釋放蘇聯入侵後逮捕的政治犯。昆德拉的小說中有個角色表示說簽這種請願書也無用，不會有人因此獲釋。將近二十年後，昆德拉的立場，至少是他筆下角色的立場，仍舊讓人難以釋懷。哈維爾堅持請願有其效力，尤其當你人在獄中時。知道有人努力要把你弄出監獄，就能幫助你活下來，無論希望多麼渺茫。昆德拉怎麼可能知道這種事？從一九七五年開始，他就安全地待在巴黎，而哈維爾卻留在布拉格，並因為擔任反抗行動的主要發言人而入獄。更甚者，因為對這樣的舉動不抱希望，昆德拉也就屈服於讓任何政治行動看來都像在浪費時間的宿命論。曾經是知識份子中的馬克思主義者，相信歷史的走向掌握在自己手中，如今昆德拉卻在小說中傳達一種厭世的無可奈何，甚至說歷史是「一種聰明的神，只會摧毀、欺騙、虐待我們，客氣一點是捉弄我們」。

哈維爾沒有昆德拉淡然處之的餘裕。他告訴訪問者，歷史「不是他方發生的事。歷史就在這裡發生。我們都在創造歷史」：昆德拉以小說，記者透過訪談，異議份子用請願書。如果你我都在創造歷史，我們也能用各自的微小方式改變歷史的路線。而哈維爾選擇的道路就是：堅持不向統治政權低頭並因此入獄多年。這場訪談過後三年，共產政權敗陣潛逃，哈維爾站在瓦茨拉夫廣場前面對著二十五萬人民，那時候他或許覺得歷史終於站在他那邊。然而，他受過的磨難不允許他太過得意忘形。一生投入反對運動讓他體認到，人確實能創造歷史，卻非他們原本預期，甚至希望的歷史。

假如後來他如此相信，他要如何保持希望？

哈維爾一再問自己這個問題，尤其是一九八二年夏天他因為反抗蘇聯政權而進入布利監獄服刑的第三年。他從來不喜歡談獄中的事，但對於一個沒吃過苦的四十歲中產知識份子來說，獄中生活是一種殘酷的覺醒。早在一九七七年他就被拘留過，但服勞役卻是他的第一次經驗。在赫曼尼斯監獄裡，他必須學會使用乙炔燒焊槍，奮力在廢鐵場達成規定的工作量。其他時候他的工作是在冰冷、充滿油污又沒有暖氣的機棚裡拆解電纜。典獄長特別喜歡找這位鼎鼎大名的犯人麻煩，還曾因為他試圖說服一名獄友打消自殺的念頭而送他去「關禁閉」。轉到布利監獄之後，他換到洗衣房工作，負責把滿是精液的床單丟進洗衣機。

其他犯人多半是輕犯，通常不會去煩他，但犯人彼此的距離近得令人窒息且疲憊不堪。為了活下來，他沉默，小心，關在自己的腦袋裡，只有在那裡他才能自由自在。他幻想著外面的生活，童年的氣味在腦中縈繞不去：他養的狗從泥巴河跳出來把自己甩乾的味道，還有二十幾歲在巴魯斯特拉德的劇院工作時架上戲服的乾燥氣味，以及監獄牆外捷克鄉間的乾草香。星期六晚上是支撐他活下去的動力，他終於可以在自己床鋪上享受片刻寧靜，寫一封四頁的信給妻子奧爾嘉（Olga）。

一九八二年五月的某個晚上，他跟其他犯人一起收看電視上的晚間氣象報告，播報員是國家氣象局的某位女性。播到一半時，聲音突然被切斷，她站在台上意識到不對勁卻又什麼都不能做。哈維爾在給奧爾嘉的信中說：

例行工作的保護罩瞬間消失，我們面前站著一個困惑、不悅、困窘無比的女人。她停止說話，不知所措地看著我們，接著視線轉到旁邊，但那個方向也沒人能幫她。她幾乎要哭出來。面對數百萬觀眾卻又徹底孤立無援，硬生生被丟進一個陌生、突如其來又無可奈何的處境裡，難以透過動作表達她的臨危不亂，例如聳肩、微笑等等，只是窘得無地自容，赤裸裸呈現人類無助時的原始模樣。

那樣的處境他能感同身受，好比你「腦袋枯竭」，忘了詞，光著身子站在群眾面前，你的形象瓦解，露出底下不停顫抖的人。周圍其他囚犯可能在吹口哨或大聲叫囂，看到政府忠僕受窘而幸災樂禍（連捷克氣象局都得在口頭上支持政黨方針），但哈維爾卻對她滿懷同情，甚至誇張地想伸手摸摸她的頭。

他告訴奧爾嘉，那一幕觸動了他的內心。他在給她的信上說他感覺自己「對一切」都有責任，聽來或許很瘋狂，但連這個陌生人默默承受的痛苦也不例外。為什麼他覺得對她有責任？因為他在她無從掩飾的窘態中看到自己。因為如此，他再一次發現，「責任」必須是他生命的支柱。

那時候哈維爾正好在讀弟弟伊凡（Ivan）寄給他的一篇文章，即法國哲學家列維納斯（Emmanuel Levinas）寫的〈沒有認同〉（No Identity）。列維納斯也坐過牢，他原本是法國軍隊的士兵，一九四〇年被捕並送往德國的戰俘營，在那裡的林務隊服了五年勞役。身為立陶宛的猶太人，他之所以逃過死亡集中營只因為德軍必須承認他是受日內瓦公約保護的戰俘。列維納斯漸漸把囚禁生活理解成遠古希伯來聖經意義下的奴役（servitude）。他引用詩篇第一百一十九章的話：「我在世上不過是客旅，求你別向我隱藏你的誡命。」他在這篇文章中寫道：「在埃及的土地上既是外人又是奴隸，反而讓人跟鄰居更親近。因為身在異鄉，所以彼此尋求依靠。沒有人像在家一樣安心自在。這種對奴役的記憶創造了人性。」哈維爾讀到這些文字大受震撼也深深認同。他還記下列維納斯的話：

責任確實會建立認同，但不是因為認同才有責任，而是因為有責任才認同。

列維納斯的這句話幫助哈維爾理解自己對氣象播報員沛然莫之能禦的同情：他們是同類，他對她有責任，那是他與生俱來的責任。同樣的，他也想通以前深夜在布拉格搭電車時，為什麼就算列車長沒注意也沒有乘客在看，他一定會投幣。這麼做是因為他覺得有一雙代表絕對行為標準的眼睛永遠在監視他，讓他覺得自己對它有責任。

他在多封信中寫下列維納斯的文章給他的衝擊。在其中一封信裡，他對奧爾嘉說：隨時監視著他的不是上帝，而是「我那親密且無所不在的同伴，有時是我的良知，有時是我的希望，有時是我的自由，有時是這世界的神祕難解」。無論那是什麼，都跟他距離太近，不可能成為他的信仰，再說他也不是虔誠的基督徒。然而，他會用宗教信仰來思考自己最深的渴望。他覺得自己「持續不斷」在「面臨審判」。「發生過的事無法取消，都會留下來……我也留了下來，只能跟自己綁在一起直到世界末日，就像現在。」

曾經因為自己為反抗行動所做的犧牲可能都是白費而感到痛苦，後來卻突然因為一個陌生人的困境而激動落淚，並覺得自己對她和其他人有責任，這一切讓他重獲自由，也重新找到目標。有目標就有希望，也就得到了救贖。

一旦有了這個突破性的進展，內心深處的其他感受也浮上腦海。他不得不面對一個事實：他徹底依賴奧爾嘉。她和他弟弟伊凡是他與外界的唯一聯繫。奧爾嘉每三個月來看他一次，帶伯爵紅茶、香菸和刮鬍水，還有外界的消息跟異議份子及劇場圈的八卦給他。

她是他的初戀，來自工人階級，「跟尺一樣直」。一九五〇年代兩人在布拉格相識，她是劇場帶位員，大他三歲，當時他還未成年，是後台見習生。她堅毅的性格對這個聰明、健談、心情躁動的中產階級少年來說難以抗拒。此外，他母親不喜歡她，甚至會怕她，使這對年輕戀人的愛情更顯叛逆。哈維爾入獄時，兩人已經在一起二十多年，她對人坦率而犀利的評價成了他的識人標準。她是他第一個讀者、他最嚴厲的評論者，但直到他坐牢之際，他長年不忠早已讓他們的婚姻千瘡百孔。

警察前來逮人時，他不是跟奧爾嘉在家裡，而是跟某位同志好友的前妻安娜．柯胡托娃（Anna Kohoutová）在一起。即使他每次都坦承自己不忠，但當他入獄時，奧爾嘉的忍耐已到極限。她不常寫信給他，也難怪如此。他給她的信充滿各種要求：要這牌牙膏，不要那牌；要這牌茶包，不要另一牌；甚至有次還要她傳信問候安娜。

剛開始在獄中會面時，雙方都情緒緊繃，不想說話，尤其旁邊還有守衛。她用她僅有的方法懲罰他，也就是傲慢的沉默，他不得不求她給他一些回應。牢獄生活讓他發現自己有多麼脆弱、多麼需要她。他開始說她是他的支柱、他的信念。她從未遺棄他，但難免會利用他的罪惡感。他雖然愧疚，可是任何從遵守道德準則中獲得力量的人，除了跟一個提醒他不該忘記自己是何種人的女人在一起，別無選擇。

道德權威是一回事，愛和慾望又是另一回事。兩人的通信冷冰冰，記錄了一段牢不可破的關係，卻是建立在毫不留情評判對方的基礎上。曾有朋友問他為什麼給奧爾嘉的信如此冰冷，鮮少安慰，甚至關愛的話語，他回答說別忘了這些信都得經過獄方審查。再說，他跟奧爾嘉「從不習慣表白對彼此的感覺。我們都話很少，但各自有不同的理由，她是因為驕傲，我是羞愧」。

他尋求她的原諒，也尋求自己的原諒。有段往事他一直耿耿於懷。一九七七年一月到五月在魯齊納監獄，那是他第一次以異議份子發言人的身分被拘押，在獄中等著受審。訊問他的人很聰明。哈維爾懊惱地說對方利用他的弱點，也就是中產階級亟欲討好人的渴望、他的聰明，以及知識份子的優越感，設法讓哈維爾同意只要他放棄異議份子發言人的身分就提早將他釋放。哈維爾大可以說自己當時是因為害怕和不知所措才這麼做，但他無法原諒自己的是，他竟然以為騙得過訊問他的人，等他發現自己在布拉格反對團體面前丟光了臉已經太遲。獲釋之後，朋友雖然都能諒解他，他卻因此陷入人生最黑暗的時期：「日日、月月、年年都活在死寂的絕望、自責、羞愧、自我否定、批評，和無法諒解的質問中。」在兩人所有通信中或許是最親近的一刻，他坦承說只有奧爾嘉大概知道他有多絕望。

跟出軌不同的是，這個太過人性的失誤破壞了他身為反抗運動發言人的道德權威，而反抗運動的影響力多半就來自道德權威。刑期將屆時，他知道自己若無法止住從尚未癒合的傷口滲出的羞恥感，出獄之後他絕對無法重拾領導地位。藉由列維納斯的幫助，加上對氣象女主播的同情對他達到的淨化效果，他重新發掘自己獻身人群的動力。如今，他必須原諒自己犯過的致命錯誤，才能繼續奉行他的信念。

「活在真相中」讓虛假的安慰沒有容身之地。為了原諒自己，他必須承擔責任，打從靈魂深處為自己在魯齊納監獄訊問室裡的懦弱和失誤擔起責任。在《獄中書：致妻子奧爾嘉》最高潮的段落，他寫道：

躲在成功後面並不難。但要為一個人的失敗負起責任，毫無保留地接受那確實是自己造成的失敗，無法轉移到其他地方或其他事物上，並主動承認自己必須付出的代價，不去管世俗的利益，無論那些利益掩飾得多好，也不去管出自善意的建議，這件事難得要命！但唯有如此——經驗如此說服我，但願——我才能重新掌控自己的事，才能獲得全新的視野，把存在的神祕力量視為一件變化莫測的事，同時看見它超越凡俗的意義。

承認失敗，就是不再假裝該負責任的人已經放棄自我，而能接受這個人永永遠遠都是你。接受失敗的自己，就是不再把羞恥推開。這就是「活在真相中」的真諦。

他也因此瞭解，往前邁進時他再也不能把自己的品德視為理所當然，他必須知道自己有多脆弱。他說在盧齊納監獄的訊問室裡，因為「片刻的大意」，「對自己太過輕信」才會犯錯。他再也不會輕易相信自己。他對生命的理解不再是一種命運的實現，而是許許多多危險的選擇延伸出去的未來，走錯一步或拐錯一個彎都可能後悔莫及。

一九八二年夏天，他的信在布拉格的同志圈內流傳，有些內容應該集結出版是他本人的意見。把書名取為《致妻子奧爾嘉》等於承認妻子就是他告白的對象。有個哲學家朋友替他寫序，把他跟波愛修斯相提並論。這些信因此被包裝成現代版的《哲學的慰藉》。兩者的異同都值得一提。雙方都從一名女性身上尋求慰藉，波愛修斯的對象是哲學女神；哈維爾的對象則是一個真實存在卻遭他背叛的女性。對波愛修斯來說，他尋求的慰藉是跟命運和解；對哈維爾來說，他渴求的慰藉是原諒。

哈維爾對希望的看法和對「活在真相中」的體悟，確實令人肅然起敬，因為那是他奮力跟自己協商談判後才換來的成果。他承認他毫無藉口為自己在訊問者面前表現出的軟弱開脫，而獲釋之前他相信他之所以有權利重獲自由，是因為他原諒了自己。

一九八三年初出獄之後，「活在真相中」並沒有變得比較簡單。他個性中一些無可救藥的成分已經改變不了。他跟安娜舊情復燃，之後又跟另一個女人交往，奧爾嘉也開始跟另一個男人往來。但他從未離開奧爾嘉。她一直都是他的支柱，他的知己，他的審判者。

出獄後七年，他當上捷克總統。一開始，這個能創造歷史的機會讓他欣喜若狂，也因為自己不凡的生命經歷在各地引起的關注而受寵若驚。華盛頓、倫敦、巴黎和柏林紛紛頒發獎項和榮譽博士學位給他，但他身上總有一部分像旁觀者一樣置身事外。他開心地拿自己的人生說笑：「這小子，雖然大家都告訴他死了這條心，他卻用頭去撞牆，撞到牆壁終於垮掉，他也成了國王，從此統治國家十三年之久。」

他的生命故事成了給人希望的老生常談，這或許也是他能在位那麼久的一個理由，但連他最親近的朋友都納悶他為什麼要堅持到最後。他在任期間多災多難：國家一分為二；他經常上總理瓦茨拉夫．克勞斯（Václav Klaus）的當；他在動人的演講中提醒人民提防貪腐、自私和精神空洞，但人民不聽。儘管如此，他還是一路往前跋涉。一九九六年，奧爾嘉罹癌過世。他很快再婚，新婚妻子是比他年輕很多的女演員，引來眾人嘲笑。他堅稱自己的命是她的愛和有次危急狀況下她堅決送他就醫才救回來的，況且他難道沒有資格得到一點點快樂嗎？

對他的批評愈來愈多，但他還是沒有離開布拉格城堡[1]。他說，從早到晚行使權力能證明「你真的存在，你有不可否認屬於你的身分認同，你說的每句話、

1.譯按：捷克總統辦公的地方。

做的每件事都會在世界留下明顯的痕跡」。然而，權力也讓他喪失了自我。他的演講變得防衛而制式，同僚不再告訴他真話，他不再有時間做自己，甚至跟自己獨處。若他把「活在真相中」當作活得坦率的考驗，那麼任職晚期經常沮喪抑鬱的他，想必愈來愈常懷疑自己是否活在謊言裡。

二〇〇三年終於卸任之後，他確實在華盛頓享受了一段勝利之旅。美國人在國會圖書館為他張羅了一間辦公室，還在喬治城替他準備了房子。社會賢達前往馬德琳．歐布萊特（Madeleine Albright）[2]的住處跟他會面，聽他用獨特的英語暢談國際情勢。美國總統還在白宮接見他。這一切他都樂在其中，即使是晚年被陌生人誤認成另一個人的諷刺時刻：在美國國會大廈的電梯裡，有個年輕人說他一直都是他的偶像，哈維爾謝謝他之後，年輕人問他《生命中不可承受之輕》是不是真是他寫的？他心想，被人誤認成他的死對頭，還真是「十足昆德拉式的情境」。

他的幽默和自嘲幫助他度過晚年，但到最後他愈來愈常獨自待在他跟奧爾

2.譯按：前美國國務卿，本身也是捷克移民。

嘉在維爾切采（Hradeček）住過的鄉間住宅，思索著自己逃離了大眾、政治、人群，甚至他的新任妻子，或許還有他自己。

他不懂自己為什麼一直在屋裡走來走去，東摸摸西摸摸，為什麼「什麼東西都要對齊，不能懸在桌角或歪七扭八」？為什麼明明胃口不好卻要在冰箱塞滿食物？他彷彿一直在期待誰來拜訪。但是誰呢？一個美麗的女人？一個救星？老朋友？其實他並沒有真的想再見到任何人。

他自己知道原因。「我一直在準備最後的審判從至高無上的法庭降臨，到時一切都無所遁形，該受肯定的會受到肯定，缺漏的當然也會被發現。」

他認為最後審判的法官會發現這些小地方，因為對方跟他一樣注重細節。但話說回來，他又何必在意呢？他說那是因為「我的存在使此存有起了波瀾」，而他留下的小小波瀾，包括異議份子、囚犯、總統，改變了世界。因此，他的生命必須接受審判、評價、衡量。他會獨自待在這裡，「不過是個焦躁不安的人」等待著最後的審判。六年後，當這一天到來時，他人在這棟鄉間宅子裡，身旁只有一名護士陪伴他到最後。儘管犯過許多錯，創造歷史的人們中，很少有人比他更勤於自我反省。原本他個性外向，在監獄裡學會反躬自省，同時找到了盡可能活在真相中的方法，並鼓舞其他人也這麼做。到了生命的最後，等待著自己的最後審判時，他應該明白所有事他都早已自我審判過。這樣的體認或許能帶給他一些慰藉。

善終

西西里・桑德斯的安寧療護運動

將近三十年前家母臨終時，我記得最清楚的是聲音：醫院病房外油氈走廊上的吱嘎腳步聲，機器和螢幕發出的嗶嗶嗒嗒聲，遙遠某處的收音機聲，還有她意識不清翻來覆去發出的粗啞呼吸聲。舍弟站在床頭按摩她的肩膀，我坐在她旁邊握著她的手。以當時的狀況來看，她不可能知道我們就在她身邊。過了一段時間，我不記得多久，一名穿著綠色手術服的年輕亞洲醫生走進來，翻開床尾的紀錄表，查看眼前的狀況，問需不需要再幫她打一次針。但她剛剛停止呼吸，側躺著一動也不動，再也不需要任何東西了。醫生對我們搖搖頭，表情木然。護士請我們出去，之後我就再也沒見過我母親。

家父一次到魁北克探望晚年在那裡定居的俄籍父母時突然心臟病發，救護車把他送往車程要四十分鐘的醫院加護病房。當時舍弟住在多倫多，他趕到醫院看他，但探病時間一到又得拋下身上吊著點滴、接上許多儀器、看上去失落又害怕的父親。家父當晚過世。那時我遠在大西洋的另一邊，沒能及時趕到。

至親在醫院過世的這兩次經驗，留給我無限的悲傷。我希望父母都能善終，子女能圍繞在身旁跟他們道別。但實際上非但沒有時間，也沒有空間能讓我們這麼做。醫院的一般病房或加護病房都不是能給人慰藉的地方。因為缺少這樣的地方，死亡在生者心裡留下很深的創傷。

二十世紀中，大西洋兩岸的醫生、護士和病患都設法要改變我們死亡的方式。他們必須改變醫學理解醫生角色的方式，以及我們如何理解在生命最後等待著我們的是什麼。對許多醫生來說，死亡是失敗，或許治療家父家母的醫生也不例外。若病患已經奄奄一息，不可能再做進一步的治療，那麼希望就離我們而去，醫生只能交由護士處理剩下的事。但新一代醫護人員漸漸發現，即使不可能再做進一步治療，希望也還在；就算無法起死回生，至少也能讓病患與生命好好相處，跟疏遠已久的子女和解，撫平心理的創傷，整理千頭萬緒，等一切都處理妥當才放心離世。死去並非希望的終點，即使在死亡的陰影下仍有要完成和解決的事。在這樣的理解下，就有了慰藉及建立一個機構以達到這個目標的可能。

很多人促成了這樣的改變，但最大的推手還是名叫西西里．桑德斯（Cicely Saunders）的英國醫生。她把安養院這種可追溯至中古世紀的古老機構改造成二十世紀的新版本，結合臨終醫療和對臨終病患的貼心護理，融入新的醫療制度，讓臨終病患有時間與死亡和解並盡可能得到心靈的平靜。藉由這種方式，一種新的世俗慰藉在她的幫助下從護理、心理學、疼痛管理和治療中孕育而生。桑德斯跟美國的伊麗莎白・庫伯勒羅絲（Elisabeth Kübler-Ross）博士一樣，相信大多數人面對死亡時，一開始都是抗拒和否認，但幾乎所有人最終都會來到接受命運的階段。關於這一點，兩人皆認為人不是沒有可能免於對死亡的恐懼。他們各自從本書提過的各種傳統中取經。桑德斯參考了《約伯記》、《詩篇》和卡繆，庫伯勒羅絲則參照了佛洛伊德、榮格以及他們的門生；兩人亦研究了大多數男性醫生同僚忽略的資料：臨終病患所說的話。她們發現，臨終的煎熬不只是痛苦和恐懼，還有不被聆聽，甚至被隱瞞事實的內心感受——有時是絕望，有時是憤怒。臨終病患需要的是跟人談談自己的生命，為自己的生命找到意義，原諒自己和他人，坦然迎向生命的終點。要把這些議題推向醫療工作的核心，桑德斯必須對抗一九六〇年代的醫療系統中根深柢固的男女分工制度。當時醫院負責治療的是以男性居多的醫師，負責疼痛管理的是以女性居多的護士，慰藉則是牧師的工作。桑德斯打破這些分野，協助建立一種新的安寧緩和醫療，把這些角色結合在一起，慰藉在醫療系統裡變得跟照護和疼痛管理一樣重要。因為有她協助開創的安寧照護運動，如今世界大多數國家都有臨終關懷機構，大多數醫院也都推行安寧照護。

西西里・桑德斯的醫護生涯使於戰時的倫敦。她本來是護士，戰後她漸漸發現照顧臨終者才是她的人生志業。剛開始是因緣湊巧。一九四八年一月的某個早上，她在倫敦的聖湯瑪斯醫院當社工時接到蘇活區某個女房東的電話，對方告訴她，她有個最近才剛出院的病患倒了下去。她趕到現場時，名叫大衛・塔斯馬（David Tasma）的患者被人抬上救護車。他問她自己是不是快死了。沒人告訴過他真相。她據實告訴對方，他的腸癌已經是末期。他問她會不會來看他。「我還能怎麼做？」她記得當時自己心想。

之後兩個月，她幾乎每晚都去病房探望他，聽他氣若游絲地說說話，夾雜著兩邊病床傳來的碗盤聲、推車聲、腳步聲和呻吟聲。他是波蘭裔猶太人，才四十歲，戰前就來到倫敦，在丹麥街的畢達克猶太餐廳當服務生。戰爭期間他失去所有家人，如今只能獨自面對死亡，除了陪伴在他床邊的這位身材高大、來自中上階層的未婚女子。她事後轉述，他說他覺得自己還沒活過就要死了，甚至沒有「在池子裡留下一道漣漪」。她來看他，是有人還關心他的唯一證明。

在嘈雜的病房裡，跟其他病患只隔著簾子，桑德斯開始思考臨終病患需要比這樣更好的地方。她把自己對這樣一個地方的初步想法告訴塔斯馬，例如更好的止痛藥物、更多隱私、更多家人的陪伴，以及協助病患處理其他事情。他精神為之一振，說他保了壽險，他會在受益人欄填上她的名字，這樣她就能打造這樣的夢想。她勸他別這麼做，但他很堅持。他告訴她，他的祖父是猶太拉比，但祖先留下的信仰沒有為他提供生命的支柱。她是狂熱的福音派基督徒，希望能說服他皈依基督教，但他說他喜歡她卻無法「只因為我喜歡妳就改信」。

身體更虛弱之後，他請她「說些什麼安慰我」，於是她開始背誦詩篇第二十三篇「上主是我的牧者」。他要她繼續，她接著背出第九十五篇的「來吧，我們來頌讚上主」，還有第一百二十一篇的「我舉目觀望群山」。他還想聽，但當她從包包拿出聖經要唸給他聽時，他卻搖搖頭說：「我只想聽妳記在腦子和心裡的東西。」二月二十五日，她去看他時他已經意識不清，跟他道別之後她搭公車回家，隔天打電話到醫院才知道他在她離開後一個小時就已斷氣。她是他最後一個見到的人。

桑德斯把陪伴大衛．塔斯馬的這幾週當作她人生志業的起點。他死後，她想從社工轉到護理，但有個醫生鼓勵她從醫，他說：「大多數醫生都遺棄他們的臨終病患。」而她會成為跟他們不一樣的醫生。他還說，疼痛控制方面要學的還很多。於是她回學校上課，取得資格之後開始在倫敦某家天主教安養院當醫生。這所醫院具備了中世紀流傳至今悲天憫人的護理傳統，但她說院內對疼痛控制的現代發展幾乎「完全無知」。她把疼痛管理變成自己的專業。當時病患只有實際感到痛苦時才能止痛，那種感覺很像他們得「賺取」自己的止痛藥。而她用另一種方法取而代之：固定讓病患服用少量藥物，減少疼痛，甚至完全避免疼痛。她證明了這種方法不會造成藥物依賴。更重要的是，若能幫助臨終病患保持清醒和免除疼痛，他們就有時間從容面對死亡。她知道對癌症患者來說，若要他們自在面對生命的終點，控制疼痛是必要的先決條件。

一九六〇年夏天，發生了第二件讓她人生改觀的事。她遇到另一個波蘭病患，對方名叫安東尼．米其尼維茲（Antoni Michniewicz），是個貴族和受過高等教育的工程師，患了骨癌，即將不久人世。當時他五十八歲，比她大十五歲。六個月期間，兩人愈來愈無話不談。是她告訴米其尼維茲，他的癌症已到末期，但他沒有別過頭，一臉絕望，反而溫柔地看著她，問她是不是很難開口。她說非常困難。

她事後回想，當他說愛上她的那一刻，「我的世界無預警地瞬間瓦解。」這樣的醫病關係違反了所有的職業規範，但天主教修女護著她，任由兩人繼續發展。她每晚都去看他，兩人坐在六人病房裡，跟其他患者只隔著簾子，安靜卻熱烈地交談，那是只有到生命最後才可能的對話。他親吻她的手，她伸手撫著他的臉。他欣賞著她的手錶，那是大衛．塔斯馬留給她的。「我什麼都無法給妳，」他對她說，「除了悲傷。」她輕聲回答：「我從未遇過像你這樣的人。」

他是虔誠的天主教徒，她則是福音派新教徒，宗教信仰支撐著他們。最後幾週他體重狂掉，昏迷的時間愈來愈長。八月某天晚上，她剛出外去探望另一個病患，他就撒手人寰。隔天她去醫院輪班時，他的病床已被清空，她怔在門口無法動彈。

她陪伴一個男人走到死亡邊緣，並深深陷入愛河，無法自拔。後來她說，他們在一起的那幾週就是她的〈愛之死〉（*Liebestod*）[1]，那段時間改變了她對生

1.譯按：華格納的歌劇《崔斯坦與伊索爾德》（*Tristan und Isolde*）的最終曲。

命將逝時還有什麼可能的看法。「時間的問題不在於長度，」多年後她在訪談中說，「而在於深度。」當臨終病患告訴她，他們沒有時間了，她會回答他們：只要有人與你分享，就永遠有足夠的時間。

米其尼維茲死後，她常夢到他，那些夢境折磨著她。她痛苦地寫下來世與他相遇的想像場景。這段時間也是她知識上最多產的時期。她搭建了思想和實務的架構作為日後作品的基礎。她大量閱讀：猶太哲學家馬丁・布伯（Martin Buber）、維克多・弗蘭克（Viktor Frankl）的納粹大屠殺回憶錄《活出意義來》（*Man's Search for Meaning*）、齊克果的《痛苦的福音書》（*The Gospel of Suffering*），還有一九三〇年代以來許多美國醫師被忽略的臨終研究。她從法國神祕主義者德日進（Teilhard de Chardin）那裡尋求心靈上的慰藉，讀尼采尋求精神層面的洞察，畢竟沒人比他更熟悉精神造成的痛苦，還有卡繆的《瘟疫》，特別是耶穌會神父和醫生救不回垂死的小孩時，坦承兩人雖然信仰不同卻投入同一場拯救人命的戰役的那一幕。對她來說，這個場景再真實不過。戰時在倫敦護理站工作時，她曾經徹夜聽著一個罹患腦脊髓膜炎的孩子的垂死哀號聲。她表示五十年後她腦中還是會響起那個聲音。

很少醫生像她一樣當過護士，她知道痛苦卻被忽略的那種屈辱感，以及臨終的孤獨感，她也瞭解固定的作息、熱水瓶、晚上有人幫你蓋被子對一個臨終病患有多大的影響。

臨終病患通常喜歡身體稍微被墊高或側躺。他們之所以平躺只是因為無法移動或請人幫忙。他們需要枕頭這樣放，頭才不會往前掉。他們通常很怕黑，渴望光線和新鮮空氣。氧氣給他們的安慰不多，他們討厭氧氣罩。他們在床上翻來覆去往往是想甩掉想必太輕的被單。

對細節一板一眼的要求，是她展現同情心的方式，跟托爾斯泰在他那本令人難忘的小說《伊凡．伊里奇之死》（*The Death of Ivan Ilych*）對細節的一絲不苟如出一轍。小說中，真正在法官垂死掙扎的孤單時刻安慰到他的人，是每晚坐在他身邊幫他按摩腳的老僕人。桑德斯知道怎麼幫病患按摩腳、照顧褥瘡、翻身、避免他們因為裝了導尿管而惱羞成怒或是感染。她對病患有種溫暖的幽默感。老先生會小聲求她別把他們全身洗透透，因為在另一家醫院「他們太常幫我清洗了」。安寧病房的癌末老酒鬼會偷溜去酒吧喝酒，晚上再溜回來睡覺，以為她根本沒發現。看著他們死去，她學會不害怕面對死亡。她也學會告訴陪在旁邊的家屬，說話時絕對不要當作病患已經沒有意識，因為他們雖然昏迷卻可能還聽得到。

她對於慰藉和真實之間的難解關係愈來愈務實。當初她對塔斯馬和米其尼維茲都說出了事實，但其他時候她選擇了溫柔哄騙。每個病患都不一樣。每個人對事實的耐受度都不一樣。「希望之門必定會慢慢地、輕輕地關上，」她寫道，因為虛假的希望根本不是慰藉。因為《瘟疫》，因為經常陪伴死守無神論或不可知論的病患，她漸漸接受自己無權對已經無藥可救的臨終病患鼓吹宗教的希望。她說她建立的安寧療護是一個共同體，是「各不相同的人」組成的共同體，團結大家的不是共同的信仰，而是對臨終病患和他們各自需求的共同尊重。

此外，因為瞭解醫生這個行業，也瞭解自身的恐懼，所以她知道很多人無法告訴病患事實是因為自己也無法面對事實。她諷刺地指出：

人類自欺的能力簡直教人不可思議。一個醫生可能沒發現自己身上的症狀，甚至全然不知自己來日不多，但同樣的症狀出現在其他人身上，他輕易就能診斷出來。

一九六〇年代中，父親和米其尼維茲相繼去世讓她深受打擊。這期間她出版了第一本書，書中的觀點成為她對臨終照護的核心理念。她說臨終病患的痛苦不限於身體層面，還有社會、心理和形而上的層面。他們擔心子女，擔心自己的財務；他們痛苦地回顧自己的生命，懷疑自己是否真正活過；他們揮之不去深埋在記憶中的悔恨和愧疚。他們的痛苦是「全面的」：身體和心理的折磨加在一起將他們淹沒。一如往常，她把這種體悟歸功於她的一個女病患辛森太太，她來自工人階級，當桑德斯問她哪裡痛時，她回答：「醫生，剛開始是背，現在卻好像全身都不對勁。」

假如答案是「全身都不對勁」，那麼臨終照護就得將諮詢、治療、財務建議、家庭介入，以及疼痛控制和貼心照護全部納入。這些對病患來說都是安慰，但最主要還是聆聽。在客西馬尼園禱告時，耶穌要門徒「跟我一起警醒吧」，但門徒卻都睡著了，只剩下他獨自一人面對上帝要他受難犧牲的事實。「跟我一起警醒」成了桑德斯用來表達慰藉是什麼的一句話。它代表在這裡，徹夜警醒，這樣才能聽到臨終病患說的話。曾經有個臨終病患告訴她，他們想要的是「有個人看起來努力想瞭解我」。她是個能設身處地的聽眾，卻不會感情用事。「我們從來無法真正瞭解他人，就像我們無法改變就是會發生的事，」但至少她可以保持警醒。

一九六七年，帶著胸有成竹的自信，桑德斯成功募資，在南倫敦成立聖克里斯多福臨終療護醫院（St Christopher's Hospice），院內共有六十張病床。此後四十年，它成為先進疼痛治療的科學評估先驅，訓練數千名醫護人員充實臨終療護技術，並提供周圍工人階級社區的病患和家屬臨終療護服務。院內有一面彩色玻璃紀念大衛．塔斯馬當初捐贈的創辦基金。世界各地的醫生來到這裡，其中一個是來自蒙特婁的貝爾弗．蒙特（Balfour Mount），他創了「安寧療護」（palliative care）這個詞來形容桑德斯和團隊每天在病房做的事所形成的新醫療專業。

一般都認為臨終是生命最孤單的時刻，但桑德斯卻不這麼想。她知道那是人生在世最公開、最社會性的時刻，而我們需要一個能夠尊重其關係、家庭和公共特性的體制。她知道不只臨終病患需要一個有可能得到慰藉的空間，病患也想利用最後的時間安慰他人，因為給人慰藉跟接受慰藉一樣重要。

我只見過桑德斯本人一次。那是一九九六年的下午，在聖克里斯多福臨終療護醫院。她個頭高，肩膀寬，已經六十好幾，一頭白髮精心燙整過，穿著花呢套裝和荷葉邊上衣搭配胸針。她說話就像老一輩英國中上階層人士一樣字正腔圓，樣貌則如某種典型的英國人，像是地方官、鄉間節慶或教會援助會的固定成員。她倒了一杯威士忌給我，也給自己倒了一大杯。她聰明絕頂，對知識好奇也博學多聞，不符合她呈現的務實形象。她也是個頑固的浪漫主義者，帶著我穿過聖克里斯多福醫院的走廊時，她像小女孩一樣興奮雀躍，爽朗笑聲迴盪不絕，滿懷驕傲和愛指著牆上的許多油畫，說那是她的波蘭丈夫（「我生命中的第三個波蘭人」）畫的。兩人結婚十五年，他一年前才過世。

她最值得敬佩的是真正落實安寧療護，無論在安寧病房、醫院或家裡，世界各地有數百萬人因此得到善終，她也為此感到驕傲。這樣的成果確實值得驕傲。

此外，她也是個辯論高手，尤其是安樂死的議題。她一生致力建立的一切，目前正受到一種日漸強大的信念威脅，那就是「死得有尊嚴」就表示當生命難以忍受時，人應該要能選擇結束自己的生命。她認為，把這稱為死得有尊嚴是錯的。幫病患打針幫助他們尋死的醫生違反了醫師誓詞，接受的病患則屈服於自己很快會完全依靠他人、失去尊嚴的錯覺。住在她內心的護士對這種想法很反感。即使是罹患運動神經元疾病的患者，也有可能保有尊嚴和力量到最後一刻。終其一生她都不改信念。四十多年前她曾寫下：「我們不能主張要直接捨棄生命，也沒有資格說痛苦無益，或說病患已經不能做任何事或學不到任何東西。人不是肉身和存在的主人和所有人。」她對於慰藉的看法建立在一個信念上：我們並非身體的主宰，而我們的任務是跟大半非我們所能掌控的生命和解。

無論我們會不會有坦然接受死亡的一天，會不會達到她認為是自然進程的平靜及和解，唯有等時間到來，我們才有可能回答這些問題。但桑德斯確定的是，唯有永不放棄為我們的死亡賦予意義，讓所愛的人釋懷，臨終時才有可能尋得慰藉。桑德斯明白，當心靈得到平靜並置身於一個尊重臨終陪伴的地方時，死亡才能真的安息。

桑德斯晚年罹癌，腫瘤慢慢擴散，但她靠著堅毅的個性和犀利的幽默感撐了過來。要瞞過她很難。她想看X光，最後一年也坦承希望「腫瘤會擴散到其他地方」，因為要堅持下去「很累人」。最後幾個月她回到聖克里斯多福醫院，這次是以病患的身分，接受她為了別人不斷精進的安寧療護。二〇〇五年七月十四日，她在院內辭世，享年八十七歲。她奉獻了五十年的歲月找出善終的所有必要元素：減輕痛苦，安靜舒適的環境，所愛的人的陪伴，有時間回顧生命，有結束痛苦的可能。她為了讓他人得到善終做了那麼多，我希望到最後她也能得到善終。

後記

三十年前，家父家母在三年內相繼過世，我頹廢了很長一段時間。一直以來，他們都是我生命舞台的兩大觀眾，場上突然空了兩個位子，演出似乎就失去了意義。我為他們哀悼，但那種傷痛太過巨大，難以被撫慰。

直到今天，我仍然想不出當初自己是怎麼重新站起來的。之後我確實再度陷入愛河，找到體貼寬容也全心愛我的人。跟兩個孩子在一起，陪伴他們長大，在他們臉上看到家父家母的影子，也幫助我重燃希望，相信他們的生命在孩子身上延續了下去。我又開始夢到他們。在夢中，我看到父親在海邊踩浪前行，不時彎腰撿拾貝殼；母親拉拉身上的紅色新洋裝，問我好不好看。我開始跟弟弟聊他們的事，這才發現他記得的事跟我很不一樣，過程中我漸漸確認屬於自己的難以磨滅的記憶，就像把照片收進相簿一樣。如今，三十年後，時間發揮了它的效用。傷痛隨著時間淡化，現在我覺得他們會一直留在我生命中。我房間的窗台上放了一尊跳舞的木馬（至少我看起來像在跳舞），此刻在陽光照射下閃閃發亮。這是家父六十多年前的某個夏天，在喬治亞灣的小屋裡用白雲杉的糾結樹根刻成的。看著它我心想，我們父子之間有時會有的難過和憤怒都已遠去，如今我只覺得很感激這輩子能跟他當父子。同樣的，對家母的最後記憶（當時她已不認得我們，無法說話，記不得我們的名字）也不再讓我痛苦。現在我記得的反而是她笑容滿面，活力充沛又滿懷希望，我們放學回家後她會邊煮晚飯邊唱茱蒂．嘉蘭（Judy Garland）的歌，還曾在我八歲時幫我畫過人像。那幅畫現在就掛在內人書桌前的牆壁上，確實跟我一直以來的樣子很像。

接納死亡的過程中，我發現「慰藉」除了是從失去中找到意義的自覺過程，也是靈魂深處重獲希望的不自覺過程。那是我們做過最艱鉅但也最值得的事，而且我們想逃也逃不了。無法面對死亡、失去和挫敗，我們就無法活在希望之中。

我的挫敗有些是私人的，也有些攤在大眾面前。之後的復原過程分成不同階段，一開始是自憐，直到漸漸發現生命中不乏更慘的事。下一階段你告訴自己你已經盡力，但要你承認自己還有很大的進步空間卻很痛苦。接著你告訴自己要往前看，卻發現你沒有一天不希望自己當初沒那麼天真、那麼自欺欺人。但最後你終於跟哈維爾一樣瞭解到，無論如何你都必須接受全部的自己，以自己的努力為榮，為完全歸於自己的挫敗負起責任。藉由這個緩慢、迂迴、幾乎不自覺的過程，你漸漸得到安慰，甚至學會感激挫敗教會你更加認識自己。

挫敗是最好的老師，年華老去也是。年紀愈長，我至少漸漸擺脫了一個虛假的慰藉。舉凡階級、種族、教育程度、公民身分、愛我的父母給我的所有優勢中，我最難戒掉的一點是存在的優勢，也就是認為自己很特別——我拿到了一張通行證，所以人生才一帆風順。這種想法當然很可笑，但因為有這個錯覺，我才有動力去做各種事。然而，挫敗和年老漸漸讓我看清事實並非如此。我擺脫了身分地位使人對愚行和不幸免疫的錯覺，漸漸接受（無論願不願意）自己跟其他人一樣，都會受錯覺、自欺，和凡人都會有的弱點所害。我發現通行證遲早得繳回去，無論如何都會碰到一扇緊緊關上的門。當我把通行證繳回去時，與其他人命運一致的感覺才會漸漸浮現，但要過段時間才能真的接受。這時我才知道過去反對那些抽象的相互扶持錯得有多離譜，我終於驚覺自己跟其他人都被綁在同樣的命運裡。但這些體悟都是老去的過程不可避免的一部分，也成了一種慰藉。我或許並不特別，但確實跟大家在同一條船上。這種結果並不淒涼，也沒那麼難以接受。甚至說不定會讓我更加體貼別人的不幸和苦難，更加留意一直提醒我們人類有多虛榮和愚蠢的古老智慧。

毫無疑問，其中一些經驗造就了這本書。把它們寫下來，就是我處理失落的方式。過程中有許多人陪伴著我，他們在作品中分享了自己找到希望之路的艱難歷程。對我來說，他們提供的慰藉就在他們展現的風範、勇氣、洞見，以及想要留給後人些許慰藉的決心上。詩人在一九四四年問：「作品是否倖存？」當時歷史正從四面八方朝他逼近。是的，而且我們因為它變得更好。他們的陪伴讓我們重新獲得一種人類經驗無盡延續，偶爾也高貴動人的感受。因為他們立下的典範，我知道面對痛苦和失去時，我們從不孤單。永遠有人經歷過同樣的事，能與我們分享經驗。但願那些經驗對你來說，如同對我一般帶來慰藉。

我解釋了三種古老的慰藉，包括希伯來、基督教和斯多噶傳統，外加第四種現代的慰藉，那就是讓馬克思對革命充滿信心的進步概念。然而，這本書的主題還是人。最終能安慰我們的不是信條，而是人——他們的榜樣、獨特、勇氣和堅毅，以及在我們最需要時陪伴在我們身邊。在艱困的時代，抽象的信念對我們幫助不大，無論是對歷史、進步、救贖或革命的信念。這些畢竟都是硬邦邦的教條。我們需要的是人，他們以身作則示範不顧一切堅持到底所代表的意義。

我想以一個人來為本書作結。他就是一個光芒耀眼的典範。此人就是詩人切斯瓦夫・米沃什（Czesław Miłosz）。一九八八年某個晴朗的一月天，我跟內人到他位於加州柏克萊的家中探望他。分享讀他的詩的樂趣，是把我倆湊成一對的連結之一。一九九九年我在婚禮上為蘇珊娜朗誦的詩，就是米沃什的〈天堂之後〉（After Paradise）。唸到最後一句「你的愛驟然使之改觀」我不由哽咽，因為那完美表達了她對我的意義。

我們見到詩人時，他已經八十七歲高齡。身材瘦小，眉毛濃密，一雙深陷的藍色眼珠令人難忘。他動作敏捷，有股難以抵抗的魅力，完全不像八十幾歲的人。他以柏克萊大學教授的身分住在這棟房子裡已經將近四十年，當時屋裡只有他一個人，再過不久他就要搬回祖國波蘭的克拉科夫，因此屋內感覺空空的。我們下樓走進一間又大又空的起居室，蘇珊娜問他願不願意為我們讀詩。他彎身捧著我們拿給他的書，一板一眼地用英文開始唸，音調低啞但鏗鏘有力，顯然從唸誦自己的文字中獲得樂趣。當蘇珊娜請他再多唸一些時，他的眼神閃著欣喜。屋內迴響著他的聲音，每個字都帶著一生經驗的重量。他是詩人，一九四三年波蘭猶太人在華沙被屠殺，他的〈鮮花廣場〉（Campo dei Fiori）和〈一個可憐的基督徒望著貧民窟〉（A Poor Christian Looks at the Ghetto）為他們發聲，儘管他毫髮無傷卻也對現況無可奈何。他是一個選擇流亡的人，先到法國，然後美國，因為在一九五〇年代的共產波蘭，他無法活在真相中。他是作家，他寫的《囚禁的心》（*The Captive Mind*）率先分析了共產體制的心靈困境。他是老師，流亡期間精通一種新的語言，並從一九六〇年代開始教斯拉夫文學和波蘭詩，有時為自己再也看不到自由波蘭而感到絕望。他照顧失能的妻子，最後卻只能無助地看著她日漸衰弱死去。患有精神疾病的兒子曾經拿槍指著他。一九八〇年他榮獲諾貝爾獎，卻跟朋友坦承他寧願用這個獎換回健康的妻子和兒子。八十高齡的他再度找到了愛，多虧與祖國這座豐沛的源泉有著不可動搖的關係，他才能一直保持希望，通過每次的考驗。現在他終於要回家了。他唸了一首我跟蘇珊娜都會背的詩。詩就是在這棟屋子裡寫的，從花園可眺望舊金山灣。對我們兩人來說，這首詩深刻地描寫了得到慰藉、對失去釋懷、坦然面對自己的羞恥和遺憾，並無論如何都能體會到生命之美的感受。這首詩完成於一九七〇年，當時他生命中的一些生離死別尚未發生。這說明了慰藉是一輩子的工作，常常要重新開始，卻能在一瞬間深刻體會。這首捕捉到這一瞬間的詩，名為〈禮物〉（Gift）。慰藉永遠是一份禮物，一種我們有時不配得到的恩典，但當我們收到時，哪怕只是一轉瞬，都能讓生命變得值得：

如此快樂的一天
霧早早就散去，我在花園裡工作
蜂鳥停在忍冬花上
世上沒有東西我想擁有
沒有人值得我嫉妒
曾經遭遇的災厄，我忘了
想到曾經我也一樣並不讓我難堪
身體無痛無恙
直起身子，我看到碧藍大海和船帆

參考資料

Introduction: After Paradise

On the general theme of consolation, I should begin with Alain de Botton's use of Boethius and his attempt to restore popular philosophy to its role in providing consolation in his *The Consolations of Philosophy* (London: Penguin, 2000). I learned a great deal from Rivkah Zim's study of consolation as a literary form in *The Consolations of Writing: Literary Strategies of Resistance from Boethius to Primo Levi* (Princeton, NJ: Princeton University Press, 2014). There are many books about how to console yourself in the face of your own mortality: for example, Andrew Stark's *The Consolations of Mortality: Making Sense of Death* (New Haven, CT: Yale University Press, 2016); the excellent compilation edited by Kevin Young, *The Art of Losing: Poems of Grief and Healing* (New York: Bloomsbury, 2010); and another fine collection of consoling poetry and prose in P. J. Kavanagh (ed.), *A Book of Consolations* (London: Harper Collins, 1992). For a profound meditation upon mortality by an observant and compassionate doctor, see Atul Gawande, *Being Mortal: Medicine and What Matters in the End* (New York: Metropolitan, 2014). I also learned an immense amount about the history of death and dying, and its attendant rituals of consolation, from Thomas Laqueur's *The Work of the*

Dead: A Cultural History of Mortal Remains (Princeton, NJ: Princeton University Press, 2015)

Chapter One:
The Voice in the Whirlwind: The Book of Job and the Book of Psalms

Though the quotations from the book of Job are taken exclusively from the King James Version of the Bible, I am deeply indebted, both in this chapter and the next, to the work of Robert Alter, as a translator, literary critic, and textual analyst. I made particular use of his introduction to his translation of the book of Job. See Robert Alter (ed.), *The Hebrew Bible*, vol. 3 (New York: Norton, 2019), 457–65. A demanding study of the book of Job is Paul Ricoeur's "On Consolation," in *The Religious Significance of Atheism, by* Alasdair MacIntyre and Paul Ricoeur (New York: Columbia University Press, 1968). I also learned greatly from Moshe Halbertal's essay, "Job, the Mourner," in *The Book of Job: Aesthetics, Ethics, Hermeneutics*, ed. Leora Batnitzky and Ilana Pardes (Amsterdam: De Gruyter, 2014)

My reading of the Psalms is indebted to Robert Alter's introduction and translation of the Psalms in *The Hebrew Bible,* vol. 3 (New York: Norton, 2019), 3–27. I also consulted Walter Brueggemann and William H. Bellinger Jr., *Psalms (New Cambridge Bible Commentary)* (New York: Cambridge University Press, 2014). I learned from the following great readings of the Psalms: Dietrich Bonhoeffer, *Psalms: The Prayer Book of the Bible* (Minneapolis: Augsburg Fortress Publishers, 1970); and Thomas Merton, *Praying the Psalms* (St. Cloud, MN: The Order of St. Benedict, 1955).

Chapter Two:
Waiting for the Messiah: Paul's Epistles

The basic sources for Paul's life and teaching, of course, are his Epistles and the Acts of the Apostles. All quotations are taken from these sources in the New International Version. In addition, I benefited greatly from modern Pauline scholarship, especially N. T. Wright, *Paul: A Biography* (London: Harper One, 2018). I also consulted E.

P. Sanders, *Paul: A Very Short Introduction* (Oxford University Press, 1991); and James D. G. Dunn, ed., *The Cambridge Companion to St Paul* (New York: Cambridge University Press, 2011). On the formation of the Bible and its history, I commend John Barton, *A History of the Bible: The Book and Its Faiths* (London: Allen Lane, 2019); and Paula Fredriksen, *Paul: The Pagans' Apostle* (New Haven, CT: Yale University Press, 2017).

Chapter Three:
Cicero's Tears: Letters on the Death of His Daughter

Susan Treggiari's *Terentia, Tullia and Publilia: The Women of Cicero's Family* (New York: Routledge, 2007) pulls together what we know about the women in Cicero's family. The quotations from Cicero are from his letters to his friend Atticus. See Marcus Tullius Cicero, *Letters to Atticus (Complete),* trans. E. O. Winstedt, 3 vols. (repr., Washington, DC: Library of Alexandria, n.d.). I also used Cicero, *Tusculan Disputations: Treatises on the Nature of the Gods and On the Commonwealth* (Berlin: Tredition Classics, 2006); and Cicero, *On Duties,* ed. M. T. Griffin and E. M. Atkins (New York: Cambridge University Press, 1991). For Cicero's biography, I used Anthony Everitt, *Cicero: The Life and Times of Rome's Greatest Politician* (London: Random House, 2003); and Kathryn Tempest, *Cicero: Politics and Persuasion in Ancient Rome* (London: Bloomsbury, 2013).

For further examples of *Consolatio* as a genre, see Plutarch, *In Consolation to his Wife,* trans. Robin Waterfield (London: Penguin Great Ideas, 1992); and Lucius Annaeus Seneca, "Of Consolation to Helvia," and "Of Consolation to Polybius," in *Consolations from a Stoic*, trans. Aubrey Stewart (London: Enhanced Media, 2017).

Chapter Four:
Facing the Barbarians: Marcus Aurelius's *Meditations*

All quotations from the *Meditations* are taken from Marcus Aurelius, *Meditations, with Selected Correspondence* (New York: Oxford World Classics, 2011). On his life, see Frank McLynn, *Marcus Aurelius: A Life* (New York: Perseus, 2010); Marcel van Ackeren, ed., *A Companion to*

Marcus Aurelius (London: Wiley Blackwell, 2012); and Pierre Hadot, *The Inner Citadel: The Meditations of Marcus Aurelius, trans. Michael Chase* (Cambridge, MA: Harvard University Press, 2001). I particularly commend R. B. Rutherford, *The Meditations of Marcus Aurelius: A Study* (New York: Oxford University Press, 1989).

For the young Marcus Aurelius, I turned to the correspondence with Marcus Cornelius Fronto, *Correspondence*, ed. and trans., C. R. Haines, 2 vols. (London: Heinemann, 1919). On the posthumous judgment of Marcus Aurelius, see C. Suetonius Tranquillus, *The Lives of the Twelve Caesars*, trans. Alexander Thomson, rev. T. Forrester (London: George Bell and Son, 1909); and Tacitus, *The Annals of Imperial Rome*, trans. Michael Grant (London: Penguin, 1956; repr. 1996). On the barbarians, I consulted Peter Heather, *Empires and Barbarians: The Fall of Rome and the Birth of Europe* (Oxford University Press, 2009).

Chapter Five:
The Consolations of Philosophy: Boethius and Dante

The quotations from the *Consolation* are taken from Boethius, *The Consolation of Philosophy*, trans. Victor Watts (London: Penguin, 1969, 1999). The quotations from Boethius's *Theological Tractates* are from Boethius, *The Theological Tractates*, trans. H. F. Stewart and E. K. Rand (London: William Heinemann, 1918), https://www.ccel.org/ccel/boethius/tracts.pdf.

For Theoderic's reign and the twilight of the Roman Empire, I consulted Jonathan J. Arnold, *Theoderic and the Roman Imperial Restoration* (New York: Cambridge University Press, 2014); Peter Heather, *Empires and Barbarians: The Fall of Rome and the Birth of Europe* (Oxford University Press, 2010); and James J. O'Donnell *The Ruins of the Roman Empire: A New History* (New York: Harper Collins, 2008; ebook n.d.). I greatly enjoyed Judith Herrin's *Ravenna: Capital of Empire, Crucible of Europe* (Princeton, NJ: Princeton University Press, 2020) for its recreation of the religious and political atmosphere of Theoderic's reign.

See also James J. O'Donnell, *Cassiodorus* (Berkeley: University of California Press, 1979); Thomas Hodgkin, *The Letters of Cassiodorus*

(London: Henry Frowde, 1886); and Procopius, *History of the Wars*, transl. H. B. Dewing, vol. 3 of 7 (London: Heinemann, 1919), https://www.gutenberg.org/files/20298/20298-h/20298-h.htm.

On the milieu of Theoderic's court see the anonymous collection of documents and reports known as *Anonymus Valesianus*: Bill Thayer, "The History of King Theodoric," Anonymus Valesianus, http://penelope.uchicago.edu/Thayer/E/Roman/Texts/Excerpta_Valesiana/2*.html.

For studies of Boethius's intellectual preoccupations and philosophy, see Henry Chadwick, *Boethius: The Consolations of Music, Logic, Theology, and Philosophy* (New York: Oxford University Press, 1981); Margaret Gibson, ed., *Boethius: His Life, Thought and Influence* (New York: Oxford University Press, 1981); John Magee, "Boethius," in *The Cambridge History of Philosophy in Late Antiquity*, ed. Lloyd P. Gerson (New York: Cambridge University Press, 2010), chap. 43; Kevin Uhalde, "Justice and Equality," in *The Oxford Handbook of Late Antiquity, ed. Scott Fitzgerald Johnson* (New York: Oxford University Press, 2012); and John Moorhead, *Theoderic in Italy* (Oxford, UK: Clarendon Press, 1992).

On Edward Gibbon's comments on Boethius, see his *History of the Decline and Fall of the Roman Empire*, vol. 2, chap. 39 (London: 1776, 1871).

On Dante's relation to Boethius, see Angelo Gualtieri, "Lady Philosophy in Boethius and Dante," *Comparative Literature* 23, no. 2 (Spring 1971): 141–50; Dante's verses on Boethius are from *The Divine Comedy*, trans. Steve Ellis (London: Vintage, 2019), *Paradiso*, canto 10, lines 127–29. See also Barbara Reynolds, *Dante: The Poet, the Thinker, the Man* (London: Bloomsbury Academic, 2006); Zygmunt G. Barański and Simon Gilson, eds., *The Cambridge Companion to Dante's 'Commedia,'* (New York: Cambridge University Press, 2019); Winthrop Wetherbee, "The *Consolation* and Medieval Literature," in *The Cambridge Companion to Boethius*, ed. John Marenbon (New York: Cambridge University Press, 2009), 279–302. I also found an unpublished doctoral thesis by Victoria Goddard, "Poetry and Philosophy in Boethius and Dante" (PhD diss., University of Toronto, 2011), particularly helpful.

Chapter Six:
The Painting of Time: El Greco's *The Burial of the Count of Orgaz*

The painting and the church of Santo Tomé can be viewed at the website of the church of Santo Tomé, www.santotome.org/el-greco.

I made use of Fernando Marias, *El Greco: Life and Work—A New History* (London: Thames and Hudson, 2013); Rebecca Long, ed., *El Greco: Ambition and Defiance* (New Haven, CT: Yale University Press, 2020); and David Davies, ed., *El Greco* (London: National Gallery Company, 2003), published in conjunction with an exhibition of the same title, organized jointly by the Metropolitan Museum of Art, New York, and the National Gallery, London, and presented in New York in 2003 and in London in 2004. On the Spanish imperial context, the classic study is J. H. Elliott, *Imperial Spain, 1469–1716* (London: Penguin, 2002).

The two detailed studies of the painting that I consulted were Sarah Schroth, "Burial of the Count of Orgaz," in *Studies in the History of Art*, vol. 11, ed. Jonathan Brown, *Figures of Thought: El Greco as Interpreter of History, Tradition, and Ideas* (Washington, DC: National Gallery of Art, 1982), 1–17, II, VI; and Franz Philipp, "El Greco's Entombment of the Count of Orgaz and Spanish Medieval Tomb Art," *Journal of the Warburg and Courtauld Institutes* 44 (1981): 76–89.

Chapter Seven:
The Body's Wisdom: Michel de Montaigne's Last Essays

All quotations from Montaigne are taken from three essays in Book III written between 1586 and 1588, "Of Diversion," "Of Physiognomy," and "Of Experience," in Michel de Montaigne, *The Complete Works*, trans. Donald Frame (New York: Everyman's Library, Alfred A. Knopf, 2003). On Montaigne's life, see Philippe Desan, *Montaigne: A Life*, trans. Steven Rendall and Lisa Neal (Princeton, NJ: Princeton University Press, 2017); Donald Frame, *Montaigne: A Biography* (New York: Harcourt Brace, 1965); and Sarah Bakewell, *How to Live, Or, A Life of Montaigne in One Question and Twenty Attempts at an Answer* (New York: Other Press, 2011). On Montaigne's study decorations, see George Hoffmann, "Montaigne's Nudes: The Lost

Tower Paintings Rediscovered," *Yale French Studies* 110 (2006): 122–33. Finally on his relationship with Marie de Gournay, see Maryanne Cline Horowitz, "Marie de Gournay, Editor of the *Essais* of Michel de Montaigne: A Case-Study in Mentor-Protégée Friendship," *Sixteenth Century Journal* 17, no. 3 (Fall 1986): 271–84.

Chapter Eight:
The Unsent Letter: David Hume's *My Own Life*

This chapter builds on a previous essay of mine: "Metaphysics and the Market: Hume and Boswell," in *The Needs of Strangers* (London: Chatto and Windus, 1984). The details of Hume's early life are to be found in E. C. Mossner, *The Life of David Hume* (Oxford, UK: Oxford University Press, 1954, 1980). Hume's unsent letter is in *The Letters of David Hume*, vol. 1, ed. J. Y. T. Greig (Oxford, UK: Oxford University Press, 2011). All quotations from Hume's *My Own Life* are taken from the facsimile edition, edited by Iain Gordon Brown (Edinburgh: The Royal Society of Edinburgh, 2014).

All quotations from Hume's *Enquiries, Treatise, Natural History, and Political Writings* are taken from the following editions: David Hume, *Enquiries Concerning Human Understanding and Concerning the Principles of Morals*, 3rd ed., ed. L. A. Selby-Bigge and P. H. Nidditch (Oxford: Clarendon Press, 1975); David Hume, *A Treatise of Human Nature*, 2nd ed., ed. L. A. Selby-Bigge and P. H. Nidditch (Oxford: Clarendon Press, 1978); David Hume, *The Natural History of Religion*, ed. A. Wayne Colver, and *Dialogues Concerning Natural Religion*, ed. John Vladimir Price (in one volume, Oxford: Clarendon Press, 1976); David Hume, *Political Writings*, ed. Stuart Warner and D. W. Livingston (Indianapolis: Hackett, 1994). For his references to Lucian, see Lucian, "Dialogues of the Dead," in *Lucian*, vol. 7, trans. M. D. Macleod (Cambridge, MA: Loeb Classical Library, Harvard University Press, 1961). Adam Smith's letter on Hume's death is to be found at "Letter from Adam Smith to William Strahan," November 9, 1776, in Dennis C. Rasmussen, ed., *Adam Smith and the Death of David Hume: The Letter to Strahan and Related Texts* (New York: Rowman and Littlefield, 2018). See also James A. Harris, *Hume: An Intellectual Biography* (New York: Cambridge University Press, 2015) and Dennis C. Rasmussen, *The Infidel and the Professor: David Hume, Adam Smith, and the Friendship That Shaped Modern Thought* (Princeton, NJ: Princeton University Press, 2017).

Chapter Nine:
The Consolations of History: Condorcet's ***A Sketch for a Historical Picture of the Progress of the Human Mind***

All quotations from Condorcet's *Sketch* are taken from *Condorcet: Political Writings*, ed. Steven Lukes and Nadia Urbinati (Cambridge University Press, 2012). I learned from Elisabeth Badinter and Robert Badinter, *Condorcet: Un intellectual en politique* (Paris: Fayard, 1988). Key documents relating to his confinement and flight in 1794, including the letter from his landlady, are to be found in Jean François Eugène Robinet, *Condorcet: Sa Vie, Son Œeuvre, 1743–1794* (1893, repr., Geneva: Slatkine Reprints, 1968). Keith Michael Baker has made the study of Condorcet his life. See his *Condorcet: From Natural Philosophy to Social Mathematics* (Chicago: University of Chicago Press, 1982); see also his "On Condorcet's 'Sketch,' " *Daedalus* 133, no. 3 (Summer 2004): 56–64. On Condorcet's relation to the Scottish Enlightenment and his political and economic thinking, see Emma Rothschild, *Economic Sentiments: Adam Smith, Condorcet, and the Enlightenment* (Cambridge, MA: Harvard University Press, 2001); for Rothschild's effort to rescue Condorcet from his caricatures as a relentless rationalist ideologue, see her "Condorcet and the Conflict of Values," *The Historical Journal* 39, no. 3 (September 1996): 677–701. Jacques-Louis David's portrait of the Abbé Sieyès is in the Harvard Art Galleries: Jacques-Louis David, *Emmanuel Joseph Sieyès (1748–1836)*, 1817, oil on canvas, 97.8 × 74 cm, Harvard Art Museums/Fogg Museum, bequest of Grenville L. Winthrop, https://hvrd.art/o/299809.

Chapter Ten:
The Heart of Heartless Conditions: Karl Marx and ***The Communist Manifesto***

All quotations from Marx are taken from *Karl Marx: Early Writings, trans. Rodney Livingstone and Gregor Benton, intro. Lucio Colletti* (London:

Penguin, 1975). For Marx's biography, I returned to Isaiah Berlin's *Karl Marx: His Life and Environment*, 4th ed., intro. Alan Ryan (New York: Oxford University Press, 1978); my largest debt, however, is to Gareth Stedman Jones for his *Karl Marx: Greatness and Illusion* (London: Harvard University Press, 2016); I also benefited from Shlomo Avineri's *Karl Marx: Philosophy and Revolution* (New Haven, CT: Yale University Press, 2019). On Marx and religion, see Alasdair MacIntyre, *Marxism and Christianity* (London: Duckworth, 1968); and David McLellan, *Marxism and Religion* (New York: Harper and Row, 1987). On Marx and Lincoln, see Robin Blackburn, *An Unfinished Revolution: Karl Marx and Abraham Lincoln* (London: Verso, 2011).

Chapter Eleven:
War and Consolation: Abraham Lincoln's Second Inaugural Address

All quotations from Abraham Lincoln are taken from *Abraham Lincoln: Speeches and Writings*, vol. 2, *1859–1865*, ed. Don E. Fehrenbacher (New York: Library of America, 1989). See also Ronald C. White, *Lincoln's Greatest Speech: The Second Inaugural* (New York: Simon and Schuster, 2002). I also learned from the following works: Adam Gopnik, *Angels and Ages: A Short Book about Darwin, Lincoln, and Modern Life* (New York: Knopf, 2009); William Lee Miller, *Lincoln's Virtues: An Ethical Biography* (New York: Knopf, 2002); Jay Winik, *April 1865: The Month That Saved America* (New York: Harper Collins, 2001); Doris Kearns Goodwin, *Team of Rivals: The Political Genius of Abraham Lincoln* (New York: Simon and Schuster, 2005); Drew Gilpin Faust, *This Republic of Suffering: Death and the American Civil War* (New York: Knopf, 2008); Eric Foner, *The Fiery Trial: Abraham Lincoln and American Slavery* (New York: Norton, 2010); and Ronald C. White Jr., *A. Lincoln: A Biography* (New York: Random House, 2009).

Chapter Twelve:
Songs on the Death of Children: Gustav Mahler's *Kindertotenlieder*

The story of Dorothea von Ertmann is told in Maynard Solomon, "The Healing Power of Music," in *Late Beethoven: Music, Thought,*

Imagination (Berkeley: University of California Press, 2003). On Mahler's life, I used the standard biography by Henry-Louis de La Grange, *Gustav Mahler*, especially vol. 2, *Vienna: The Years of Challenge (1897–1904)* (New York: Oxford University Press, 1995). On the death of Alma and Gustav's daughter, I used *Gustav Mahler: Letters to His Wife*, ed. Henry-Louis de La Grange and Günther Weiss, in collaboration with Knud Martner, rev. and trans. Antony Beaumont (London: Faber, 2004). I also used Natalie Bauer-Lechner, *Recollections of Gustav Mahler*, trans. Dika Newlin, ed. Peter Franklin (London: Faber, 2013).

On Mahler's Vienna milieu, I depended upon Leon Botstein, "Whose Gustav Mahler? Reception, Interpretation, and History," in *Mahler and His World*, ed. Karen Painter (Princeton, NJ: Princeton University Press, 2002), 1–54. On the *Kindertotenlieder*, I have relied upon Donald Mitchell, *Gustav Mahler: Songs and Symphonies of Life and Death* (London: Boydell Press, 1985); Donald Mitchell and Andrew Nicholson, eds., *The Mahler Companion* (New York: Oxford University Press, 1999); and Theodor W. Adorno, *Mahler: A Musical Physiognomy* (Chicago: University of Chicago Press, 1992). For a study of the *Kindertotenlieder*, see Randal Rushing, "Gustav Mahler's *Kindertotenlieder*: Subject and Textual Choices and Alterations of the Friedrich Rückert Poems, A Lecture Recital, Together with Three Recitals of Selected Works of F. Schubert, J. Offenbach, G. Finzi, and F. Mendelssohn," (PhD diss., University of North Texas, 2002). On Freud's encounter with Mahler in Leiden, I have used the account in Ernest Jones, *The Life and Work of Sigmund Freud*, ed. Lionel Trilling and Steven Marcus (New York: Basic Books, 1961). Freud's own attitude toward consolation, religious or otherwise, emerges in his "The Future of an Illusion," in *Sigmund Freud*, vol. 12, *Civilization, Society and Religion*, Pelican Freud Library (London: Penguin, 1975), 179–242. On the psychology and philosophy of music, I have learned from Elizabeth Helmuth Margulis, *The Psychology of Music: A Very Short Introduction* (Oxford University Press, 2019); and especially from Martha C. Nussbaum, "Music and Emotion," chap. 5 in *Upheavals of Thought: The Intelligence of Emotions* (New York: Cambridge University Press, 2001). I am indebted, most of all, to the following recordings: Dame Janet Baker, mezzo-soprano, and Sir John Barbirolli, conductor, *Janet Baker Sings Mahler: Kintertotenlieder, 5 Rückettlieder, Lieder eines fahrenden Gesellen*, Great Recordings of the Century, EMI Classics, 1999; and Bruno Walter, conductor, and Kathleen Ferrier, contralto, Vienna Philharmonic Orchestra, *Das Lied von der Erde*, Vienna, 1952.

Chapter Thirteen:
The Calling: Max Weber and ***The Protestant Ethic***

Rembrandt's painting, *Saul and David*, can be viewed at the Mauritshuis in The Hague: Rembrandt van Rijn, *Saul and David*, c. 1651–54 and c. 1655–58, oil on canvas, 130 × 164.5 cm, Mauritshuis, The Hague, https://www.mauritshuis.nl/en/explore/the-collection/artworks/saul-and-david-621/. On Weber's life, I have depended on Joachim Radkau, *Max Weber: A Biography*, trans. Patrick Camiller (Cambridge, UK: Polity Press, 2009), chap. 18; and especially upon the biography by his wife: Marianne Weber, *Max Weber: A Biography*, intro. Guenther Roth, trans. and ed., Harry Zohn (London: Transaction Publishers, 1988), chaps. 19–20. On Munich 1919, I learned from the work of Thomas Weber, especially *Hitler's First War: Adolf Hitler, the Men of the List Regiment, and the First World War* (New York: Oxford University Press, 2010). On the shape of his thought, see Fritz Ringer, *Max Weber: An Intellectual Biography* (Chicago: University of Chicago Press, 2004); Arthur Mitzman, *The Iron Cage: An Historical Interpretation of Max Weber*, with a new introduction (London: Routledge, 1985, 2017); and Terry Maley, *Democracy and the Political in Max Weber's Thought* (Toronto: University of Toronto, 2011). All quotations from Weber are taken from the following editions of his works: Max Weber, *The Protestant Ethic and the "Spirit" of Capitalism and Other Writings,* ed. Peter Baehr and Gordon C. Wells (London: Penguin, 2002); Max Weber, *The Sociology of Religion*, trans. Ephraim Fischoff, intro. Talcott Parsons (1922; Boston: Beacon Press, 1964); Max Weber, *The Vocation Lectures: "Science as a Vocation"; "Politics as a Vocation,"* ed. David Owen and Tracy B. Strong, trans. Rodney Livingstone (Indianapolis: Hackett, 2004); and Max Weber, *Political*

Writings, ed. Peter Lassman and Ronald Speirs, Cambridge Texts in the History of Political Thought (New York: Cambridge University Press, 1994).

Chapter Fourteen:
The Consolations of Witness: Anna Akhmatova, Primo Levi, and Miklós Radnóti

For Akhmatova, I relied on *The Complete Poems of Anna Akhmatova*, trans. Judith Hemschemeyer, ed. Roberta Reeder (Somerville, MA: Zephyr Press, 1992); Lydia Chukovskaya, *The Akhmatova Journals*, vol. 1, *1938–1941*, trans. Milena Michalski and Sylva Rubashova (London: Harvill, 1994); Nadezhda Mandelstam, *Hope Against Hope*, trans. Max Hayward (London: Penguin, 1971); Isaiah Berlin, *Personal Impressions: Twentieth-Century Portraits*, 3rd ed., ed. Henry Hardy (London: Pimlico, 2018); and my own description of Berlin's meeting with Akhmatova in my *Isaiah Berlin: A Life* (London: Chatto and Windus, 1998).

For Miklós Radnóti, see Miklós Radnóti, *The Complete Poetry in Hungarian and English*, trans. Gabor Barabas, foreword by Győző Ferencz (Jefferson, NC: McFarland, 2014); see also Zsuzsanna Ozsváth, *In the Footsteps of Orpheus: The Life and Times of Miklós Radnóti* (Bloomington: Indiana University Press, 2000). For the "postcards" quoted in the text, I used the translations in Miklós Radnóti, *Foamy Sky: The Major Poems of Miklós Radnóti, a Bilingual Edition*, trans. Zsuzsanna Ozsváth and Frederick Turner (Budapest: Corvina, 2014).

For Primo Levi, I depended on Primo Levi, *The Complete Works*, 3 vols., ed. Ann Goldstein (New York: Liveright, Norton, 2015), and in particular vol. 1, *If This Is a Man*, trans. Stuart Woolf (originally published 1947), in which "The Canto of Ulysses" story appears, and vol. 3, *The Drowned and the Saved*, trans. Michael F. Moore (originally published 1986). An essential critical counterpoint to Levi's reckoning with Auschwitz is Jean Améry, *At the Mind's Limits: Contemplations by a Survivor on Auschwitz and Its Realities*, trans. Sidney Rosenfeld and Stella P. Rosenfeld (Bloomington: Indiana University Press, 1980). For Levi's life, I used the following biographies: Myriam Anissimov, *Primo Levi: Tragedy of an Optimist*, trans. Steve Cox (Woodstock, NY:

Overlook Press, 2000); and Carole Angier, *The Double Bond: Primo Levi: A Biography* (London: Viking Penguin, 2002).

Chapter Fifteen:
To Live Outside Grace: Albert Camus's *The Plague*

On Camus's life, see Herbert Lottman, *Albert Camus: A Biography* (New York: Doubleday, 1979); and Olivier Todd, *Albert Camus: A Life* (New York: Carroll and Graf, 2000). See also Edward J. Hughes, ed., *The Cambridge Companion to Camus* (New York: Cambridge University Press, 2007). I especially valued the essay on Camus in Tony Judt, *The Burden of Responsibility: Blum, Camus, Aron, and the French Twentieth Century* (Chicago: University of Chicago Press, 1998). On the genesis of *The Plague*, the key source is Albert Camus, *Carnets, 1942–51*, trans. Philip Thody (London: Hamish Hamilton, 1966). I also used Albert Camus, *Lettres à un ami allemand* (Paris: Gallimard, 1948, 1972); Albert Camus, *Camus à Combat: éditoriaux et articles d'Albert Camus, 1944–1947*, ed. Jacqueline Lévi-Valensi (Paris: Gallimard, 2002); and Albert Camus, *Carnets, III, Mars 1951–Décembre 1959* (Paris: Gallimard, 1989).

Chapter Sixteen:
Living in Truth: Václav Havel's *Letters to Olga*

All quotations from Havel in prison are from Václav Havel, *Letters to Olga*, trans. Paul Wilson (London: Faber and Faber, 1988). I also used the following collections of interviews and essays by Havel: Václav Havel, *Disturbing the Peace: A Conversation with Karel Hvížďala*, trans. Paul Wilson (London: Faber and Faber, 1990); Václav Havel, *Summer Meditations on Politics, Morality and Civility in a Time of Transition*, trans. Paul Wilson (London: Faber and Faber, 1992); and Václav Havel, *Václav Havel, Or Living in Truth*, ed. Jan Vladislav (London: Faber and Faber, 1987). The essay by Emmanuel Levinas that Havel read in prison is "No Identity," in *Collected Philosophical Papers*, trans. Alphonso Lingis (Pittsburgh: Duquesne University Press, 1998). See also Benjamin Ivry, "A Loving Levinas on War," *Forward*, February 10, 2010, https://forward.com/culture/125385/a-loving-levinas-on

-war/. I am especially indebted to the biography by Michael Žantovský, *Havel: A Life* (London: Atlantic Books, 2014).

Chapter Seventeen:
The Good Death: Cicely Saunders and the Hospice Movement

David Clark's *Cicely Saunders: A Life and Legacy* (New York: Oxford University Press, 2018), together with his edited edition, *Cicely Saunders: Selected Writing, 1958–2004* (New York: Oxford University Press, 2006), were essential reading. I also commend a 1983 interview with Cicely Saunders: Dame Cicely Saunders, interview by Judith Chalmers, aired May 16, 1983, on Thames Television, YouTube video, 21:53, https://www.youtube.com/watch?v=KA3Uc3hBFoY.

Epilogue
All quotations of Czesław Miłosz are taken from Czesław Miłosz, *New and Collected Poems, 1931–2000* (New York: Harper Collins, 2001). For his life, see Andrzej Franaszek, *Miłosz: A Biography*, ed. and trans. Aleksandra Parker and Michael Parker (Cambridge, MA: Harvard University Press, 2019).

國家圖書館出版品預行編目資料

生命是一場尋求慰藉的旅程
葉禮廷 Michael Ignatieff著　謝佩妏 譯
初版. -- 台北市：商周出版：家庭傳媒城邦分公司發行
2022.03　面；　公分
譯自：**On Consolation**: Finding Solace in Dark Times

ISBN 978-626-318-143-4（平裝）

1. CST: 調適　2.CST: 挫折　3.CST: 自我肯定

178.2　　111000200

生命是一場尋求慰藉的旅程

原著書名／On Consolation: Finding Solace in Dark Times
作　　者／葉禮廷 Michael Ignatieff
譯　　者／謝佩妏
責任編輯／陳玳妮
版　　權／林易萱

行銷業務／周丹蘋、賴正祐
總 編 輯／楊如玉
總 經 理／彭之琬
事業群總經理／黃淑貞
發 行 人／何飛鵬
法律顧問／元禾法律事務所 王子文律師
出　　版／商周出版
城邦文化事業股份有限公司
台北市中山區民生東路二段 141 號 4 樓
電話：(02) 25007008　傳眞：(02)25007759
E-mail：bwp.service@cite.com.tw
發　　行／英屬蓋曼群島商家庭傳媒股份有限公司城邦分公司
台北市中山區民生東路二段 141 號 2 樓
書虫客服服務專線：(02)25007718；(02)25007719
服務時間：週一至週五上午 09:30-12:00；下午 13:30-17:00
24 小時傳眞專線：(02)25001990；(02)25001991
劃撥帳號：19863813；戶名：書虫股份有限公司
讀者服務信箱：service@readingclub.com.tw
歡迎光臨城邦讀書花園　網址：www.cite.com.tw
香港發行所／城邦（香港）出版集團有限公司
香港灣仔駱克道 193 號東超商業中心 1 樓
E-mail：hkcite@biznetvigator.com
電話：(852) 25086231　傳眞：(852) 25789337
馬新發行所／城邦（馬新）出版集團【Cite (M) Sdn. Bhd.】
41, Jalan Radin Anum, Bandar Baru Sri Petaling,
57000 Kuala Lumpur, Malaysia.
Tel: (603) 90578822　Fax: (603) 90576622
Email: cite@cite.com.my

封面設計／李東記
排　　版／邵麗如
印　　刷／卡樂彩色製版印刷有限公司
經 銷 商／聯合發行股份有限公司
電話：(02)2917-8022　傳眞：(02)2911-0053

■ 2022 年 03 月 03 日初版　　Printed in Taiwan

定價 450 元

ISBN 978-626-318-143-4

商周出版

廣　告　回　函
北區郵政管理登記證
北臺字第000791號
郵資已付，免貼郵票

104　台北市民生東路二段141號2樓

英屬蓋曼群島商家庭傳媒股份有限公司城邦分公司　收

請沿虛線對摺，謝謝！

商周出版

書號：BK5194　　書名：生命是一場尋求慰藉的旅程

請於此處用膠水黏貼

商周出版

讀者回函卡

線上版讀者回函卡

感謝您購買我們出版的書籍！請費心填寫此回函卡，我們將不定期寄上城邦集團最新的出版訊息。

姓名：＿＿＿＿＿＿＿＿＿＿＿＿＿＿＿＿ 性別：☐男 ☐女

生日：西元＿＿＿＿＿＿年＿＿＿＿＿＿月＿＿＿＿＿＿日

地址：＿＿＿＿＿＿＿＿＿＿＿＿＿＿＿＿＿＿＿＿

聯絡電話：＿＿＿＿＿＿＿＿＿＿ 傳真：＿＿＿＿＿＿＿＿＿＿

E-mail ：

學歷：☐ 1. 小學 ☐ 2. 國中 ☐ 3. 高中 ☐ 4. 大學 ☐ 5. 研究所以上

職業：☐ 1. 學生 ☐ 2. 軍公教 ☐ 3. 服務 ☐ 4. 金融 ☐ 5. 製造 ☐ 6. 資訊
☐ 7. 傳播 ☐ 8. 自由業 ☐ 9. 農漁牧 ☐ 10. 家管 ☐ 11. 退休
☐ 12. 其他＿＿＿＿＿＿＿＿＿＿＿＿＿＿＿＿

您從何種方式得知本書消息？

☐ 1. 書店 ☐ 2. 網路 ☐ 3. 報紙 ☐ 4. 雜誌 ☐ 5. 廣播 ☐ 6. 電視
☐ 7. 親友推薦 ☐ 8. 其他＿＿＿＿＿＿＿＿＿＿＿＿

您通常以何種方式購書？

☐ 1. 書店 ☐ 2. 網路 ☐ 3. 傳真訂購 ☐ 4. 郵局劃撥 ☐ 5. 其他＿＿＿＿

您喜歡閱讀那些類別的書籍？

☐ 1. 財經商業 ☐ 2. 自然科學 ☐ 3. 歷史 ☐ 4. 法律 ☐ 5. 文學
☐ 6. 休閒旅遊 ☐ 7. 小說 ☐ 8. 人物傳記 ☐ 9. 生活、勵志 ☐ 10. 其他

對我們的建議：＿＿＿＿＿＿＿＿＿＿＿＿＿＿＿＿＿＿＿＿
＿＿＿＿＿＿＿＿＿＿＿＿＿＿＿＿＿＿＿＿
＿＿＿＿＿＿＿＿＿＿＿＿＿＿＿＿＿＿＿＿

請於此處用膠水黏貼